吉林振兴丛书

◎刘立新　丁晓燕　丛书主编

东北振兴 与吉林民生建设

◎周　含　韩佳均　陈姝宏　著

吉林文史出版社

图书在版编目（CIP）数据

东北振兴与吉林民生建设 / 周冬，韩佳钧，郭维君
著 . — 长春：吉林文史出版社，2023.9
（吉林振兴丛书 / 刘立新，丁晓薇主编）
ISBN 978-7-5472-9663-9

Ⅰ . ①东… Ⅱ . ①周… ②韩… ③郭… Ⅲ . ①社会保
障—研究—吉林 Ⅳ . ① D632.1

中国国家版本馆 CIP 数据核字（2023）第 15739 号

吉林振兴丛书

东北振兴与吉林民生建设
DONGBEI ZHENXING YU JILIN MINSHENG JIANSHE

丛书主编：刘立新　丁晓薇
本书著者：周冬　韩佳钧　郭维君
出 版 人：张　强
责任编辑：张重懿　袁水菊　郭雅薇　张凝程
封面设计：杨北辰
出版发行：吉林文史出版社
电　　话：0431-81629352
地　　址：长春市福祉大路5788号
邮　　编：130117
网　　址：www.jlws.com.cn
印　　刷：吉林省吉广国际广告股份有限公司
开　　本：710mm × 1000mm　1/16
印　　张：18.5
字　　数：270千字
版　　次：2023年9月第1版
印　　次：2023年9月第1次印刷
书　　号：ISBN 978-7-5472-9663-9
定　　价：138.00元

序

  党中央高度重视东北地区发展，2003年作出实施东北地区等老工业基地振兴战略的重大决策，出台了一系列支持东北地区振兴发展的政策措施。历经20年的凤凰涅槃，东北老工业基地再现繁荣与发展新面貌。

  2003年，中央出台《中共中央 国务院关于实施东北地区等老工业基地振兴战略的若干意见》，明确提出"支持东北地区等老工业基地加快调整改造，是党中央从全面建成小康社会全局着眼作出的又一重大战略决策，各地区各部门要像当年建设沿海经济特区、开发浦东新区和实施西部大开发战略那样，齐心协力，扎实推进，确保这一战略的顺利实施"，拉开振兴东北老工业基地的序幕。

  在党中央领导下，2003—2013年，东北振兴取得阶段性成果。经济总量迈上新台阶，东北三省地区生产总值年均增长10.3%。体制机制改革初见成效，增值税转型、农业税减免、国有企业政策性破产、豁免企业历史欠税等重大改革在东北地区先行先试，90%的国有工业企业完成产权制度改革，国有企业竞争力明显增强。产业竞争优势逐渐显现，大型发电设备、特高压输变电设备、高档数控加工中心、重型数控机床等一批重大装备成功研制，一批龙头企业重塑行业竞争力，能源原材料、食品工业等产业规模大幅提升。2016年，中央出台《中共中央 国务院关于全面振兴东北地区等老工业基地的若干意见》，进一步明确了新时期推动东北振兴的新目标、新要求、新任务、新举措，标志着东北振兴进入了全面振兴新阶段。党的十八大以来，习近平总书记多次赴东北地区考察，召开专题座谈会，对东北全面振兴作出系列重要讲话和指示批示，充分体现了以习近平同志为核心的党中央对东北全面振兴的高度重视和殷切期望，为新时代推进东北振兴提供了根本遵循。2019年，党中央、国务院对支持东北地区深化改革创新推动高质量发展作出重要部署。2020年，党的十九届五中全会要求"推动东北振兴取得新突破"。在各方面的共同努力下，东北地区经济运行逐步企稳，营商环境进一步优化，结构调整扎实推进，粮食综合生产能力显著提升，基础设施不断完善，社会事业蓬勃发展，人民生活水平不断提高。2020年，东北三省实现地区生产总值5.1万亿元，人均地区生产总值5.2万元，常住人口城镇化率67.7%。2021年，国务院关于《东北全面振兴"十四五"实施方案》的批复正式公布。批复强调，内蒙古自治区、辽宁省、吉林省、黑龙江省人民政府要深化改革开放，强化政策保障，优化营商环境，推动实施一批对东北全面振兴具有全局性影响的重点项目和重大改革举措，着力增强内生发展动力。

20年来，吉林省振兴发展取得了重大进展和积极成效，各项事业也取得了显著成就。吉林省立足于自身发展现状、国家"双循环"发展新格局的总体要求以及中央对东北振兴提出的"五大安全"要求，充分发挥创新优势、产业优势、资源优势、区位优势，大力推进高质量发展，释放吉林发展潜力，积极融入国家"双循环"新发展格局。在习近平总书记三次视察吉林重要讲话重要指示精神指引下，经济社会全面发展，振兴步伐坚实稳健。一是经济运行稳中向好。全力打造现代新型汽车和零部件、农产品及其深加工和食品细加工、冰雪和避暑休闲生态旅游这三个万亿级大产业。2021年，GDP（国内生产总值）增速在全国位次有所提升，在东北三省一区居于首位。固定资产投资增速已经连续两年居全国第四位。10年间，粮食产量连续跨上700亿斤、800亿斤两个大台阶，2021年，粮食产量增长率在全国居第一位，以2%的土地面积贡献了5.92%的粮食产量。二是重大项目蓄势赋能。中车松原新能源基地、吉化120万吨乙烯、西部"陆上风光三峡"、东部"山水蓄能三峡"、沿边开放旅游大通道等一大批重点项目陆续开工建设。三是创新能力大幅提升。在区域创新能力全国排名中，2021年，吉林省前进9个位次，上升幅度最大。长春自主创新示范区、长春国家农业高新技术产业示范区相继获得国家批准并启动建设。高铁变轨等一批关键核心技术取得突破，"吉林一号"在轨运行卫星达到70颗，建成了我国目前最大的商业遥感卫星星座。四是营商环境持续优化。投资平台在线审批率居全国首位，不动产登记效率居全国第二位，连续两年新登记市场主体增速居全国第三位。五是人民生活显著改善。2020年迈入全面小康社会，70万人摆脱贫困。2021年脱贫群众人均收入同比增长20.18%，增速排在东北三省一区首位。六是生态强省建设全面推进。大气、水、土壤等多项生态环境指标持续改善，空气优良天数达到94%。长白山、查干湖等旅游品牌叫响全国，冰雪旅游市场占有率稳居全国第一。

吉林省社会科学院（社科联）是中共吉林省委直属的、全省唯一一家哲学社会科学综合性研究机构。长期以来，吉林省社会科学院在坚持基础研究，保持传统学科优势的同时，注重发展地方特色，大力加强应用研究。现有一支从事东北振兴、吉林振兴研究的科研队伍并取得了一批重要的东北振兴研究成果，为东北振兴吉林振兴提供了智慧支持。在东北振兴20年之际，吉林省社会科学院推出"吉林振兴丛书"，旨在全面总结20年来吉林省振兴发展取得的重要进展和积极成效，发现问题，直面短板，探求路径，助力吉林省高质量发展。

本系列丛书共七本，分别是《东北振兴与吉林产业转型升级》《东北振兴与吉林农业农村现代化》《东北振兴与吉林民生建设》《东北振兴与吉林旅游高质量发展》《东北振兴与吉林新型城镇化》《东北振兴与吉林社会治理》《东北振兴与吉林绿色发展》。本系列丛书全面总结了东北振兴过程中吉林省经济转型、民生建设、社会治理以及绿色发展等问题，再现了吉林振兴取得的成果，分析了存在的问题，探寻了东北振兴的吉林之路。

"推动东北全面振兴取得新突破"，实现吉林振兴，是国家区域协调发展战略的重要组成部分，事关我国区域发展总体战略布局，事关我国新型工业化、信息化、城镇化、农业现代化的协调发展。吉林省是我国重要的工业和农业基地，维护国家国防安全、粮食安全、生态安全、能源安全、产业安全的战略地位十分重要，关乎国家发展大局，实现吉林振兴新突破是新时代党中央、国务院赋予吉林省的新使命。本系列丛书立足于为党委和政府打造有价值的决策咨询研究成果，必将增强社会各界对东北振兴，尤其是对吉林振兴发展的关注度，为东北地区，尤其是吉林省相关部门的决策提供一些有价值的参考意见。

未来，在习近平新时代中国特色社会主义思想指引下，吉林省将在东北振兴、吉林振兴研究上再接再厉，提供更高层次、更高水平的理论成果，为东北振兴、吉林振兴作出更大的贡献。

2023年6月

于长春

目　录

第一章

民生建设的理论基础

第一节　民生范畴诠释

一、民生的概念

民生是一个历史的、动态的、发展着的概念，不同历史时期，民生的概念也不尽相同。我国最早出现"民生"一词的典籍是《尚书·周书·君陈》，其中有"惟民生厚，因物有迁"的句子。后有多种意指。

一是民众的生计、生活。《左传·宣公十二年》里也有"民生在勤，勤则不匮"。古籍中的"民"，就是百姓的意思。明代何景明《应诏陈言治安疏》有云："民生已困，寇盗未息，兵马弛备，财力并竭。"章炳麟《訄书·商鞅》："国政陵夷，民生困敝，其危不可以终一铺。"

二是人的本性。《尚书·周书·君陈》："惟民生厚，因物有迁。"孔传："言人自然之性敦厚。"《诗经·大雅·烝民》里有"天生烝民，有物有则"之句。《尚书》中的"惟民生厚"的"生"字，一般的解释是"性"，即人民的本性是温厚的意思，因为物欲和环境才发生改变。

《楚辞·离骚》："民生各有所乐兮，余独好修以为常。"朱熹《楚辞集注》："言人生各随气习，有所好乐。"《汉书·志·五行志中之上》："鲁穆叔会晋归，告孟孝伯曰：'赵孟将死矣！其语偷，不似民主；且年未盈五十，而谆谆焉如八九十者，弗能久矣。'""孝伯曰：'民生几何，谁能毋偷！'"南朝宋鲍照《拟行路难》诗："民生故如此，谁令摧折强相看。年去年来自如削，白发零落不胜冠。"

三是生民，民众。南朝梁沈约《均圣论》："自天地权舆，民生攸始，遐哉眇邈，无得而言焉。"明代何景明《忧旱赋》："嗟民生之何尤兮，憯遭兹之匪辰！"《东周列国志》第三十九回："民生以德义为本，兵事以民为本。惟有德义者，方能恤民。能恤民者，方能用兵。"清代钱谦益《河南按察司按察使卢维屏授通议大夫制》："有司益用不职，民生无所告愬。"

四是明清科举制度，庶民纳粟入官，取得监生资格的称谓。《明史·选举志一》："迨开纳粟之例，则流品渐淆，且庶民亦得援生员之例以入监，谓之民生，亦谓之俊秀，而监生益轻。"

五是泛称平民身份的学生，与"官生"相对。明代沈德符《野获编·科场·宗室应试之始》："（郑世子）条奏七事，俱为宗藩应试，胪列，一令奉国中尉以下，尽同民生赴考入学。"《清史稿·选举志一》："少詹事李若琳首为祭酒，请仿明初制，广收生徒，官生除恩荫外，七品以上官子弟勤敏好学者，民生除贡生外，廪、增、附生员文义优长者，并许提学考选送监。"

六是人口增殖。严复《〈原富〉按语》："地产有限而民生无穷。"

而真正现代意义上开启民生思想的是孙中山先生，其民生概念的阐释集中体现在其倡导的民生主义和民生观中。民生主义为孙中山所倡导的三民主义——民族主义、民权主义、民生主义之一。早期《上李鸿章书》中，便已有"民生"理念，后又多次使用。1924年的《民生主义》对民生概念作出定义性解释，"民生就是人民的生活——社会的生存、国民的生计、群众的生命便是"。①1930年胡汉民编、民智书局出版的《总理全集》，将其定义为：民生就是人民的生活，社会的生存，国民的生计，群众的生命。为践行"以民生为重心"的民生理念，孙中山提出了先从政治上着手、平均地权、节制资本、振兴实业、对外开放、分配公平等一系列谋求民生幸福的措施。

我们现在所说的"民生"，是现代意义的民生概念。《辞海》里解释为"人民的生计"。生计就是谋生之道，是生存发展之道。民是指人民，民生指人民的日常生活事项，例如，衣、食、住、行、就业、娱乐、家庭、社团、公司、旅游等。现代意义的民生，是一个囊括了物质、精神、保障等多个方面的综合性概念。

二、广义与狭义民生

广义上的民生概念，是同民生有关的，包括直接相关和间接相关的事情都属于民生范围内的事情。广义的民生延伸到社会各领域、全方面，是一个综合性的概念，指向人的全面发展。代表性的观点有相关说、需求说、整体说、根本利益说。其中，以相关说认同度最为广泛，认为民生问题是与生活、生存、发展紧密相关的一切问题。认为经济发展是解决民生的物质保障，改善民生是经济发展的最终目的。推进民生建设的前提条件是必须加快经济的发展，因为只有当经济发展到某一程度，各行业各部门各地区之间能均衡发展，才有能力彻底实行民生优先的战略。在理想状态下，实现经济发展的同时促进民生改善，改善的民生同时又可以推动经济进一步发展（王茂林，2012）。

还有学者认为，经济越发达，民生建设越好，其国家人民的生活水平越高。对于发展中国家建设民生，应该大力改善存在的经济社会现状。降低贫困问题，推行发展性财政政策，加大投资，实现就业增加、收入提

---

① 《孙中山选集》，人民出版社，1981，第802页。

高，改善居民生活状况，使社会经济发展稳定有序；政府应加强住房建设，改善居民住房状况；将教育和健康水平提高；建立有效的社会保障体系，以及强化文化和公共服务等，确保人民安居乐业、充满希望、文明安定；完善农村基础设施，维护农村安全和民生；促进国家的政策等方面的积极投入和计划，等等。

狭义上的民生概念，主要是就社会层面而言，主要是指民众的基本生存和生活状态，以及民众的基本发展机会、基本发展能力和基本权益保护的状况，等等。民生的主体是人民，客体是为人民提供的一切资源、手段、途径等，而最关键的因素是分配和保障。代表性观点有基本说、发展说、权益说、保障说。近年来，保障说最具代表性。认为社会保障覆盖面不如民生保障广泛，社会福利则给人以额外获益的感觉，而实际上民生保障是迫在眉睫、不可缺少的。特别强调就业保障和食品及环境安全问题，认为前者是人的安身立命之基，后者则关系到全体国民和未来发展。此外，还关注民生保障的非实体形态的制度性基础设施，提出硬件设施的建设只是一方面，更重要的是用法律、法规、政策等要素，协调和平衡社会各阶层各群体的利益权利，达到惠及全体国民的民生保障目标（赖金良，2012）。

还有学者认为，应当在民生建设中全面保障实质平等权，首先，必须是保障人的最低限度生活需要，其次，重点保障弱势群体的权利，最后，民生工程不仅需要国家在行为上进行建设，为了长久发展，更需要在制度上，尤其是法律上对民生保障予以规定（曹达全，2009）。经济效率只是一种手段，追求公平和福利的社会保障才是目标（张向达、李宏，2010）。为改善民生、健全统筹城乡的社会保障体系，应当做到完善社会保障制度，扩大社会保险覆盖范围、提高社会保险待遇水平、加强社会保险基金监督管理、加强社保经办服务能力建设（蔡宜田，2017）。

而从国家和政府视角，做好民生保障工作，有学者强调应推进均衡化发展，促进医疗卫生、教育、养老保险等民生性服务的均等化，在推进基本公共服务均等化的过程中重视人民的需要，做到着力解决人民真正关心的问题。认为新时代党和政府应继续在共享发展上下功夫，经济蛋糕已经达到了"做大"的阶段，接下来更应重视"分好"蛋糕，特别是改革收入分配环节，让发展成果更合理地惠及全体人民（程国花，2017）。

有学者提出，国家在民生保障中有三层义务，第一层是尊重义务，既要尊重公民的民生利益，不侵害公民的福利，也不干涉公民创造福利的自由；又要抑制国家权力，严格控制国家权力的行使，使其不超过保障民生所必须的法定范围和法定程序。第二层是保护义务，当第三人侵害民生，国家会产生三方面义务：事先预防，主要表现为立法的义务；事中排除，主要表现为执法的义务；事后救济，主要表现为司法的义务。第三层义务是给付义务，确立过程中应坚持以下原则：（1）建立普遍性的民生保障机制；（2）协调中央与地方的给付义务；（3）加强公共给付产品的市场化以提高给付效率（龚向和，2013）。

还有学者提出，科学发展观坚持"以人为本"，对领导干部应提出"权为民所用、情为民所系、利为民所谋"要求。特别强调要关心有困难的群众，时刻将最广大人民群众的根本利益放在首位，带领群众创造美好生活。民生思想深化了中国特色社会主义理论体系，开辟了新时期中国特色社会主义建设的道路，推动了社会各方面健康有序地向前发展。尤其是在中国延续了两千多年的农业税的彻底取消以及其他惠民举措，对中国"三农"问题的根本改善意义深远（青连斌，2011）。

总之，本书定位的民生，主要是在东北振兴战略前提下，关乎吉林人民生存、发展、福利等多方面实现，是围绕关系人民群众利益的一切事务、所应享有的教育医疗、社会保障、公共服务等各项权益，人民与国家共同享有的社会治理成果，以及为实现新一轮东北振兴，吉林省的民生建设所作出的积极努力、形成的典型民生成果、经验，以及未来民生福祉发展展望。

三、民生的内涵与外延

我们从民生概念的本质属性和应用范畴考察其内涵，可以发现，民生主要涉及主体需求、资源情况和分配制度，而与这三个要素直接对应的是民生的经济性、社会性和政治性。民生是经济的中心、社会活动的中心和政治的中心。马克思主义认为，"通过有计划的利用和进一步发展一切社会成员现有的巨大生产力，在人人都必须劳动的条件下，人人也必须同等地、愈益丰富地得到生活资料、享受资料、发展和发现一切体力和智力所需的资料"①。所以，在马克思和恩格斯看来，民生的内涵是包括人生存的一切资料和需要，既包括物质资料、享受资料和发展资料，也涵盖生存层面、享受层面和发展层面。

而从民生概念的外延来看，厘清民生与社会保障等概念的区别，有助于进一步丰富马克思主义中国化民生理论，促进民生建设实践研究。

（一）民生是人民的生计

一些观点认为，"民生"就是人民的生计，维持生活的办法。社会学家费孝通先生的乡村生计研究，历经八十余年，自始至终贯穿着的是"志在富民"的宏愿。

收入问题是解决人民生计的根本。而单纯的研究收入，已不能完全满足民生发展需要，或者说，人民的生计问题研究需要一个可持续性的支持。近年来，关于贫困人口、弱势群体、农民等生计问题的研究，更多地关注可持续生计研究。学者们认为生计资本包括五个部分：自然资本、金融资本、物质资本、人力资本和社会资本。为了实现民生生计的可持续，就不能只是提高收入，而要强调生计的可持续性，所以需要进一步挖掘引发贫困的深层原因，以及影响民生升级可持续性的各种原因，这是可持续性升级研究的重点。

---

①《马克思恩格斯全集》（第41卷），人民出版社，1979，第330页。

就业是最基本的民生。党的二十大报告提出要实现好、维护好、发展好最广大人民根本利益，并对实施就业优先战略进行全面部署。我们致力于优化就业政策，包括统筹城乡就业、改革对劳动力和人才流动的制度和政策，以及完善职业技能培训和创业保障制度。目标是确保所有人都有机会通过勤奋劳动实现自身发展，从而提高民生水平。我国有14亿多人口，约9亿劳动力，解决好就业问题，始终是人民生计的头等大事。

（二）民生是人民的生活

从民生的社会范畴来看，社会生活基本包括公共生活、家庭生活、职业生活，既包括人类整个社会物质的和精神的活动，也包括社会的物质生产活动和社会组织的公共活动领域以外的社会日常生活。人民的生活是多元的、多方面的。仓廪实而知礼节，衣食足而知荣辱。马克思主义认为，人的需求是多层次的，除了物质生活的需求，还有精神生活的需求。精神文化是民生之魂。当人们的物质生活得到满足后，精神需求随之而来。

教育是民生之基，是一项重要的民生工程。通过教育可以保民生，可以提升民生质量。孔子是最早将教育与民生联系在一起的思想家。孔子将民生问题分为庶、富、教三个层次，教育被放在最高也是最后的层次。"子适卫，冉有仆。子曰：'庶矣哉！'冉有曰：'既庶矣，又何加焉？'曰：'富之。'曰：'既富矣，又何加焉？'曰：'教之。'"（《论语·子路》）在孔子之后，孟子、荀子、管子等人也有类似论说。孟子认为，"善政民畏之；善教民爱之。善政得民财，善教得民心。"（《孟子·尽心上》）荀子主张，"不富无以养民情，不教无以理民性。故家五亩宅，百亩田，务其业，而勿夺其时，所以富之也。立大学，设庠序，修六礼，明七教，所以道之也。《诗》曰：'饮之食之，教之诲之。'王事具矣。"（《荀子·大略》）

（三）民生是人民的生命

生命安全高于一切。人民的生命安全是最重要、最基本的民生。保障人民生命安全是人民幸福生活的基本要求。人民的身体健康、生命安全、平安，是国家和政府治理的根本。增进民生福祉，提高人民生活品质，是党的二十大报告强调在发展中保障和改善民生的重要目标。

平安是最大的民生。"治政之要在于安民"。安全感是一面镜子，正如司马迁在《史记》中所说，"人视水见形，视民知治不"，意思是说，一个人只要用水作镜子，就可以看见自己的形象，一个国家只要用老百姓作镜子，就能知道治理的状况。中国民众的安全感不是凭空产生的，它来自对未来经济发展平稳的期待，以及因此出现的就业和收入稳定增长的期许，也包括社会治安的不断改良、社会保障的不断完善等因素。平安，既是治国者的宏大理想，也是民众的朴素追求。在温饱问题解决之后，"平安"就成为最主要的需求，生活、居所和社会环境的平安都是民生的重要组成部分，也是社会经济发展的基本环境。中国唯有更加平安，才能为全面建成小康社会、夺取中国特色社会主义新胜利提供坚实保障。

（四）民生是经济社会发展的"指南针"

孙中山先生曾提出，社会中的各种变态都是果，民生问题才是因。社会发展和民生是相互牵动、互为条件的关系。习近平总书记指出，坚持在发展中保障和改善民生。落实到改善民生上。保障和改善民生是推动发展的根本目的，推动发展是保障和改善民生的基础前提，二者有机联系、相辅相成。只有通过发展，才能让人民更好享受改革发展红利。必须坚持以人民为中心推动发展。人民是发展的主体，也是发展的最终受益者。如果发展不能满足人民的需求和期望，那么这种发展就没有存在的必要，也无法持续。因此，必须将满足民生需要作为我们经济工作的"指南针"，注重以人民为中心，确保人民的利益得到体现并贯穿于各方面的发展全过程中，多谋民生之利、多解民生之忧。

（五）民生是政府必须提供的公共服务和制度保障

从政治学的意义上来看，民生是政府必须提供的公共服务和制度保障。以人民为中心思想蕴含着"为了人民""依靠人民""全面共享"的内涵。发展为了人民、发展依靠人民、发展成果由人民共享的共建共治共享的社会治理理念与民生政治的民本思维高度一致。有学者认为，我国民生保障主要应解决几个主要问题：一是教育领域国民受教育的机会公平，二是严峻的就业形势和新增的城镇人口就业难，三是收入分配和贫富差距问题，四是社会保障存在的覆盖面等问题。国家与各级政府推进的民生保障体系建设，主要涵盖以下十大体系：基本医疗卫生体系，社会保障体系，就业创业服务体系，教育保障体系，住房保障体系，济困救助保障体系，社会养老服务体系，公共文体服务体系，城乡环境改善体系，社会管理服务体系。其中，认为劳动密集型的养老方式难以为继，必须追求养老服务的规模化、产业化、集约化、信息化。（蒋正华，2015）

有学者认为，在全面建成小康社会后，人民将对理想生活状态有更高的期盼，民生诉求的目标更高，需求更加多元化，此时民生建设的重要目标会变成人民获得感的持续提升。住房、就业、教育、医疗、社会保障体系等，都是满足人民群众实现安居乐业的必要条件（牛晓芳，2019；李锋，2018）。

还有学者认为，"中国梦"看似宏大，但它的实现离不开人民美好生活的实现，人民的美好生活也必须在中国梦实现过程中才有可能成为现实，美好生活的向往说到底就是实现人民幸福生活的中国梦。民生与中国梦，都是中国在历史交汇期必须完成的目标和任务，只有将二者结合起来，才能逐步建成社会主义现代化强国（杨斌、李兰，2020）。

（六）民生与社会保障、社会保险的区别

民生的概念，与社会保障和社会保险均有一定重叠，但并非完全相同。厘清这几个概念之间关系的区别，有助于理解民生概念的外延。

　　社会保障，是一个较大的制度体系，关键词落在"制度"上。它是一种基本制度安排，其目的是保障和改善人民的生活、维护社会的公平性以及提高人民的福利水平。这个制度不仅能促进经济和社会的发展，更可以让广大人民群众共享改革和发展的成果。目前，我国以社会保险为主体，包括社会救助、社会福利、社会优抚等制度在内，功能完备的社会保障体系基本建成。①

　　社会保险，则是一个更加贴近生活的概念。它是社会保障制度组成部分，主要以金钱等物质为载体。《中华人民共和国社会保险法》规定："国家建立基本养老保险、基本医疗保险、工伤保险、失业保险、生育保险等社会保险制度，保障公民在年老、疾病、工伤、失业、生育等情况下依法从国家和社会获得物质帮助的权利。"不难看出，社会保险的关键词落在"物质帮助"上，存在金钱的缴纳和发放，是更加看得见、摸得着的。

　　民生的概念，相比社会保障、社会保险等概念更为宽泛。它不仅包括制度，也不仅包括物质，而是囊括了事关人民生活的所有内容。它比社会保障范围更大，比社会保险站位更高，并且是一个随时都在发展更新的概念。保障和改善民生没有终点，只有连续不断的新起点。②而在当前东北振兴二十周年的语境下，谈到民生概念时，一般包括"幼有所育、学有所教、劳有所得、病有所医、老有所养、住有所居、弱有所扶"，也即教育、就业、医疗、养老、住房、社会救助等方面的内容。

---

　　①习近平：《促进我国社会保障事业高质量发展、可持续发展》，http://www.gov.cn/xinwen/2022-04/15/content_5685399.htm，访问日期：2022年6月15日。

　　②习近平：《保障和改善民生没有终点》，https://news.12371.cn/2017/09/28/ARTI1506599865959910.shtml?from=singlemessage，访问日期：2022年6月15日。

第二节　民生建设的基本理论

一、国际民生理论的演进与发展

"民生"一词是中国独有，在西方社会最能表达人们生活改善的是"福利"这个词，指的是"能给人带来幸福的因素，其中既包含物质的因素，也包含精神和心理的因素"。①但从民生概念的内涵与外延来看，"福利"可以在很多场合下近似于"民生"看待，因此可以说，民生的理论和思想渊源在多个国家早已有之，并经历了多年演进与发展。

（一）以人权为价值导向的民生思想萌芽

西方的民生思想可以追根溯源到文艺复兴、宗教改革与启蒙运动。15世纪到17世纪中期，是西方社会向资本主义社会缓慢转变时期，西方社会福利思想开始出现。文艺复兴和宗教改革运动是近代西方第一次思想解放运动。经历了漫长的中世纪后，人们开始重新关注"人"本身，反对神权、王权和特权，追求人权的价值导向。在这期间涌现出的思想，成为了民生思想的萌芽。

卢梭提出的人民主权说认为，在社会契约国家，最高权力属于人民，人民是国家主权的主体、所有者和行使者。人民主权的本质是"公共意志"的表达和应用。"公共意志"与"人民的意志"不同，它代表了大多数人的利益和意愿，是所有人的共同利益与意志表达的结果。主权是一个整体，是人民的共同意志。是不能分割、转让和代表的。政府是一个工具，人民通过它行使主权。政府是公民和主权者之间的中介。主权是一种

---

①李琮：《西欧社会保障》，中国社会科学出版社，1998，第145页。

精神力量，政府是一种行动的力量。人民把权力交给政府，这意味着人民才是立法者，人民立法的原则包括法律意志的普遍性和法律的对象。立法意愿的普遍性意味着任何个人都无权制定法律，只有君主可以这样做；法律对象的普遍性意味着法律面前人人平等。

天赋人权理论认为，在人类进入文明社会之前，他们受到自然规律的支配，每个人都平等地享有自然权利：生命权、财产权、自由权等。由于人们也有自私等缺点，这些缺点会侵犯和破坏他人的权利，理性的人团结起来签订合同、转让权利，并建立一个保护人民权利的国家。由此得出结论，国家权力的基础是人权，国家权力的原旨和目标是维护人权，政治民主化是天赋人权的内在要求，充分肯定了人的地位、人的价值和人的尊严，实际否定了神权和贵族特权。[1]

人文主义影响了西方社会价值观和生活方式的变化，追求现实生活的幸福快乐、追求金钱与财富、歌颂爱情得到社会认同，生活方式上开始了世俗生活的文明化和宗教生活的世俗化。文艺复兴确立了以人为核心的人文主义，为社会福利制度的出现奠定了重要基础。[2]

以人权价值导向的思想理论关注了人类，尤其是普通人民的意志，强调人的权利。这类理论承认了人的价值，也在逻辑上赞同普通人有权获得更好的生活，可以视为民生思想的萌芽。这些思想的传播与普遍接受，无形中也为人民进一步追求生活质量奠定了基础。

（二）社会福利思想理论的形成与发展

伴随着17到19世纪资本主义制度的建立过程，西方社会福利思想开始形成。强调个人责任的自由主义成为这一时期的主流社会福利思想，主要包括英国古典政治经济学和功利主义。斯密和李嘉图都强调自由放任的政

---

①李逢春等：《民生建设国际比较研究》，南京大学出版社，2016，第25—28页。

②丁建定：《社会福利思想》，华中科技大学出版社，2009，第32—36页。

策，斯密分析了英国各地工资"不符合人道标准"，社会致力于增长社会财富重点，必须关注普通劳动者的生活状况，这样才能真正服务于人民的需要。李嘉图和马尔萨斯指出了济贫法制度的各种弊端，认为济贫法不能改善贫民的生活状况，贫民应该通过个人努力摆脱自己的困难状态。功利主义学说的奠基人边沁认为，功利是一种事实，而不是虚构。"最大多数人的最大幸福是正确与错误的衡量标准。"他把幸福分为生存、充裕、平等和安全几个具体目标。其中生存和安全是最基本的也是最重要的，"要是没有安全，平等就不能持续一天，要是没有生存，充裕就根本不可能存在"。①他还认为社会改革、通过法律协调个人利益与社会利益是实现人类幸福的重要途径。边沁的功利主义直接将追求幸福和民众福利作为指导人们行为的目标，得到19世纪工业资产阶级的推崇。

19世纪末到20世纪初是西方资本主义快速发展时期，西方社会福利思想也快速发展。以体现国家干预为核心内容的激进自由主义与新历史学派的社会福利思想成为这一时期的主流社会思想。格林、霍布豪斯与霍布森等激进自由主义者，积极主张国家对社会经济与生活的干预，主张社会问题的解决应该依靠国家建立一种有效的社会保障制度来解决，它与费边社会主义社会福利思想共同促进了英国社会保险制度的出现。德国新历史学派强调经济问题只有和伦理道德联系起来才能得以解决；它还强调通过国家干预推动经济发展和社会进步；它主张通过社会改良和社会立法促进社会福利事业的发展。新历史学派通过影响德国政府，从而影响了德国社会福利实践，使得德国成为西方国家社会保险制度的发展地。②同一时期，社会民主主义社会福利思想促进了福利制度在法国、瑞典等国家的建立。两次世界大战之间是西方资本主义经济的大萧条和社会生活的大调整时期，

---

① 索利：《英国哲学史》，段德智译，山东人民出版社，1992，第224—228页。

② 丁建定：《社会福利思想》，华中科技大学出版社，2009，第7、113、103—105页。

也是西方资本主义社会发展道路的重新选择期，如凯恩斯主义与瑞典学派的国家干预主义成为这一时期主流社会福利思想，他们都主张增加有效需求是推动经济发展和就业的主要手段，而除了财政政策之外，建立完善的社会福利制度是最重要的社会改革。[①]

（三）马克思主义民生思想

马克思恩格斯并没有明确、系统地阐释民生，其民生思想需要从他们关于人类社会发展理论，尤其是对资本主义的批判和对社会主义的科学设想的理论阐释中去挖掘和梳理，主要围绕三个方面展开：

第一，人是社会的主体，人的发展是社会发展的根本目的。人是生产主体，也是社会历史发展的主体，这是唯物史观的基本观点。因此必须把人放在本位来把握，以人的发展为尺度来考察社会的发展水平。马克思民生思想的价值不仅仅在于为人的本质、人的价值、人的尊严、人的权利、人的生存和发展的问题提供有针对性的规定，还在于通过反思和批判，引起人们对现实社会中存在的形形色色的反人性、反人道现象的关切，给人的自由全面发展开拓了广阔的历史空间。

第二，平等思想是社会主义的价值取向和社会目标。以公平正义为核心的平等思想不仅是社会主义的价值取向，更是社会主义社会始终不渝追求的价值目标和社会目标。首先，马克思恩格斯认为，经济因素是人类平等的基本前提。人类的平等问题，体现为对社会物质财富占有的质和量，体现在社会对物质资料的占有方式和分配方式上。其次，政治平等是实现人类平等的基本保障，只有消灭阶级对立和阶级压迫，才能实现政治上的平等。同时，保障人民的政治权利也是实现政治平等的重要内容。

第三，社会治理和社会保障是实现社会和谐发展的主要途径。社会主义之所以需要社会保障，根本原因在于：其一，物质资料的生产具有风险

---

①丁建定：《社会福利思想》，华中科技大学出版社，2009，第121页。

性和不确定性；其二，未达到劳动年龄的人口需要社会提供一定的生活保障；最后，因身体、心理等方面造成缺陷而不能参加社会生产劳动的人，也需要社会保障。因此，社会保障是现代社会实现良性运行的功能系统基本组成部分。社会保障往往通过提供各种保障基金的形式实现。在资本主义社会，作为社会保障资金的后备基金都是资产阶级的私产。而社会主义则把公共财产作为后备资金，以提供充分的社会保障。此外，马克思恩格斯还论述了社会主义社会的利益关系、教育、就业、分配、社会保障和社会管理等具体的民生工程，并提出了许多具有现实启发意义的思想观点。

（四）福利国家与民生相关的制度安排

第二次世界大战以后，西方资本主义国家会保障制度的发展，尤其是西欧福利国家的建立和发展，正是凯恩斯主义与国家干预政策的直接结果。而瑞典学派的主张为这一时期瑞典社会改革和社会保障制度的建立和发展产生了直接影响。贝弗里奇关于缴费养老金制度、建立职业介绍所和推行失业保险的主张，对20世纪英国社会保障制度的出现有重要影响，《贝弗里奇报告》直接促成了英国社会保障制度的产生和发展。

20世纪70年代以来，是西方资本主义面临新的严重危机的时期，也是西方资本主义开始新的改革的时期，以强调市场的机制和作用、减少政府干预为核心的新自由主义成为这一时期的主流社会福利思想。20世纪90年代以来，西方资本主义进一步发生变化，这是西方资本主义国家追求重建社会和谐，争取避免传统的"左"与"右""激进与保守"的两极化发展道路的时期，以强调市场机制和政府作用的协调，倡倡国家、个人与社会共同责任为核心内容的"第三条道路"社会福利思想成为主流。①以哈耶克为代表的新自由主义反对福利国家和集体福利，提倡社会福利市场化与私营化，成为当代西方社会福利制度改革的理论基础。"第三条道路"则呈

---

①丁建定：《社会福利思想》，华中科技大学出版社，2009，第7页。

现不同的国别特色，美国克林顿政府提出美国政策是"介于自由放任资本主义和福利国家之间的第三条道路"[①]；法国若斯潘执政的左翼政府以"要市场经济，不要市场社会"为执政理念[②]，但德国前总理施罗德则指出："长期以来引起人们侦解内不是什么左的或右的经济政策，而只能是正确的或错误的经济政策。"[③]英国著名社会学家吉登斯著有《超越左与右》《第三条道路》等著作，在分析和概括左右两派社会福利思想分歧的基础上，提出中间道路主张，即"第三条道路"，成为英国新时期社会思想的主要代表，对英国工党政府的社会保障应需与改革产生了直接影响，布莱尔的社会福利主张鲜明体现出吉登斯的影响。

英国工党政府的福利国家蓝图设计满足了战后民众对"大社会"的需求，许多国家受其影响相继建立了内容全面的国家福利制度，福利项目开始完备化、实施过程进一步社会化、福利制度发展进入成熟期。20世纪70—80年代，资本主义经济处于"滞涨"状态，福利国家财政困难，由此催动的反思与改革使福利制度进一步走向完善。谢琼认为：西方福利制度现在正在经历权利性目的性的社会福利时代。[④]

二、我国民生建设理论的演进与发展

人民乃国家之基。利民之事，丝发必兴；厉民之事，毫末必去。千百年来，在中华优秀传统文化观念中，改善人民生活一直占有相当重要的地位。民本思想和大同社会理念是传统文化中民生思想的精髓，也为未来实

---

①傅殷才、文建东：《凯恩斯主义复兴与克林顿经济学》，《武汉大学学报》1994年第1期，第22—28页。

②曹松豪：《要市场经济，不要市场社会：若斯潘"现代社会主义"新理论》，《当代世界》，2000年第10期，第25—27页。

③王宏伟：《浅析施罗德的"新中派政策"》，《电子科技大学学报》2000年第3期，第83—85页。

④谢琼：《福利制度与人权实现》，人民出版社，2013，第31—34页。

现国家治理能力和治理水平现代化、实现中国式现代化强国奠定丰厚基础。民生是具体的、历史的、发展的，当代中国民生问题的解决，要立足于新时代民生要求，应有更多的新思路、新举措，解决人民最关心、最直接、最现实的民生问题。

（一）中国传统文化中存在的民生思想

传统文化中的民生思想源远流长，历经不同历史时期，儒家、法家、道家、墨家的各家学说，大同社会以及养民、裕民、富民、厚民、惠民、恤民、教民和保民等理念，古代民本思想大体上经历了从重天敬鬼到敬德保民，再从重民轻天到民贵君轻这样发展历程。这些丰富的民生思想和理念是我国国家治理中的文化瑰宝和社会文明发展见证。

殷商时期奉行"天之有日，犹吾之有民"。到了西周，一方面，周人把天奉为有意志的人格化的至上神，周王亦称"天子"，是受了"天命"取代商来统治天下的。另一方面，周人又从商的覆灭中认识到"天命靡常"，看到了人民的武装倒戈，才使西周打败了商王朝，这是"天惟时求民主"，"民之所欲，天必从之"，"天视自我民视，天听自我民听"。既而提出"皇天无亲，唯德是辅"，"敬德"才可以"保民"。这开启了春秋战国时期民本思想的先河。而儒家、法家、道家、墨家最为推崇。《礼记》中，提出了"大同社会"的理念，即"使老有所终，壮有所用，幼有所长，矜、寡、孤、独、废疾者皆有所养"①。描述大同社会的这段话，后来也被社会主义民生建设援引和完善，成为实现"幼有所育、学有所教、劳有所得、病有所医、老有所养、住有所居、弱有所扶"，即"七有"的民生建设目标。

儒家对民生非常重视。孔子首先把仁作为儒家最高道德规范，提出以仁为核心的一套学说。仁的内容包含甚广，其核心是爱人。孟子在孔子仁

①戴圣，《礼记·礼运》，https://so.gushiwen.cn/guwen/bookv_46653FD803893E4FAFFF8D914EAA516C.aspx，访问日期：2022年9月2日。

说的基础上，发展出"民本思想"，提出了"民为贵，社稷次之，君为轻"（《孟子·尽心章句下》）。孟子要求把仁的学说落实到具体的政治治理中，实行王道，反对霸道政治，使政治清平，人民安居乐业。他还提出一些切合实际的主张，重点在改善民生，加强教化。这套思想后来被历朝的封建统治者沿用，可以说，得民心者得天下，以民为本是中国古代统治者们治国安邦的关键。

到了近代，在西方启蒙思想的影响下，一批有识之士也对民生思想开展了新的发展探索。例如，太平天国运动中，洪秀全借鉴大同社会思想，认为农民也应拥有平等的经济权利；孙中山的"民生主义"思想要求关注国民生计等，并且进行了一系列实践探索。

当然，历朝历代的统治者们重视民生民计的根本原因是为了巩固政权、维护统治秩序，因此其民生思想存在着明显的历史局限性，也均有未能实现的理想主义成分。尽管如此，中国传统文化中的"重民"情怀还是值得高度肯定的，它是中国优秀传统文化的重要组成部分，也反映了中华民族对美好生活的追求。

（二）马克思主义民生理论的中国化

习近平总书记强调，中国共产党是人民的党，是为人民服务的党。以毛泽东、邓小平、江泽民、胡锦涛、习近平为主要代表的中国共产党人，一直关注民生和重视民生，为改善民生和解决民生问题进行了不懈探索，提出了全心全意为人民服务思想、"三为民"思想、三个代表重要思想、科学发展观思想、以人民为中心思想等一系列富有创见性的民生思想。

（三）关心民生问题是中国共产党的优良传统

中国共产党是马克思主义政党，党在自己的章程中写道，中国共产党是最广大人民群众利益的忠实代表，把全心全意为人民服务作为党的宗旨，把实现和维护最广大人民群众的利益作为一切工作的根本出发点。在改善民生的百年探索中，中国共产党经历了以解决人民实际生活困难为中心的托底生存型民生、以保障人民基本生活需求为中心的根本保障型民生、以提高人民生活水平为中心的普惠改善型民生、以满足人民美好生活需要为中心的多层次发展型民生，实现了"保民""安民""利民"及"富民"的统一。

中华人民共和国的建立使民生建设获得了制度上的保障，民生保障和改善工作迅速地恢复和发展。中华人民共和国成立初期，经历土地改革、三大改造、医疗卫生建设、文化教育、促进就业、提升职工收入等一系列重大举措后，人民的生活水平相比中华人民共和国成立之前，取得了巨大的进步。但是在社会主义全面建设时期尤其是"文革"时期，片面注重生产和夸大革命的价值，造成了民生日困的艰难局面。随着社会的发展进步，人们对公共产品和服务的需求不断增多。十一届三中全会以来，中国共产党及时纠正了忽视民生的官僚主义态度，强调通过大力发展生产力保障和改善民生，通过关注民生调动人民的生产积极性，通过改革开放政策实现了对民生建设的再次启蒙。民生问题不会随着无产阶级获得政权而自行消解，而是随着社会组织蓝图的重构而渗透到社会各个领域。

（四）改革开放后对民生理论的探索

改革开放的四十年中，社会主义的优越性得到了充分体现：它的生产力比资本主义发展得更快一些、更高一些，并且在发展生产力的基础上不断改善人民的物质文化生活。中国的社会主义现代性建构进程中的民生观念获得了实践意义上的矫正与转型以及改革开放的时代规定。

在厚重的历史积淀下，到2007年，"民生"一词被正式纳入官方文件，"改善民生"成为"社会建设"的重点，成为党和国家依法执政和国家依法治国的重要理念。社会建设重点阐述了民生福祉工程的六个方面，包括教育、就业、收入分配、社会保障、住房和社会秩序。这一时期提出了民生建设的"五有"目标，即"着力保障和改善民生……努力使全体人民学有所教、劳有所得、病有所医、老有所养、住有所居"。"五有"涵盖了教育公平问题、就业收入问题、医疗问题、社会保障问题和居住正义问题，这五大问题从整体角度概括了当时亟待解决民生问题的五个主要方面，将理念转化为具体的行动措施，把民生作为社会建设的重点而放在更加突出的位置。

保障和改善民生，要坚持在发展中体现。党的十九大报告指出："必须多谋民生之利、多解民生之忧，在发展中补齐民生短板、促进社会公平正义，在幼有所育、学有所教、劳有所得、病有所医、老有所养、住有所居、弱有所扶上不断取得新进展。"在"五有"的基础上增加了"幼有所育""弱有所扶"，从"五有"变成了"七有"，甚至提出增进民生福祉是发展的根本目的，将民生福祉的建设与保障放到了前所未有的高度上。

经济发展进入新常态后，中央对新时期的民生工作作出了新的部署。习近平总书记在"2015减贫与发展高层论坛"上强调，中国扶贫攻坚工作实施精准扶贫方略，帮助农村每一个贫困群众脱贫是全面建成小康社会最艰巨的任务，也是民生建设的最基本的底线。2016年习近平总书记在两会上强调"齐心协力打赢脱贫攻坚战，确保到2020年现行标准下农村牧区贫困人口全部脱贫"。提出解决民生问题的总体原则是要"人人参与、人人尽力、人人享有的要求，坚守底线、突出重点、完善制度、引导预期，注重机会公平，着力保障基本民生"。这一阶段，"托底民生"成为新的建设重点。2020年脱贫攻坚战全面胜利，标志着我国民生福祉建设即将开启新的篇章。

（五）新时代对民生的基础性认识

经过四十年的改革与发展，中国无论是人民生活水平还是国家各方面建设均取得了令人瞩目的成就，进入了新时代。党带领人民群众，通过孜孜不倦的努力，实现了今天的幸福生活。新时代的民生建设思想也在不断发展进步，发展出了一系列新的理论认识，对民生建设的重要性有了更深刻的认识。

民生建设是党初心使命的根本体现。中国共产党是马克思主义政党，始终不渝的奋斗目标就是带领人民创造幸福生活。马克思主义理论首次将民生问题置于唯物史观的视角之下，将人的自由而全面的发展视为追求的最终目标，以现实的人的生存和发展的角度为出发点，形成了以解决民生为导向的民生思想。而在马克思主义中国化过程中，中国共产党进一步发展了马克思主义的民生观，强调民生系着民心，是党的初心，也是党的恒心，是党执政之本、人民幸福之基、社会和谐之源，是最大的政治。在过去一百年的历史中，中国共产党带领人民从压迫和奴役中解脱出来，在20世纪末实现了温饱和基本小康，又用21世纪的头二十年打赢脱贫攻坚战、全面建成小康社会。这一过程中，中国共产党以实际行动证明了自己的初心和使命，始终站在人民立场思考和行动，全心全意地为人民谋利益。

民生建设是社会主义建设中极为重要的一环。中国统筹推进社会主义经济建设、政治建设、文化建设、社会建设、生态文明建设"五位一体"总体布局，中国特色社会主义事业取得举世瞩目的伟大成就。习近平总书记指出，在整个发展过程中，都要注重民生、保障民生、改善民生，让改革发展成果更多更公平惠及广大人民群众，使人民群众在共建共享发展中有更多获得感。人民的幸福与安全与社会主义社会建设息息相关，要注重各项民生建设的普遍性、基础性和兜底性，推动人民群众生活水平的持续提高。

民生建设是党执政的重心和根基所在。民生建设不仅仅是一个社会和经济问题，更是一个政治问题。习近平总书记指出，让人民过上好日子，是我们一切工作的出发点和落脚点。在过去的一百年历史中，中国共产党领导人民共同创造出了举世罕见的经济快速发展奇迹，取得了长期稳定的社会奇迹，以及广大人民群众共享美好生活的保障。我们已经历史性地解决了农村贫困人口的绝对贫困问题，为全世界的反贫困事业作出了巨大的贡献，等等。这些伟大创举极大地改善了人民生活，得到广大人民群众的衷心拥护和支持，充分证明民生建设是党执政的重心和根基所在。目前，民生的重大需求包括收入、教育、环境、住房等方面，为了社会发展进步，我们要坚持问题导向，重实践、抓落实，补齐这些领域的短板。

（六）新时代保障和改善民生的实践理论发展

马克思主义认为，人的发展是与社会生产发展相一致的，人的全面发展是社会发展的理想状态和终极目标。因此，中国建设民生最终目的是满足人民群众对全面发展的需求。为实现这一目标下，为做好新时代的民生建设，一系列用于指导民生建设实践的理论也发展出来。

必须坚持党对民生工作的领导。中国共产党领导是中国特色社会主义制度的最大优势。必须完善坚持党的领导的体制机制，更好发挥党的政治优势和组织优势，才能顺利推进新时代中国特色社会主义各项事业，保证民生工作在党和国家发展的大背景下得到合理规划，逐步缩小和消除城乡差别、区域差别和群体差别，使民生工作更科学、更具可持续性。

坚持既尽力而为又量力而行。我国的基本国情是，我国是世界最大发展中国家，保障和改善民生，必须立足这一现实。这就要求我们的首要工作重点是人民最关心、最直接、最现实的利益问题。当前，要加快建成和完善国家基本公共服务制度体系，围绕健全托幼、教育、医疗、养老、住房、社会救助等方面，办好各类民生实事，不断满足人民日益增长的美好生活需要，让人民拥有更充实、更有保障、更可持续的幸福感、安全感，进一步提升人民的获得感。

坚持以群众的满意度作为检验工作成效的根本标准。民生工作不能有任何虚假成分，必须立足实际，努力制定可执行的方案、落实务实的措施、切实推动工作见效，不断提高评价、实现保障和改善民生的工作质量与水平。习近平总书记要求领导干部树立正确政绩观，以"功成不必在我"的精神境界和"功成必定有我"的历史担当，发扬钉钉子精神，扭住突出民生难题，一件事情接着一件事情办，一年接着一年干，在为民谋利、为民尽责的实际成效中赢得人民群众的信任和支持。

第三节　各国民生保障经验启示

　　解决民生问题是各国执政党公开的政治承诺和最高执政原则。为了贯彻这一治理理念，各国在教育、就业、医疗、住房和社会保障等领域制定了一系列政策措施，极大地改善了人民的生活，加强了执政党与人民的关系。社会保障制度是人类社会发展和进步的结果，从英国1834年颁布并实施的新《济贫法》算起，已有180多年的历史。即使从1883年德国推出最早的现代社会保险制度算起，至今也有140年的历史。社会保障制度已经成为现代社会文明的重要标志，成为当今世界上绝大多数国家都在运用的社会政策。尽管各国在保障的对象上或普遍或特殊，在保障的范围上或宽泛或狭窄，在保障的水平上或很高或较低，但社会保障制度的实行极大地改善了各国的民生状况，促进各国民众共享经济繁荣和社会进步的成果，并在经济社会运行方面发挥着重要的"稳定器"和"安全网"的作用。

一、各国社会保障的特点

（一）美国社会保障制度特点

　　美国广义的社会保障制度由"社会保险"和"社会福利"两部分组成，其中，社会保险制度主要包括老年及幸存者、残疾者保险，医疗保险和失业保险制度，而社会福利则是指一系列对低收入阶层和贫困社会成员进行救济的项目。美国社会保障制度与欧洲国家的社会保障制度有着很大的差别。美国社会保障制度的主要特点表现在以下几方面。

　　1.多层次、低水平的社会保障

　　从社会保险的项目和水平上看，美国社会保障具有多层次、低水平的特征。从结构上来划分，美国的一些社会保障项目要求受益人交纳一定数额的保险金，如老年及幸存者、残疾者保险，失业保险，老年医疗照顾等项目；而另一些则是需要以需求和收入检验为基础的公共援助项目，它们要求受益人的收入水平在某一特定的值以下，如抚养未成年儿童家庭援助、补充保障收入、医疗救助等。如果从收益形式上来划分，美国的社会保障制度可以分为现金资助和实物援助。现金资助包括老年及幸存者、残疾者保险，失业保险，抚养未成年儿童家庭援助，补充保障收入等，而实物援助则包括医疗救助、食品补助、住房补助等。从类型上说，美国的社会保障制度集社会保险与社会福利于一体，种类很多，涉及生老病死、衣食住行、学习工作等各个方面。但是，虽然美国的社会保障层次众多，但其水平普遍较低，这种低水平的保障也是美国社会保障制度市场化的一个体现。

2.多元化的管理运作方式

在管理与运作方式上，美国社会保障制度具有多元化的特征。首先，是指联邦政府和州、地方政府的兼顾，这主要表现为联邦政府的主导作用和公司、社团及私人发挥的能动作用。前者又表现为联邦政府和州及地方政府的分工和分享。1935年的《社会保障法》强调的是联邦政府对社会保障的责任和作用，从20世纪60年代以后，美国历任总统重视的则是发挥州和地方政府的作用。目前，美国社会保障制度的举办已经形成这样一种方式：老年及幸存、残疾者保险与医疗保险是由联邦政府负责举办的，而失业保险是由联邦政府与州政府共同举办的。其次，美国社会保障制度的多元化还体现在各级政府、公司、社团和私人共同承担的公私兼顾体制方面。这种公私兼顾体制在雇员就业和失业保险、老年保险等社会保障项目中表现得很明显。属于"私"方的社会保障有各种不同的组织，如各类社会福利保障的慈善机构、各种非营利性社会福利保障组织、各类基金会、教会福利社会保障机构、工会所属机构的社会福利保障、各种社区保障、家庭各类社会服务。在公私两渠道并举的方针下，美国个人和家庭的经济社会保障是由政府、社会以及个人三个层次构成和提供的。

3.多渠道资金筹措方式

在资金筹措方式上，美国社会保障体现出的多渠道性与美国社会保障发展的市场化倾向相适应。美国在社会保障资金筹措方式上体现出多渠道的特征。政府征收的企业、公司雇主的税收以及企业主为雇员提供的福利经费成为社会保障项目的重要资金来源。联邦政府提供的经费也起到了重要作用，但是在不同时期和不同社会福利项目上有所侧重。各种社区及各种社会福利组织也为不同利益集团提供了社会福利保障的部分经费。同时，私人通过缴纳保险税为特定的保险项目提供了社会保险经费。此外，个人的慈善性捐助也起了很大作用。

4.不平衡的受惠待遇

美国社会保障的受惠待遇是不平衡的。首先，美国社会保障大多是由联邦、州和地方政府共同举办的，而各个州存在经济、社会差异，导致保障对象、保障标准不同。其次，不同的企业由于经济实力不同也会对社会保障的待遇产生影响。最后，美国社会保障制度采用多贡献多受益的原则。个人缴纳的社会保障税越多，所享受的社会保障水平就越高。

（二）德国社会保障制度特点

德国作为"福利国家"，形成了一个完整的、内容十分广泛的社会保障利益平衡体系。它由两个基本部分组成：第一部分是以社会保险为主体的社会保障制度，包括社会保险、社会照顾、社会救济、家庭与教育补贴、促进住房与财产形成补贴等。第二部分是以共决权为中心的劳资合作制度，包括共决权、劳资协商自治和雇员保护等。其中，社会保险是社会保障制度的核心，也是所谓"福利国家"的最主要内容。劳资合作制度的重点在于协调劳资矛盾，建立雇主和雇员之间和谐、理智的"社会伙伴"关系。除了社会救济以外，德国还有社会抚恤制度、社会促进制度。社会抚恤是指公民因为履行国家的义务（如服兵役）而致残，因其他原因（如预防接种）而使身体受到损害，或因社会暴力而受到伤害，国家出于法制或社会福利的原则应当承担责任并给予补偿的制度。社会促进制度是为由于各种原因而失去工作岗位的劳动者提供职业咨询、职业培训和鼓励就业等服务措施。此外，德国政府还有名目繁多的各类社会福利，如儿童金、抚养金，低收入家庭的中学生和大学生助学金、免费教育，购房补贴等。这些共同组成了德国的社会保障体制的主要内容。

1.以社会保险为主

由养老保险、疾病保险、事故保险和失业保险等险种组成的社会保险是德国社会保障制度最基本、最重要的组成部分。同时，保险的强制性与保险方式及承保机构组织的多样性并存。德国社会保障体制浓厚的强制性色彩是俾斯麦型保障制度的主要特征。

2.社会保障的法律、法规健全

第二次世界大战前德国已积累有许多社会保障的立法，这为战后德国的社会保障立法奠定了良好的基础。第二次世界大战后，立法成为历届政府社会政策运用的主要手段，每一个社会保障项目都通过立法而建立，并按相应的法律规定进行管理和运营。

3.承保多元化，经费筹集由个人、企业、国家共同负担

在德国，社会保障的承保者既有联邦、州和地方政府，同时还有各种社会保险机构、社会慈善福利机构和私人保险机构。就承办社会保险的机构来看，其中既有按保险业务种类设立的保险机构，也有分别按地区、行业和职业身份设立的保险机构。每一类保险机构一般只承办一种保险业务，各类保险机构的业务范围具有明确界限，相互并不交叉和重叠。

4.对社会保险实行自治管理

社会保险机构实行自治管理是德国社会保障体制中最具特色之处。所谓自治管理是指在各类承办社会保险机构中，分别设置代表大会和董事会，负责决定保险承办机构的财政预算和人事安排。德国在社会保险基金的管理上贯彻共同参与的民主管理思想，各项社会保险基金除失业保险

外，均实行自治管理的办法。主要办法是由参保人与企业资方分别派出代表进入保险机构的董事会和监事会，在决策方面反映参保人与企业的意见和要求，并参与各保险机构的管理与监督。

（三）日本社会保障制度特点

与东亚其他国家相比，日本的社会保障体系建立得最早，发展得较为完善。虽然日本社会保障制度是模仿西方，特别是深受美国社会保障制度的影响而建立的，但其本身带有鲜明的东亚福利体制特色，如政府注重个人、家庭在社会保障方面的作用，强调费用负担的全民化。因此，与发达国家相比，日本用于社会保障领域的国家财政支出比例较低，社会福利水平也低于西欧的国家。1951年日本通过了《社会福利事业法》，由此确立了社会福利事业的宗旨、概念及种类，明确了有关社会福利事业的公私责任、合作领域和组织形式，规范了民间社会福利事业的性质、地位及财政基础。七十多年来，日本的社会保障制度在维护社会秩序、降低失业率、改善劳资关系方面发挥了巨大的作用。随着经济的恢复和高速发展，日本社会保障制度也在实施过程不断充实和完善，日本的社会保障主要特点表现在以下几个方面。

1.管理方式多元化

日本的社会保障制度是按系统分散管理的，没有形成全国统一的管理体系，它可以简单地区分为政府、专业机构和社会团体三个管理层次。政府的职责主要集中于制定、实施、监督和落实社会保险的政策和方案，一般负责管理属于法定强制的社会保险；社会保险专业机构具体负责日常业务管理，而社会团体协助办理相关的社会保险事务。养老保险中的国民年金、私人企业厚生年金和船员保险、疾病与生育保险以及家庭津贴，均由厚生劳动省（简称厚生省）负责管理。养老保险中的私立学校教职员共济年金由文部省负责管理，而工伤保险与失业保险均由劳动省负责管理。实际上，政府对社会保障的管理主要体现为立法与监督，一般将具体事务交给健康保险局、社会保险局、儿童家庭事务局、职业保障局及地方社会保险机构等管理。

2.年金制度走向一体化

日本的年金制度原来并不统一，除国民年金和厚生年金之外，还有各种共济组合的年金制度，各种年金制度之间因其历史、性质、资金来源的不同，给付水平也有差异。为了统一年金制度，日本于1959年制定了《国民年金法》，从1961年4月开始实施。根据该项法律，所有个体经营者（包括农民）以及无业人员都参加国民年金制度。这样，再加上厚生年金制度下的全体在职职工和各种共济组合制度下的就业人员，日本的全体国民都能享受某种年金待遇。为使年金制度更加合理，厚生省提出了建立基础年金制度的构想。其内容是：第一，设立全体国民共同固定的基础年金制度，从65岁起开始发放；第二，现行的国民年金、厚生年金、各种共济组合的年金制度继续予以保留，扣除基础年金应支付的费用后，其剩余部分作为附加年金予以支付；第三，将现行各种年金收取的保险费交给基础年金作为保险支付金，不足部分由国库承担。这就把现存的各种年金制度统一起来，全体国民都有平等的享用权。这既减少了矛盾，又降低了管理难度。1986年日本又进行了养老金制度的改革，把原先属于8个不同体系的养老金制度一元化，改为基本年金和厚生年金、共济年金等。虽然医疗制度中的国民健康保险在保险费的缴付方面有地区、家庭的差别，但在医疗费的支付方面完全相同。日本从1961年起实行该制度以来已有六十多年。实践证明年金一体化制度已取得了成功。日本政府所推行的国民皆年金的目标已经实现。

3.负担全民化

日本目前正在致力于完善全民保险制度，即保险费用由全体国民共同负担，家庭之间相互承担扶养义务，下一代人赡养上一代人。这样代代相传，以便迎接21世纪老龄化社会的到来。在日本的社会保障制度中，政府负担大部分保险费用，其次是企业，再是个人。公共救助部分依据的是必要原则，即由政府承担保证最低生活水平的责任；养老保险和医疗保险部分主要依据的是贡献原则，即社会保险资金来源采取受保人、雇主、政府三方分担的原则，其中政府责任占有较高比例。日本的社会保险资金主要包括保险费、公费和其他（如资产收入等），根据统计，保险费占57%（受保人26.9%，雇主30.1%），公费占31%（国库支出27%，其他公费4%），其他来源占12%。其中，政府负担的费用，实际上是靠税收得来的。因此，全民皆保险、全民皆年金制度实质是一种全体国民共同保障全体国民生活的社会保障制度。

4.保障自我化

日本社会保障制度强调劳动者个人的自我保护意识，鼓励个人为企业和社会努力工作，尽量依靠自身的努力和家庭的协助满足社会保障方面的需要。从20世纪60年代中后期开始，日本社会福利的各种制度日渐完善，于70年代初达到了一个新的高度。但随后的经济危机和人口老龄化趋势使得日本加强了对社会福利政策的"福利重探论"，1975年，三木内阁明确提出"终身设计计划"，批判了以往"天女散花式的福利"，强调"通过自身的努力而创造福利"。1979年版的《厚生白皮书》也提出要重视家庭的作用，认为日本传统的家庭形式（指老人与其子女的同居率较高和较高的同居意向）是日本社会"福利的潜藏资产"。1979年经济企划厅发表《新经济社会年计划》，进一步表明"我们的目标是实现这样一种福利社会，即以个人的自助努力和家庭、邻里及社区共同体的结合为基础，选择、创造出一条以高效率的政府重点保障公共福利的自由经济社会所具有的创造性活力为原动力的、我国独自的道路"。这种福利社会可称之为日本型的新式福利社会。在这种思想的指导下，在社会保障费用方面，日本劳动者个人负担相对较多，业主和政府负担较小。例如，日本养老保险制度个人缴纳养老金时间长、负担高。现行的厚生养老保险费率为标准月工资的16.5%，煤矿工人和船员为18.3%，由投保者和企业各负担一半，也就是说个人负担月工资额的8%～9%，缴纳时间长达25年，为工业发达国家之最，同时发放养老金时间也从60岁逐步改革过渡到65岁。因此，与国际水平相比，日本老龄者就业率也是非常之高的，据日本劳动省1996年所做的"老龄者就业实态调查"，日本55～69岁男性就业的主要理由是"为了维护自己及家人的生活""为了提高生活水平"。据此可以看出，让国民自己保障自身和家庭的形式仍是日本社会保障制度中的重要制度选择。

（四）英国社会保障制度特点

几十年来，英国以国民保险和国民保健为主体的社会保障制度，经过不断的调整和修订，已有很大发展，到目前已达到相当的规模和较高的水平。概括起来，英国目前的社会保障制度主要包括国民保险、国民保健、专项津贴、个人社会福利、住房和教育等几个方面。

1.体系完整，覆盖面广，项目分类合理

英国的社会保障涉及社会生活的各方面，形成保险、救助和津贴三大类。除此之外，尚有许多具体内容表现在实物方面，如贫困家庭子女就学午餐，或某些间接性财政补贴，如儿童、青少年和老年人乘坐公共交通的免费或低价优惠，或以医疗和教育的方式提供给广大国民，如免费医疗和免费教育等。总体上看，英国社会保障与社会福利制度密切相关，与教育、医疗和收入分配制度密切相关。

就社会保障本身看，三类分工明确：社会保险与社会成员的就业连在一起，其受益与其缴费完成情况结合，未缴费者无权享受，缴费多者多享受，体现了权利与义务的对应关系；社会救助属社会的无条件帮助，直接与受益人的收入水平有关，而与保险缴费无关，救助完全体现了道德要求，也是人权保障的具体内容；专项津贴应当属于社会关爱范畴，是国民对于特殊人民的优待，体现了社会的精神文明。

2.社会保障的普遍主义取向

英国国民保险待遇是与收入脱钩的，无论受保人缴费多少，都同样享受定额待遇。国民保险提供的受赡养人待遇，则将受保人之间的再分配延续到他们的家庭，由于国民保险几乎覆盖了全部劳动者，通过受供养人待遇又延伸到几乎全体公民，因此，尽管它在形式上是社会保险，实质上却是一种普遍主义社会保障。英国的其他福利项目则更明显地体现着普遍主义，对受供养人提供的福利如此，国民卫生服务更是如此。

3.向家庭渗透较深

英国社会保障制度由于其涉及项目全面、覆盖面广泛，因而在一定程度上取代了传统家庭的赡养职能。英国国民保险在待遇设计上的指导原则不是工资丧失的补偿，而是着重考虑到劳动者的家庭赡养情况，把待遇分解成两部分，一部分维持受保人的生活，另一部分维持赡养人的生活，在这一方面，国民保险待遇为受保人承担了赡养家庭的责任。

社会保障制度的其他一些项目，则直接体现着国家对家庭赡养责任的替代。最典型的是提供给未成年子女的福利，无论家长的收入如何，子女都可以享受待遇，这实际上是国家为家长承担了部分抚养责任。而且，历史上家庭的教育责任也由于福利而由国家承包。国民卫生服务也在一定程度上体现着政府对家庭责任的替代。

（五）瑞典社会保障制度特点

瑞典实行的是从摇篮到坟墓的社会福利制度，其最大特点就是强制性的社会化，人人都必须参加统一的社会保障系统，并能享受由国家统一提供的各种社会保障。这些保障主要有八大类，即老年保障、健康保障、失业保障、家庭保障、住房保障、儿童保障、教育保障和带薪假期等。瑞典社会保障体制是福利国家的典型代表，全民性的保险和广泛而优厚的补贴制度，使瑞典获得了"福利国家橱窗"的称誉。瑞典社会保障制度有以下几个明显的特点。

1.社会保障对象具有普遍性特点

瑞典宪法规定，公共活动的首要目标是个人的人身、经济和文化的福利。国家有责任保障公民的劳动、住房和受教育的权利，支持社会的救济和保障，支持一种良好的生活环境。在社会保险项目上，瑞典的多种保险制度将家庭成员覆盖在内，使得社会保险的实际覆盖面较大。20世纪80年代中期，瑞典的养老金覆盖率为100%、病假工资覆盖率为87%、产假工资覆盖率为100%、失业补偿的覆盖率为75%。

瑞典社会保障覆盖在瑞典工作的所有人，不论其是否具有瑞典国籍。移民享有同样的福利。另外，如在就医、考驾照时，遇到语言困难，市政府有义务为他们请翻译。许多学校鼓励移民的子女学习本民族的语言，新移民可到移民学校学习瑞典语，费用全免。

2.社会保障内容全面，福利水平高

瑞典是福利国家的典型，提供全面而稳定的社会保障项目，包括养老、医疗、免费教育、住房补贴、家庭补贴等，涉及社会生活的方方面面。

瑞典社会福利水平很高，并对各项社会福利制度进行立法保障，给国民提供了较高的生活质量。一是工作舒适，瑞典人每年有近100天的休息日，而且是带薪休假；二是物质富裕，瑞典居民在汽车、游艇、电器等方面的拥有量列世界前茅，并且几乎100%的瑞典人都拥有夏季别墅；三是近乎免费的医疗和教育，这使得瑞典的人民寿命长、死亡率低、受教育程度高。20世纪60年代末期以后，瑞典的生活质量综合指标一直名列世界前十位。

高福利必然带来高支出，瑞典人均社会保障支出居全球之冠。据OECD（经济合作与发展组织）统计，1983年瑞典人均社会保障费支出高达3649美元，法国为2961美元，而同年度日本人均社会保障费用支出只有1079美元。再从社会保障总支出占国民收入的比重来看，1987年瑞典占40.7%，而英国占25.5%，美国占16.2%，日本仅占14.85%。

3.实行积极的劳动力市场政策

瑞典实行所谓Rehn-Meidner（经济和工资）模式，该模式由两位工会经济学家于20世纪50年代提出，并由强大的国家劳动力市场委员会管理，旨在将失业率控制在一定范围内，并促进劳动力市场的结构调整，这一模式使得瑞典的失业率明显下降。

二、发达国家民生保障改革

第二次世界大战以来，西欧国家的执政党利用经济快速发展的有利条件，大力投资发展公共服务，保障和改善人民生活。许多国家建立并完善了以养老、医疗和失业为重点的社会保障体系。在西欧，国家组织的社会保障体系覆盖率占人口的90%以上，社会保障支出一般占GDP的三分之一。在东欧国家的过渡时期，建立社会保障体系是社会政策的优先事项，并投入了大量资金加以改善。关注和改善民生已成为各国的共识。

（一）美国的民生保障改革

从20世纪70年代开始，尼克松政府就开始在减少开支与调整机制两个方面进行社会保障改革。里根政府按照推行私有化的思路对社会保障制度进行了进一步改革，如所有的工资收入者，包括已经参加公共养老金计划的人，都可以设立个人养老金账户，政府对此会给予一定数额的免税优惠；另外，里根政府还将退休年龄从65岁逐步提高到67岁。老布什政府继承了前任的改革思路，即以市场化为机制调整的基本方向，尽量削减开支。

在前届政府社会保障制度改革的基础上，克林顿政府继续推进了改革。1996年7月，美国众议院通过了克林顿政府的社会保障改革方案，其主要内容包括：领取社会福利的最长期限为5年，并且需要在2年内找到工作；冻结赠款，由州政府决定如何使用联邦政府的援助资金；18岁以下的单亲母亲必须在校或与监护人居住在一起才能得到福利金；未成为公民的合法移民不能获得联邦政府的福利金；限制福利开支等。

面对严峻的形势，布什于2001年5月专门成立了一个由16人组成的"加强社会保障总统委员会"。布什改革计划的核心内容是：允许社会保障制度的受益者利用部分社会保障税设立可以投资于金融市场的私人账户，以获得较高的回报率，从而弥补社会保障未来的开支不足。但金融市场的风险太高，布什的方案是否会危及退休人员及其他社会保障受益者的生活，当时在美国引起广泛讨论。

奥巴马在执政后，将医改作为美国国内"新政"的主要工程之一。在推行改革的过程中，奥巴马吸取了20世纪90年代克林顿执政时期医改失败的教训，采取了一些新策略。奥巴马的医疗改革计划要达到3个目标：给已有保险的人提供更多安全保障；给没有保险的人提供在他们经济支付能力范围内的选择；缓解医疗保健体系给美国家庭、企业和政府带来的开支增长。2010年2月22日，奥巴马公布了新的医疗改革方案。新医改方案将使超过3100万尚未获保的美国人拥有医疗保险。该计划在实施后第一个10年内将使美国政府预算赤字减少1000亿美元，在第二个10年内减少约1万亿美元。2009年2月17日，奥巴马签署了《2009年美国复苏与再投资法案》。其中，教育被放在了优先发展的位置。该法案规定，美国联邦政府投入7870亿美元用于拯救美国瘫痪的经济，其中1150亿美元（占总额的14.6%）用于投资教育事业；11月，美国教育部颁布《力争上游计划实施摘要》，正式宣告了"力争上游计划"开始实施。该计划是对《2009年美国复苏与再投资法案》的回应。奥巴马政府启动了总额为43.5亿美元的教育改革拨款，其主要目的是资助贫穷残障儿童，推动全国教育制度改革。该计划是奥巴马政府针对美国教育政策执行力度不到位、教育水平低下等问题提出的。主要内容包括提高教育标准，规范评价体系；改进教学数据库系统，提升教学的有效性；促进教师和校长的专业发展；加强政府干预，改造薄弱学校等四大方面。2009年12月，奥巴马宣布，将采取减税、奖励以及增加投资等一揽子举措创造更多就业岗位，以应对当前日益严峻的失业问题；2010年3月，奥巴马签署了一项通过减税和增加开支来促进就业的法案。

特朗普上台之后，在基础教育领域推行的改革主要有两个方面，一是州共同核心标准（Common Core Standards）的存废之争，二是实施择校政策。前者涉及是否"继承"奥巴马政府时期的教育政策的问题，后者主要是特朗普执政团队提出的教育改革主张。

2021年1月14日，美国时任总统拜登称美国面临着沉重的人类苦难，因此，他提出总额达1.9万亿美元（约合人民币12.3万亿元）的经济救助计划，希望能够扭转经济形势。拜登在教育新政中纠正了特朗普时期措施的一项重要内容。2022年4月5日，拜登签署了《平价医疗法案》扩展法案，以帮助降低医疗保险成本，同时使无法通过工作获得平价健康保险的人有资格获得保费税收抵免。

（二）德国的民生保障改革

从20世纪90年代初开始，德国在以科尔为首的联合政府执政期内，围绕社会保障改革的核心问题——筹资体制改革进行了有益尝试。1998年10月，以施罗德为首的联合政府上台后，提出要跨越左派与右派，在传统的福利国家和竞争的市场经济国家之间执行"新中间派政策"，即走"第三条道路"，在社会保障方面，要保持最低社会保障标准；改革公共服务，使效率最大化；关注贫困和社会排斥现象；不要对福利产生依赖，而应建立一种促使所有公民都工作而不依赖救济的现代社会保障体系；强调社会保障既是每个人的权利，也是每个人的义务。1998年10月，在社会民主党和绿党共同签署的名为《觉醒与革新——德国迈向21世纪之路》的联合执政大纲中，新政府主张在保住社会保障制度的核心——社会保险制度的情况下，对社会保障制度进行适度改革和调整，以减轻国家财政负担。采取的具体措施有：开辟就业领域，如社区服务等，使领取失业和社会救济金的人尽快就业；扩大投保人员范围，先是让所有就业人员履行保险义务，逐步过渡到全体公民；建立有期限的老年预备金，以解决2015~2030年间的人口老龄化问题；进行医疗改革，提高医疗质量和降低费用。

总之，正如施罗德在其政府声明中所说的那样，社会保障网必须成为一个跳板，任何一个暂时需要帮助的人，都应该能够从这一跳板迅速重返自己的生活。

（三）日本的民生保障改革

1998年6月，日本中央社会福利审议会、社会福利结构改革分会向厚生省社会援助局提出了《有关社会福利基础结构变革》的报告，明确指出日本的社会福利政策正在发生一场前所未有的变革，从重工作到重生活，其主要目的在于满足扶贫、济贫、防贫的社会保障制度，对满足国民的多样化需求的改革势在必行。

日本政府从20世纪90年代初就开始着手改革、完善医疗保险制度。如适当调整各方之间的医疗负担比例，将健康保险费从月工资的8.2%提高到8.5%，将被保险者自己负担的医疗费部分从10%提高到20%，并对70岁以上老人的医疗费做了不同程度的调整，增加了部分收费。1994年11月第131次临时国会确定，从2001年开始，将原来由60岁开始享受全额年金改为65岁。具体实施方案为：从2001年开始，男子享受年金的年龄每3年调高1岁，到2013年完成；女子实施时间比男子推迟5年。另外，2000年3月底由日本众议院通过的法案将企业职工的年中、年末奖金也纳入了收取养老保险费的范围，并将报酬养老金部分削减了5%。

为解决老人护理问题，从2000年4月开始实施的护理保险制度，是近年来日本在社会保障领域实施的一项重大改革。护理保险制度的对象是40岁以上的人，分为第一种保险人（65岁以上的老人）和第二种保险人（40～64岁参加医疗保险的人）。护理保险的投保人平均每月缴纳2500日元的保险费，一旦得病卧床不起就可以申请护理。护理保险服务是包括保健、医疗和福利在内的综合服务。建立护理保险制度的主要目的是建立一种便利、公平和高效的援助体系，提高保险费的使用效率，并引进竞争机制，充分发挥社会的力量。

（四）英国的民生保障改革

英国的社会保障体制改革始于20世纪70年代末，保守党撒切尔政府以及其后的梅杰政府，对英国的社会保障制度改革进行了大胆而有益的尝试。布莱尔领导的工党执政后，于1998年4月公布了题为《我们国家的新动力：新的社会契约》的绿皮书，大体勾画了到2020年英国福利国家制度的发展蓝图。其中提出了新福利制度的8项原则：围绕"工作观念"重塑福利国家；公私福利合作；提供高质量的教育、保健和住房公共服务；扶助残疾人；减少贫困儿童；帮助极度贫困者；消除社会保险中的欺诈行为；将政府的工作重心从发放福利津贴转向提供良好的公共服务，使现代福利制度灵活、高效、便民。在具体政策上，布莱尔工党政府首先将社会保障制度的重点转移到促进就业、扶助弱势群体方面：为促使"不工作阶层"去工作，将"寻找工作"作为领取社会补贴的必要条件，对雇用新职工的私人企业提供政府补贴；通过职业教育或培训解决年轻人及长期失业人员的就业问题；通过增加工资的形式直接向低收入家庭支付税收费用，改革可能增加贫困和失业的收益制度。其次，继续改革社会保障制度，引入私营要素，杜绝欺诈行为。例如，从1997年4月起，英国的雇主可以选择是否继续为其雇员缴纳"法定疾病保险费"，如果他可以提供其他方式足够的保险，就可以要求雇员退出国家的保险机制。

总体来看，布莱尔工党政府改革的目的是使社会保障制度更有效地为政府的目标服务：提供更多的机会，促进就业，增加投资以维持经济的持续增长，鼓励公民的独立性，促进良好的社会团结；建立一种有活力的社会保障制度用以支持工作和储蓄，同时有效地解决社会不公正和不平等现象。

（五）瑞典的民生保障改革

20世纪80年代以来，在福利国家财政危机和世界经济自由化浪潮的压力下，瑞典的主要政治力量逐渐达成共识：政府必须把经济发展和充分就业放到政府经济政策的核心位置，在社会保障制度方面完成从强调基本社会权利向促进就业方向的转化。围绕就业这一核心，瑞典政府采取了一系列的改革措施：首先，在社会保障制度中加入就业指标，使"愿意就业"成为享受社会保障的基本条件，失业者必须参加就业培训或在职业中心登记才能领取失业津贴，就连领取社会救济和残疾人福利的人也必须证明自己已经尽力工作了；其次，在社会保障改革中，年轻人和成年人的优先性得到了重视，在原有体制中他们被假设只需要较少的保障服务，改革中的体制越来越重视对成年人的再培训和终身教育，以利用社会保障促进劳动力流动和提高工作动力。另外，在特别强调工作和培训的同时，为减少非正式就业，提高工作热情，瑞典大幅度地降低了边际税率，减少了高收入阶层的税收。

此外，瑞典正在进行养老金制度改革。新的养老金量将根据每个人一生工作年限的总收入确定，除了同收入相关外，照料孩子、国民服务及接受高等教育的时期也将被考虑在计算养老金量的年限范围内。根据新的制度，退休养老金将与残疾养老金分开，但这些保险均为强制性的并为社会保障机构统一管理。这一保险方案部分适用于1935～1953年出生的人，全部适用于1954年及以后出生的人。按新规定的第一笔养老金从2000年起开始支付。

三、各国民生建设的启示

总体来看，其他国家的民生保障制度改革有以下趋势：一是增收节支，提高效率。即增加民生保障的财政收入，相应减少其支出。例如，提高社会保障的费率，增加社会保障缴费基数；延长退休年龄，削减一些社会保障项目的开支；加强管理，提高社会保障工作的效率和社会保障资金的使用效率，避免浪费；等等。二是促进就业，支持培训。越来越多的西方国家接受了将促进就业作为社会保障的重要职能，纷纷将失业保险及救济待遇与是否愿意就业挂钩。另外，还通过支持培训来促进就业。三是增强社会保障制度的激励作用。通过将养老保险、医疗保险同个人的工资收入挂钩等措施，激励社会保障对象多劳多得，尽量避免不劳而获的"福利病"。四是社会保障体系私营化，充分调动社会力量。西方国家正在尝试缩小政府对社会保障范围及项目的干预，而是把有关项目转给非政府机构来管理运作，政府只制定政策法规，最终通过法律来调控社会保障制度。另外，类似日本护理保险的改革也日益看重社会力量对社会保障的贡献。

在尝试借鉴发达国家民生建设模式时，我们也必须清楚意识到我国的社会制度与吉林省的主客观条件与发达国家存在的明显差距，并辩证地分析"高福利"制度的利弊。认清其本质属性和实现的前提条件，才能真正实现将他国经验为我所用。

（一）福利制度的本质是改良主义措施

我们应当意识到，西方国家实行的"高税收、高福利"，是资产阶级政府采取的重要改良主义措施，是资本主义社会调节生产关系的重要手段。虽然一定程度上缓和了阶级矛盾，减少了贫富对立，对维护社会的稳定起到了一定的作用。但这些政策只是调节国民收入的一种形式，说到底是一种社会矛盾的"缓冲器"，不可能从根本上解决资本主义的种种痼疾。民主社会主义者推行的模式，以牺牲效率为代价，过分强调社会福利的保障作用，目前遇到了难以克服的困难，面临难以为继的窘境。经济学家批评说：这种经济患上了"动脉硬化症""对劳动缺乏刺激作用"，让社会发展的脚步放慢或停滞。

（二）确立社会保障模式的普遍主义原则

由于在改革开放之前，我国的社会保障很明显是以个人身份和职业为基础的，因此，一个人是农村户口还是城镇户口，是在全民所有制还是在集体所有制单位就业，这些个人身份和职业标志很大程度上决定了个人享受社会保障的状况。追求公平应当是社会保障制度追求的首要价值目标，但是以个人身份和职业为基础的社会保障模式在二元结构的社会背景下，城乡居民在医疗、工伤保险和交通副食补贴等社会保障方面还存在一定差距。

因此，我国的社会保障不应当是基于身份和职业等标准将人分类，而应当确立社会保障的普遍主义原则，即一个人享受社会保障，不是因为他是城里人（有城镇户口）、是国有企业职工，而只是因为他是中华人民共和国的公民。公民身份应当是享受同样水平的社会保障的唯一基础。

（三）福利制度并未触及根本的分配制度

从分配制度看，西方国家实行的社会福利制度，没有触动和改变资本主义的按资分配制度，因而也不可能从根本上解决分配不公和贫富对立的问题。在西方国家，社会福利基金主要来源于三个方面：一是职工交纳的社会保险费；二是资本家所交纳的社会保险费；三是政府预算拨付的经费。从表面上看似乎是由统治阶级给予的福利，实际上是由资产阶级通过赋税把工资收入者的劳动力价值中的一部分集中在国家手中，再以福利的形式进行分配，以满足社会劳动力生产生活的需要。因而它就始终无法改变资本主义社会在社会财富分配上必然不断拉大的两极分化现象，更谈不上与社会主义公平分配的趋同。

我国是发展中国家，虽然经过改革开放，近几年国民经济有较快的增长，但生产力水平仍然有上升空间，加上人口众多，特别是拥有8亿多农村人口，尚存在一些城乡差距，应当在社会保障水平的设定方面充分考虑我国的基本国情，遵循社会保障水平应与经济承受能力相适应的客观准则，科学合理地界定社会保障的分配层次和总体水平。

（四）国家经济安全难以保证

从经济制度看，西方国家的社会福利制度，是在坚持生产资料的资本主义私有制这一根本前提下实行的。物质的生产条件以资本和地产的形式掌握在资本家与地主手里，而人民大众只有人身的生产条件。由于西方国家都是在坚持私有制的前提下推行这种经济，不可能改变工人被剥削的雇佣地位，也不可能赋予劳资权利平等。它只是一种具有鲜明时代特色的社会改良。许多国家发展的经验表明，私有化并不一定带来经济发展。在关系国家安全和国民经济命脉的重要行业和关键领域，如果没有国有经济的主导作用，早晚有一天会为国际垄断资本所控制，国家的主权和民族稳定也难以保障。

（五）正确认识社会保障中政府、市场与社会的关系与作用

计划经济下我国的社会保障是以政府的行政手段为主要的实现社会保障目标的工具。也就是说，从社会保障模式的实现手段来看，过去我们基本上是靠政府的行政性指令来实现对社会资源的调拨和分配的。要建设社会主义市场经济，国家对物质、精神资源的垄断地位就必须改变，而一旦国家对物质、精神资源的垄断地位被打破，国家就不可能也没有必要像过去那样依靠单一的行政手段解决社会保障问题。因此，在新的背景下，我们应当正确地认识政府、市场与社会的关系与作用。如果没有对政府、市场与社会的关系与作用有一个深刻的认识，我们就难以把握政府行为的边界和市场、社会活动的空间。

（六）中国必须走社会主义民生建设道路

自由主义、保守主义以及社会民主主义构成了各个发达国家社会保障模式的思想基础，因此，要建构中国的社会保障体系，就应当以建设中国特色的社会主义理论为思想基础，探讨诸如政府、市场与社会的关系，社会保障与个人自由等一系列原则性的问题。因为如果缺乏对这些原则性问题的系统而正确的认识，社会保障体系中的各种具体设计就可能会缺乏内在逻辑的一致性，甚至会导致相互矛盾与冲突。因此，要使我们的社会保障体系能最大限度地发挥促进生产力发展的作用，我们必须以建设中国特色的社会主义理论为指导，认真把握社会保障体系中的一些原则性的问题。历史已经无数次证明，只有走社会主义道路，坚持以公有制为主体，

才能使大多数人从根本上摆脱贫困，逐步实现共同富裕的目标，体现人民群众的根本利益。保障和改善民生，一定要根据国家经济发展水平和国情国力实际，循序渐进地解决和改善，才能取得实实在在的成效。

中华人民共和国成立以来国内民生发展的历程和路径表明，国内民生发展的成就得益于独特的渐进发展模式。这一发展模式既注重保障和改善民生，又注重保障民生与经济增长之间的和谐关系，既没有脱离经济社会发展现实盲目追求民生高速发展，也没有一味发展经济忽视民生，而是根据不同发展阶段特征合理制定民生发展战略，把发展经济与改善民生紧密结合起来，让发展成果惠及全体人民，从而获得经济和民生的可持续发展。

全球化带来了社会风险的现代转型，从而导致社会面临更多人为的、制度性的现代社会风险，其结果是消极、被动的社会政策及其相关制度受到全面挑战。全球化所带来的社会问题更为复杂，人口老龄化、失业问题加剧，新贫现象、社会排斥现象，非典型就业在全球化背景下的重叠使社会保障制度面临新的挑战。如何适应全球经济变迁成为各福利国家改革的重点，特别是20世纪80年代以来，福利国家改革均倾向市场化、自由化和国家解除管制取向，但因福利体制的不同，各国的改革路径和策略仍有较大的差别。福利国家的改革路径有：北欧福利国家改革所采取的斯堪的纳维亚改革路径；以英国和美国为主的新自由主义改革路径；保守主义的福利国家改革所采取的劳力减少的路径。福利国家的改革策略为：在工作福利方面的改革；在劳动体制方面的改革；在弹性劳动市场方面的改革。随着全球化进程的加快，世界各国在提升国际竞争力的压力下，更强化其社会保障制度的全面改革，出现了全球化下社会保障制度的转型：以工作福利为导向的社会保障；以社会投资为手段的社会保障；以社会融和为目的的社会保障。

总之，全球化在不同程度上影响了全球社会保障制度的发展，其中，国家、市场与家庭的制度角色仍是造成社会保障制度转型不同特点的重要因素，同时，福利国家的社会管制方式的制度变迁是组成当前全球资本主义的重要部分之一，也将是决定未来资本主义变化的要素之一。在这个意义上，国家与市场必须发展出新的制度关系，通过福利国家的制度安排，包括对劳动市场、家庭、教育、健康与环境保护等各种制度的新的建构，才会有助于未来社会发展出较稳定的经济社会秩序。

| 第二章 |

东北振兴战略下的吉林民生建设

深入推进东北振兴发展，是党中央作出的重大战略部署。东北振兴战略实施以来，在各方面的共同努力下，吉林省民生水平大幅提升。党中央一以贯之地坚持着东北振兴的战略部署，并不断加以深化和强化，加快了吉林振兴发展，人民对幸福生活充满新的希望。

第一节 东北振兴战略下吉林民生建设的战略意义

自东北振兴战略实施以来，中央出台了一系列旨在解决和改善民生问题的政策。从其主要内容看，涵盖了完善社会保障体系、促进国企下岗职工向失业并轨，确保"零就业家庭"至少一人就业，率先在东北地区实施棚户区改造工程，支持东北地区社会事业加快发展等方面，并取得明显成效。

一、破解关键领域民生问题

（一）政策倾斜降低国企改革对民生的影响

东北振兴战略提出后，吉林省首先建设的民生重点与国企改革攻坚的影响密切相关。东北振兴是在吉林省体制性、机制性矛盾尚未得到根本解决，非公有制经济发展不充分，市场化程度低，发展活力不足，就业、再就业和社会保障压力较大，部分群众生活还存在一定困难的情况下展开的。要在这一时期完成社会保障制度变迁，必须从实际出发，有效处理好新制度的建立与老工业基地转型成本约束之间的关系，在交易成本最小的情况下提高制度运行效率。这不仅需要地方积极努力，而且更需要国家在场，为社会保障制度变迁提供必要的规则和外部条件。

为降低国企改革攻坚对民生的影响，就业和再就业政策向东北倾斜，重点解决资源枯竭型城市、独立矿区以及军工、煤炭、冶金、森工等行业下岗失业人员的再就业工作。中央预算内投资对东北地区城市供热、供水等管网设施改造、基础设施建设、水利建设、农村公路建设提供资金等。[1]2005年，在东北地区率先实施的棚户区改造工程全面推进，数百万群众因此受益。还有关于人才队伍建设、棚户区改造、职业教育等多项政策，从方方面面关切着东北、关切着吉林的社会民生。

（二）实施就业优先战略，大力扩大就业

面对国企改革带来的"下岗潮"等就业问题，吉林省选择实施就业优先战略和更加积极的就业政策，将扩大就业放在经济社会发展的优先位置。大力发展吸纳就业能力强的劳动密集型产业、服务业和小型微型企业；促进以创业带动就业，落实小额担保贷款、财政贴息、税费减免、资

---

[1]周建平、程育、李天娇：《东北振兴战略总论》，辽宁人民出版社，2018，第6—20页。

金补贴、场地安排等各项就业创业扶持政策；加强职业培训，提高劳动者就业能力；大力开发公益性岗位，政府主动提供就业援助给"零就业家庭"和就业困难人员；用实际行动鼓励农村富余劳动力在本地区就业、回到家乡创业或有序到城市务工，解决资源枯竭的老城市、林区、棚户区居民的就业困难问题。完善城乡公共就业服务系统，以提供有针对性的就业服务，建立完善、统一、灵活的人力资源市场和创业服务网络。

（三）试点城镇社会保障体系，改善民生困境

2004年起，吉林省抓住国家推动东北以体制改革创新为主的振兴机遇，主动推进国企改革攻坚战。如果说，国企改制之前，吉林省国企职工的社会保障责任主要由企业承担。改制后国企巨大的历史债务问题凸显，企业要在全面转制形势下独立负担显然不现实，以地方政府的财政实力弥补亏空也不具备可行性，供给与需求之间出现不均衡。在地方政府的积极争取下，中央财政给予东北老工业基地振兴以最大支持，投入资金弥补制度转型成本，由此打破了原有企业相对封闭的社会保障责任体系，在国家财政政策引导下，通过强化用人单位或雇主与个人承担责任，逐步在企业中建立起"国家主导、责任分担、社会运行"的国家—社会保障模式。

国家考虑到东北经济发展困境导致的民生困境，率先开展城镇社会保障体系辽宁试点，将社会保障试点由辽宁推广到吉林和黑龙江两省，并对三省社保中"做实"和"并轨"予以财政补助，解了燃眉之急。中央财政对黑龙江、吉林做实个人补助约18.2亿元。2004年，国务院发布《关于吉林和黑龙江进行完善城镇社会保障体系试点工作的意见》，主要是并轨工作和再就业工作紧密结合，控制失业率过快增长；个人账户由一步做实调整为分步做实，实现积累资金的保值增值；扩大社会保险覆盖范围，完善基本养老金计发办法，逐步建立参保缴费的激励和约束机制。①

---

① 王世雪：《改革开放以来党关于东北振兴战略实施的政策演变研究》，东北师范大学，2021，第27页。

在东北振兴战略及相关区域政策的作用下，东北地区经济社会发展取得了一定的成效，经济增速恢复。[①]2007年8月，国家发改委、国务院振兴东北地区等老工业基地领导小组办公室发布了《东北地区振兴规划》，提出东北振兴的目标：经过10到15年的努力，实现东北地区的全面振兴。将东北建设成为具有国际竞争力的装备制造业基地、国家新型原材料和能源的保障基地、国家重要商品粮和农牧业生产基地、国家重要的技术研发与创新基地，以及国家生态安全的重要保障区。

二、让人民群众共享东北振兴成果

（一）同步促进经济发展和居民增收

吉林省努力实现居民收入增长和经济发展同步、劳动报酬增长和劳动生产率提高同步。经过十多年的改造和振兴，东北地区再次与全国发展同步，经济增速一直比较快，成为全国增速最快的地区之一，经济质量和效益不断提高。到2012年，东北地区生产总值相比2003年翻了两番多，年均增速达12.7%，高出全国平均水平2个百分点，2008至2012年，东北地区的经济增速达到12.5%，高出全国平均水平3.3个百分点，城乡居民收入大幅提高。在东北地区的发展历史中，2003至2012年被称为"黄金十年"。伴随着经济的快速发展，吉林省还着力完善职工工资正常增长机制、支付保障机制，积极稳妥扩大工资集体协商覆盖范围，逐步提高最低工资标准。完善公务员工资制度，深化事业单位工作人员收入分配制度改革。多渠道增加农民收入。建立和完善收入分配统筹协调机制，改变城乡、不同区域、不同行业和社会成员之间收入差距呈现扩大趋势的局面；创造条件，增加城乡居民财产性收入。

---

①刘金凤：《东北振兴战略的政策效应评价》，西北大学出版社，2018，第18页。

（二）重点推进民生工程建设

振兴东北老工业基地战略实施之后的二十年间，吉林省基础设施建设以及棚户区改造等重大民生工程全面推开。吉林省基础设施条件明显改善，引嫩入白等重大水利工程进展顺利。2009年，《国务院关于进一步实施东北地区等老工业基地振兴战略的若干意见》从9个方面提出了 28 条推进东北地区等老工业基地全面振兴的具体措施。2012年，《东北振兴"十二五"规划》进一步强调着力破解制约东北振兴的体制性、机制性、结构性矛盾，推动体制机制不断创新；着力加快东北老工业基地调整改造，推动经济转型取得更大进展。与上述意见和规划相配套，国家先后制定实施了一系列振兴政策，涉及基础设施、国债投资、财税、金融、国有企业改革、社会保障、科技人才、沉陷区治理等诸多方面。2014年，国务院发布《国务院关于近期支持东北振兴若干重大政策举措的意见》，提出要切实保障和改善民生，推进重点民生工程建设，使振兴成果更多更公平地惠及广大群众，其中包括加快推进棚户区改造、完善社会保障体系、努力促进就业稳定等具体内容。意见指出，要支持东北地区全面深化改革、创新体制机制、实现经济社会持续健康发展，对于稳增长、促改革、调结构、惠民生具有重大意义。

（三）促进社会事业全面进步

吉林省坚持以人民为中心，始终把保障和改善民生作为出发点和落脚点。工作中，吉林省将有限的资源用在刀刃上，保基本、兜底线、广覆盖，尽力而为、量力而行，使发展成果更多更公平惠及全体人民。在积极发展公共教育的同时，大力发展职业教育，完善职业教育管理体制和机制，深化校企合作，探索集团化办学的多种实现形式。提高公共医疗卫生水平，完善重大疾病防控等专业卫生服务体系，加强农村三级医疗卫生服务网络和以社区卫生服务为基础的新型城市医疗卫生服务体系建设。健全社会保障体系，完善失业、工伤、生育保险制度，扩大参保范围，推动社会福利由补缺型向适度普惠型转变。大力发展公共文化事业，加强文化遗产保护、利用和传承，推进"民间文化艺术之乡"创建工作，等等。①

三、推进经济社会民生领域全面振兴

（一）将改善民生提上建设重点

国家最初决定实施东北老工业基地振兴战略时，提出的任务主要集中在经济增长、产业结构优化升级等方面，同时也提出了实现经济与社会协调发展、全面建设小康社会等要求，为东北振兴中的吉林民生建设提供了政策依据。2016年，在《中共中央 国务院关于全面振兴东北地区等老工业基地的若干意见》中，明确提出当前东北地区面临的形势、振兴的意义以及发展的总体思路和目标，对东北地区当前和今后一个时期的振兴工作提出"四个着力"的明确要求，即着力完善体制机制、着力推进结构调整、着力鼓励创新创业、着力保障和改善民生。这一意见将吉林振兴中的民生建设提到了新的高度。

在国家全面深化改革的背景下，这是新一轮东北振兴战略正式启动实施的标志，更标志着东北振兴进入全方位振兴的新阶段。同年，国务院出台了《国务院关于深入推进实施新一轮东北振兴战略加快推动东北地区经济企稳向好若干重要举措的意见》，发改委进一步制定了《东北振兴"十三五"规划》，通过继续实施新一轮东北振兴战略，采取更加有力的政策措施来稳定东北地区的发展，实现东北经济的真正振兴，②新一轮东北振兴战略，是对上一轮东北振兴战略的革新和完善。振兴东北老工业基地已到了滚石上山、爬坡过坎的关键阶段，在国家加大支持力度的基础上，

---

①周建平、程育、李天娇：《东北振兴战略总论》，辽宁人民出版社，2018，第37—40页。

②刘金凤：《东北振兴战略的政策效应评价》，西北大学出版社，2018，第49—50页。

东北地区也需要增强内生发展活力和动力，精准发力，扎实工作，加快老工业基地振兴发展。

2020年中央提出，推动区域协调发展要"推动东北振兴取得新突破"，"更好促进发达地区和欠发达地区、东中西部和东北地区共同发展"。①为此，东北地区要加快现代化经济体系建设，有效整合资源，主动调整经济结构，加快发展新技术、新业态、新模式，培育新增长点，加快培育资源枯竭地区接续替代产业，发展壮大优质农业、装备制造业。这些要求，为新时代的民生建设提供了理论依据。

（二）加快推进不同地区不同领域平衡发展

坚持农业农村优先发展。2015年，习近平总书记在吉林考察时要求吉林省"争当现代农业建设排头兵"。遵照总书记的要求，吉林省加快建设现代农业经营体系，如今已建成家庭农场近四万户、合作社近十万个。2020年，习近平总书记第三次视察吉林时指出，要抓住实施乡村振兴战略的重大机遇，坚持农业农村优先发展，夯实农业基础地位，深化农村改革。吉林省坚持用乡村振兴统揽新发展阶段三农工作，坚持农业现代化和农村现代化一体设计、一并推进，坚决扛稳维护国家粮食安全重任，突出重点、强化措施、狠抓落实，加快推进农业农村现代化迈出坚实步伐。

注重生态环境保护与民生建设相辅相成。习近平总书记2018年在查干湖考察时强调，绿水青山、冰天雪地都是金山银山。保护生态和发展生态旅游相得益彰，这条路要扎实走下去。吉林对"冰天雪地"的认识也在不断深化。北京冬奥会集聚世界目光之际，吉林健儿在运动场上为国家队摘金夺银，在场外，吉林制造的冬奥会智能动车也惊艳亮相，借力冬奥会同步推出《冰雪之名》等一批影视作品，火爆荧屏。

---

① 中国政府网，《中共中央国务院关于全面振兴东北地区等老工业基地的若干意见》，http://www.gov.cn/zhengce/2016-04/26/content_5068242.htm，2016年4月，访问日期：2022年3月22日。

加快推进经济民生全方位平衡发展。2021年10月,《东北全面振兴"十四五"实施方案》提出了六个方面的重点任务:一是深化国资国企改革,完善中国特色现代企业制度和市场化经营机制,优化调整国有经济布局,深化国有企业混合所有制改革,推动中央企业与地方融合发展。二是加强民营经济的高质量发展,积极扶持壮大民营企业,提高民营经济的发展水平。三是新的开放合作发展高地,进一步深化国内开放合作,并加强东北亚国际合作,以建设高水平的开放合作平台为目标。四是促进产业结构调整与提升,进一步提升传统优势产业的竞争力,鼓励新兴产业的发展,特别是现代服务业的增长,致力于提高创新支持力。五是打造驱动经济发展的区域动力源,促进资源型地区的改革发展和旧工业城市的调整改造,巩固国家粮食安全的重要地位,打造北疆生态安全的堡垒。六是完善基础设施,补齐民生短板,完善区域基础设施网络,实施乡村建设行动,提升民生保障能力。[1]

第二节　吉林民生建设成效

东北振兴战略实施以来,吉林省在发展经济的基础上,大力加强民生建设,切实增进了民生福祉。有效改善基础设施条件,逐步解决重点民生问题,明显改善城乡面貌。全面加强社会建设,不断改善人民生活,形成了人民安居乐业、社会安定有序的良好局面,续写了社会长期稳定奇迹。

---

[1]中华人民共和国国家发展和改革委员会,《国家发展改革委有关负责同志就〈东北全面振兴"十四五"实施方案〉答记者问》,https://www.ndrc.gov.cn/xwdt/xwfb/202110/t20211021_1300463.html,2021年10月,访问日期:2022年4月8日。

一、社会基础不断夯实

吉林省在全国率先开展完善社会保障体系的试点工作，并轨和再就业工作取得较大进展。

（一）就业更加充分高质

就业为民生之本。近年来，吉林省始终把就业工作摆在突出位置，聚焦经济发展扩大就业、扶持创业带动就业、重点群体促进就业、能力提升服务就业、风险防范稳定就业这五个方面。加大有组织劳务输出力度，加大岗位开发力度，建设一批扶贫车间、社区工厂、卫星工厂等就业扶贫载体。实现了城镇零就业家庭动态清零。在全国率先建立失业保险、工伤保险省级统筹制度，失业保险金月人均增加246.5元。[①]

（二）居民收入显著提升

收入为民生之源。自东北振兴战略提出以来，吉林省居民收入不断提高，城乡居民人均可支配收入快速增长。《吉林统计年鉴》显示，2000—2021年，城镇居民收入人均值由4810.00元增至35645.81元，2021年为2000年的7.41倍。乡村居民收入人均值由2022.50元增至17641.69元，2021年为2000年的8.72倍。二十年间，吉林产值财富支配中居民用度份额呈明显升高态势。居民收入城乡比由2.3782缩小至2.0785，城镇与乡村人均值差距减小。到2020年，全省就业人数1261万人，职工平均工资77995元，年末城镇登记失业率为3.42%。城镇人均可支配收入33395.70元，恩格尔系数27.9%；农村人均可支配收入16067.03元，恩格尔系数31.4%。聚焦"两不愁三保障"，70万群众摆脱绝对贫困，脱贫攻坚取得决定性胜利；人民生活水平持续提高，城乡居民人均可支配收入增速高于地区生产总值增速，

①《2022年吉林省政府工作报告》，http://jyt.jl.gov.cn/jydt/gjssdt/202202/t20220209_8392371.html，访问日期2022年3月18日。

城镇新增就业累计超过220万人，社会保障水平进一步提高，扎实推进棚户区改造、农村危房改造、城市二次供水、农村饮水安全等重大民生工程，人民精神力量不断增强，思想道德素质、科学文化素质、健康素质和社会文明程度显著提高。[①]

二、社会事业全面进步

（一）教育水平不断提升

教育为民生之根。吉林省突出教育优先发展，2020年，学前教育毛入园率达到95%，高出全国平均水平9.8个百分点，比2015年提高18.5个百分点，城镇小区配套幼儿园治理完成率达到100%。49个县（市、区）通过国家义务教育基本均衡发展评估认定，通过比例跃居全国前列。高中阶段毛入学率达到97%，高出全国平均水平7.5%，基本普及高中阶段教育。职业教育结构布局加快优化，现代职业教育体系框架初步形成。高等教育毛入学率达到56%，比2010年提高21个百分点，提前进入普及化阶段。各级各类教育全面发展，高校"双一流""双特色"建设成果丰硕，新农科建设处于全国第一方阵。少数民族教育工作在全国保持领先地位，特殊教育保障力度加大，继续教育加快发展，民办教育得到更大支持和规范发展。城乡、区域、校际教育发展差距不断缩小，人民群众受教育权利得到保障。财政性学前教育支出占同级财政性教育支出比例，由2010年的1%增长到3%。提高了普通本科院校、高职（专科）院校生均拨款标准并高于全国平均水平。教育事业发展水平大幅提升。对城乡低保和建档立卡贫困家庭所有考上大学专科以上考生给予慈善救助。残疾儿童义务教育入学率达到95%以上，"一人一案"教育安置政策有效落实。"圆梦大学"活动实现低保和脱贫家庭考生救助全覆盖，被评为"中华慈善品牌"项目。全省

---

① 《吉林省国民经济和社会发展第十四个五年规划和2035年远景目标纲要》，2021年3月。

60个县（市、区）全部通过国家义务教育基本均衡发展督导验收，位列中西部第一、全国第八。[①]教育的基础性、先导性、全局性地位和作用更加凸显，教育现代化取得新进展，为吉林全面振兴、全方位振兴作出了重要贡献。

（二）城乡居住条件改善

住房为民生之基。东北振兴战略提出后，吉林省在国内率先启动棚户区改造工作，棚户区改造和老旧小区改造等保障性安居工程顺利推进，从"五路安居"，到"六路安居"，再到"八路安居"，棚户区改造涵盖了城市、林区、矿区、农村和垦区。二十年来，实施了"富民工程""暖房子"工程、"气化吉林"工程建设等多个民生工程，住房保障水平稳步提高。开工改造城市棚户区1.8万余套、老旧小区1945个。农村建设风貌管理成效显著，乱堆乱放、私搭乱建行为得到控制，村庄亮化、美化、绿化显著增强，公共活动空间逐步增多。[②]城市人均现住房建筑面积31.46平方米，农村人均现住房建筑面积30.27平方米。改造城镇老旧小区、棚户区、物业弃管小区保持动态清零。

（三）医疗服务更有保障

医疗是民生之需。吉林省不断健全完善城乡居民基本医疗保险制度，提高保障和改善民生水平。城乡居民医保年人均财政补助标准达到550元。实施"一村一名大学生村医计划"，为数千名村医进行学历提升教育。全省医疗保障事业取得了长足发展。特别是新一轮机构改革以来，医保职能有效整合，管理体制逐步理顺，基本制度政策进一步完善，经办服务管理持续优化，重点领域改革有序推进，参保人员就医负担明显缓解，医疗保

---

① 《吉林省教育事业发展"十四五"规划》，2021年3月。
② 《吉林省住房和城乡建设事业发展"十四五"规划》，2021年12月。

障权益得到有效维护，人民群众获得感、幸福感、安全感不断提升。[①]

三、弱势群体精准关怀

（一）社会救助水平逐步提升

吉林省加强社会救助，打造多层次救助体系，构建综合救助格局，最低生活保障标准连续14年提高。2020年，全省城乡低保平均保障标准达到月人均546元和年人均4376元，城市特困供养补助水平达到月人均1055元，农村特困供养补助水平达到月人均672元；整体支出资金6017.62万元，其中城市特困支出842.96万元，农村特困支出5174.66万元。[②]截至2019年，累计下拨救灾资金14.7亿元，妥善保障1135.1万受灾群众的基本生活。投入专项经费4亿元，救助生活无着的流浪乞讨人员16余万人次。[③]

（二）逐年提升养老服务质量

吉林省把养老服务作为保障和改善民生、推动经济转型升级的重要举措，坚持提升养老服务质量。经过多年建设，全省共有26个社区入选2022年全国示范性老年友好型社区。深入推进养老大院+老年协会+集中托养+志愿者+信息网络平台的"大院+"农村互助式养老服务。把养老服务体系建设规划纳入全省重点规划。在全国率先开展养老护理制度试点。在全国率先推出"文养结合"幸福养老新模式，突出发展居家和社区养老服务。构建社区居家养老服务网络。截至2020年，各类养老机构达到 1470 家，

---

① 《吉林省医疗保障事业发展"十四五"规划》，2021年12月。

② 吉林省民政厅，《2020年12月社会救助开展情况》，2021年1月，http://mzt.jl.gov.cn/xxgk_2643/tjsj/dbsj/202101/t20210106_7886084.html，访问日期：2022年5月6日。

③ 中国吉林网，《2019年我省城乡低保标准分别达到月人均526元、年人均4049元》，http://news.cnjiwang.com/jwyc/202001/3038278.html，2020年1月，访问日期：2022年5月6日。

社区养老服务覆盖所有城市社区和 92% 的农村社区。实施农村社会福利服务中心三年提升计划，优化区域布局。持续加大养老服务改革创新，全省已有45个公办养老机构交由社会力量运营。在全省范围内推行养老机构综合责任保险，以全省为单位统一投保，每张床位保费120元，省级财政资助50%。[①]创造性地提出"文养结合"养老服务发展理念，满足老年人的精神文化需求，在普通高校和养老服务机构开设老年课堂试点，探索可复制、可推广的模式。

（三）留守儿童和困境儿童关爱服务精准及时

吉林省构建起政府主导、社会参与的基层儿童关爱服务体系，发布《关于推进儿童友好城市建设的实施方案》。积极推行精准关爱工作模式，建立以儿童主任为基本工作队伍的"社工+儿童主任"模式，进行普遍登记和培训，在此基础上引进专业社工，帮助儿童主任尽快进入角色，这样就在基层为留守和困境儿童建立起一支"赤脚社工"队伍。截至2022年，全省三分之一的县级地区落地了精准关爱工作模式，摸索了经验，形成了示范，有力推动了儿童关爱保护工作。[②]截至2020年，全省依托救助管理机构成立五十多个未成年人保护中心，全省配备村（居）儿童主任11000多名、儿童之家5864个，覆盖全省村（居）约50%。乡镇（街道）儿童督导员一千余人，基本实现全覆盖。孤儿保障水平不断提高，1600 多名事实无人抚养儿童首次被纳入基本生活保障范围。[③]

---

①吉林省民政厅，《幸福洋溢在群众脸上——党的十八大以来吉林省民政事业发展成就巡礼》，https://www.sohu.com/a/339843495_120214180，2019年9月，访问日期：2022年5月9日。

②吉林省民政厅，《"民政这十年"——儿童福利和未成年人保护工作典型经验选登》，https://mp.weixin.qq.com/s/UWp6dlz9ypcCnWCEU8nsRw，2022年7月，访问日期：2022年9月7日。

③吉林省民政厅，《吉林省民政事业发展"十四五"规划》，2021年10月。

四、社会治理稳中有进

（一）社区建设和服务水平显著提升

吉林省加强社区建设，提高社区服务水平。截至2021年年底，全省所有城市社区服务活动场所面积均达到500平方米以上，平均面积达828平方米，千米社区数量达到531个，占总数的36.6%。在省电视台开设"幸福学堂"栏目。开展"健康生活·悦动吉林"幸福杯社区风采秀活动，举办了全省首届社区春节晚会，深受居民欢迎。选聘1003名大学毕业生到社区担任居委会主任助理，社区工作者队伍结构进一步优化。

（二）农村人居环境明显改善

2018年，国务院印发《农村人居环境整治三年行动方案》，指出改善农村人居环境是实施乡村振兴战略的一项重要任务，事关广大农民根本福祉。吉林省按照"一年示范启动、两年推进深入、三年巩固提高"的工作思路，全面扎实推进农村人居环境整治。村容村貌不断提升，垃圾、污水治理、户厕改造等各项任务取得突破性成果。[①]编制生活垃圾分类处理专项规划。完善城乡一体化的回收利用体系。强化生活垃圾分类治理。推进畜禽养殖废弃物处理和资源化。圆满完成农村人居环境整治行动目标任务，基本实现了从"村村干净"向"家家干净"转变，从"一时美"向"持久美"转变，农民的获得感和幸福感持续提升。

（三）平安吉林建设达到更高水平

吉林省扎实推动平安吉林建设，人民群众获得感、幸福感、安全感更有保障、更可持续，群众满意度逐年提升，2021年达97.51%。平安医院、

---

①潇湘晨报，《破茧成蝶新田园——吉林省农村人居环境综合整治三年行动掠影》，https://baijiahao.baidu.com/s?id=1715931711409892758&wfr=spider&for=pc，2021年11月，访问日期：2022年8月2日。

平安校园建设逐年提升。关注人民群众食品安全，出台《吉林省食品安全条例》《吉林省食品安全"十四五"规划》等。安全生产形势稳定向好，奋力夺取防台防汛防雨雪冰冻灾害重大胜利；实现连续41年无重大森林火灾。扫黑除恶、信访维稳、平安吉林建设等取得新成果。

此外，吉林省还常年保持市场价格平稳，双拥工作走在全国前列。老龄、残疾人、地方志、中医药、红十字、妇女儿童、志愿服务等各项事业全面发展，外事侨务、港澳台、宗教、人防、地震、气象、援疆、援藏等工作务实推进。[①]绿色发展、协调发展加快推进，脱贫攻坚取得决定性胜利，公共教育、就业创业、医疗卫生等公共服务工程扎实开展。教育、文化、医疗等各项社会事业快速发展，基本公共服务保障能力大大增强。农村自来水普及率达到95.3%，高出全国平均水平11.3个百分点。[②]

第三节　吉林民生实事建设实践

2007年以来，吉林省聚焦就业创业、社会保障、扶贫济困、教育惠民、医疗卫生等方面，共研究谋划了二百余项全省民生实事。从实施情况看，各年度民生实事全部完成，有些方面还做到了超额完成。这些实实在在的工作，解决了一系列群众迫切需要解决的问题，使广大群众得到了实

---

①《2022年吉林省政府工作报告》，http://jyt.jl.gov.cn/jydt/gjssdt/202202/t20220209_8392371.html，访问日期2022年3月18日。

②景俊海，《高举旗帜牢记嘱托踔厉奋发勇毅前行奋力谱写全面建设社会主义现代化新吉林精彩篇章——在中国共产党吉林省第十二次代表大会上的报告》，https://baijiahao.baidu.com/s?id=1736764442032419409，2022年6月，访问日期：2022年7月3日。

惠，享受到了改革发展成果，受到了广大人民群众的欢迎和支持。①

一、民生实事承诺的起步

2007年开始，吉林省每年都将群众最关心、反映最强烈的民生改善事项，谋划成为具体化、可操作的"民生实事"，纳入年度政府工作报告，向全省人民作出承诺，初步成为一种制度。2007—2009年，吉林省每年承诺并完成八件民生实事。

2007年：在城市地区共创造了47万个新的就业机会，三年内用政府资金购买了10万个公共服务岗位，动态清零"零就业"家庭。提高了城乡居民最低生活保障标准的补贴水平，所有居民都得到了保障。新型农村合作医疗扩大到城区所辖各县（市）、镇的居民，400万城镇居民参加了基本医疗保险。三年城市棚户区改造计划在两年内完成，共改造棚户区2600万平方米。10万农村贫困人口实现脱贫。免除了232万农村义务教育阶段学生的学费，增加了学校的公用经费，改造了45万平方米的农村中小学校舍。长春市科技文化中心综合楼开工建设，完成2000个农村广播电视村村通和60万户城市有线电视数字化改造工程。解决了151.5万农村人口的饮水安全问题。

2008年：10万个公益性岗位规模基本稳定。城镇零就业家庭保持动态清零。免费培训低保家庭适龄就业子女8001人。全省企业退休人员月人均养老金增加了95元。城乡低保补助明显提高，农村年人均提高到540元，城市月人均提高到130元，分别比上年增长50%和53%。

2009年：城镇新增就业48万人，登记失业率3.95%，"零就业"家庭保持动态清零。企业退休人员基本养老金标准和城乡低保、新型农村合作医疗补助水平提高。全面推进城市、煤矿、林业棚户区和农村泥草房（危旧房）改造、城市廉租房建设"五路安居"工程，城乡45万户困难群众住

①吉林省人民政府，《2021年全省民生实事有关情况新闻发布会》，http://www.jlio.gov.cn/c/www/szfxwfbh/47844.jhtml，2021年3月，访问日期：2022年5月9日。

房条件得到改善。又有118.9万农村人口用上安全水。农村初中校舍改造基本完成。医疗、文化等设施建设和农村扶贫开发实现预期目标。如期完成对口援建四川黑水县年度计划项目。

二、民生实事类别不断增加

2010—2012年，吉林省每年承诺并完成的民生实事增加到十个大类。

2010年：全省城镇居民人均可支配收入增长率达到10.03%，农民人均纯收入增长率达到18.4%。城镇新增就业53.8万人，登记失业率3.8%，"零就业"家庭保持动态清零。进一步提高企业最低工资标准、企业退休人员基本养老金，以及城乡低保补助、城镇居民基本医疗保险补助、新型农村合作医疗补助等项目水平。"关破并改"国企退休人员全部纳入城镇职工医保。继续推进保障性安居工程建设，有效改善了超过46万户困难群众的住房条件。"暖房子"工程成效明显，供热质量切实提高。针对物价上涨情况，对困难群众给予价格补贴。将历史拖欠的24.2亿元中小学教师工资提前补发完毕。改造完成859所乡镇中学物理、化学、生物实验室和微机教室。推进建设33个县级医院、124个社区卫生服务中心、97个乡镇卫生院和146个乡镇计划生育中心服务站。新建606个农村社区公共服务中心和597个城市社区居家养老服务站。又有130.53万农村居民用上安全水。新设7.8万个城市报警监控探头。扶持建设135个乡镇综合文化站、1500个农村文化大院，送戏下乡3700场。省图书馆新馆开工建设。冬奥会吉林金牌实现零的突破。两年基本完成对口援建四川黑水县灾后恢复重建工作三年任务。

2011年：城镇新增就业55.25万人，公益性岗位稳定在11.86万人，城镇"零就业"人数保持动态清零。全省企业最低工资标准提高了22%，艰苦岗位补贴提高了38%。增加了市县机关和事业单位的津贴补贴，落实了事业单位专业技术人员的分级岗位工资，兑现了人民警察法定工作日以外的加班补贴。顺利完成了企业退休人员养老保险、城乡低保、城镇居民基本医疗保险和新型农村合作医疗补助提标任务。新型农村社会养老保险覆盖率达到88.3%。比全国平均高28.3%，城镇居民养老保险试点县（市）达85%，比全国平均高25%。足足51万名关闭、破产和改制国企的退休人员被纳入职工医疗保险，有序推进"老工伤"人员纳入工伤保险统筹管理，解决了44.9万名厂办大集体职工和21.06万名"五七家属工"的续保问题。坚持做好稳定物价工作，建立社会救助和保障标准与物价上涨挂钩的联动机制，共为全省242万低收入群体发放临时价格补贴7700万元。保障性住房开工率超过目标，达到105%。教育、文化、广电、新闻出版等民生工程和城市报警、视频监控设备安装均达到或超过预期目标。社会事业统筹发展。新增省属普通高校编制7206名，化解高校债务29.3亿元。农村骨干教师培训、特岗计划和硕博计划实施效果良好。影视、戏曲、歌舞生产整体水平提高，长风世纪城二期工程等一批大型文化产业项目和文化产业园区相继开工。计划生育幸福家庭创建活动的经验在全国推广。大力支持国防和驻济部队建设，在随军家属就业和支持部队信息化建设方面取得突破，全省掀起了新的双拥热潮。民族宗教、地方志、测绘等工作也取得了新的成绩。基本完成了对口援建黑水的任务，扎实推进援藏工作，深入开展援疆工作。

2012年：全省城镇居民人均可支配收入和农民人均纯收入分别达到20208元和8598元，年均分别增长12.4%和15.4%。实施"八路安居"和"暖房子"工程，实现了从城镇到农村、矿区、林区、垦区保障性住房的全覆盖，1120多万居民的居住条件得到改善。就业持续扩大，城镇新增就业268.6万人。城乡居民低保和养老保险、城镇职工和居民医疗保险、新农合实现制度全覆盖，企业退休人员基本养老金、低保和医保人均补助等项目大幅提高。城乡免费义务教育全面实施，中小学校舍安全工程完工，中小学教师工资历史欠账全部补发，县级职教中心全面建成，高校历史欠账基本解决。实现了农村书屋、广播电视、农村电影放映工程的全覆盖，走在了全国前列。解决了573万农村人口的饮水安全问题。农村贫困人口脱贫人数达到101.8万人。成功举办了第十二届全国冬季运动会。民族团结进步事业得到进一步发展。人口计划、宗教和残疾人事业取得新的成绩。普法"五五"规划全面完成。信访形势继续好转。有效处置了各类突发事件。安全生产事故起数和死亡人数连续多年保持"双下降"。连续32年无重大森林火灾发生。食品药品安全监管能力不断提升。深入开展"平安吉林"建设，群众安全感明显增强，边境地区保持安全稳定。国防动员能力稳步提高，军民关系更加密切。全力抗击2010年罕见的洪涝灾害，取得了抗洪抢险救灾和恢复重建的重大胜利。还圆满完成了对四川地震灾区的支援，有效推进了援藏援疆工作。

三、统筹推进民生实事

为保障全省民生实事顺利推进，2013年，省政府成立了由常务副省长任组长，各有关部门主要负责人为成员的民生工作领导小组，领导小组办公室设在省发改委，专门负责统筹协调全省民生工作。聚焦研究谋划和推动实施两条工作主线，统筹推进全省民生实事。

2013年，完成的民生实事增加到十二个方面：城镇新增就业57万人，城镇登记失业率3.7%。物价上涨2.9%。企业最低工资标准平均增长16.29%。退休人员养老金水平提高12.6%。城乡居民医保补助标准人均提高40元。城乡低保平均补助水平分别增长15.5%和14.5%。开工建设保障性住房37万套，启动实施3.54万户D级城市危房、2万户塌陷棚户区改造。解决130万农村人口饮水安全问题。实现31.4万农村贫困人口脱贫。食品放心工程和医疗、文化等设施建设实现预期目标。出台落实大气污染防治行动计划实施细则和工业污染治理等10个方面专项规划，空气质量监测能力得到加强。社会事业全面进步。全省县域义务教育实现初步均衡发展，中等职业教育免学费政策范围进一步扩大，启动高教强省建设战略，实现义务教育阶段校车服务全覆盖，实施高考"无声入场"，高校招生录取实行"零点招"，促进高考公平。新晋"两院"院士5人，总数达到22人。大病救治体系进一步完善，传染病防治工作成效显著，传染病发病率居全国第31位。长春市创建国家公共文化服务体系示范区顺利通过验收。省图书馆新馆、大众剧场竣工。吉剧等文艺创作演出繁荣发展，长影3部影片获第15届华表奖，文化遗产保护利用不断加强。我省体育代表团在第12届全国运动会取得优异成绩。卫生计生、广播电视、新闻出版、外事侨务、审计、人防、民族宗教、残疾人等工作实现新的进展。援疆、援藏工作务实推进。社会稳定工作加强。有效处置重特大安全事故，不惜一切代价挽救生命，紧急调集3100名医护人员、1400名武警官兵，有序有力有效开展抢险救援。

四、解决群众"急难愁盼"问题

随着民生实事完成数量的不断增加，2014年起，吉林省不再固守民生实事的项目与数量，而是聚焦每年的民生关注，集中解决群众的各类"急难愁盼"问题。

2014年：完成了42项民生实事，分为"十五大民生工程"。在全省财政支出压力较大的情况下，仍将民生建设支出比例提高了1.5%。实施大学生就业促进计划，成效明显，应届大学毕业生就业率达到93.5%。城镇登记失业率为3.4%，比年度目标低1.1%。加快建设保障性安居工程，居住条件得到改善的城乡住房困难群众共有26万户。深入推进"暖房子"工程，近40万户城市居民受益。加强饮水安全建设，这一年又有100万农村居民、120万户城市居民因此受益。已有31.3万新脱贫人口。社会事业全面进步，特别是扩大学前教育资源、推进义务教育均衡发展、提高中小学公用经费标准人均100元，以及在义务教育阶段实现校车服务与信息化管理的全覆盖，在全国居于前列。中高职衔接试点启动，大力加快高教强省战略的实施。省图书馆新馆和长影旧址博物馆已正式对外开放。"吉剧振兴工程"实现良好的开端。12处遗址列入全国保护利用名单。在第22届索契冬奥会上，吉林省体育代表团表现出色，获得了5枚奖牌，是全国奖牌数最多的省份。不断完善医疗救治体系，提升传染病防治水平。各项社会事业也在全面发展，包括广播电视、新闻出版、外事侨务、审计、宗教、人防、妇女儿童、残疾人等领域。延边朝鲜族自治州已连续第5次被评为"全国民族团结进步模范集体"。积极维护社会稳定。国家安全生产综合改革试点启动，建设了"四化融合""三位一体"安全监管防控体系，在国内属于创新，全年事故起数和死亡人数均低于国家考核指标。食品药品安全形势平稳向好。连续34年未发生重大森林火灾。依法处访取得显著成效，全省信访受理总量已下降10.6%。全省98%的村（社区）实现民间矛盾纠纷"零激化"。"平安吉林"建设扎实推进，严打整治专项行动持续开展，命案破案率达到99.6%，居全国领先地位。党政军警民合力治边机制也在加快完善，边境安全基础不断夯实。双拥共建取得新成果，军政军民关系更加密切。深入推进援藏、援疆工作。

2015年：承诺并完成了47项民生实事。在财政收支矛盾突出的情况下，用于民生的支出为2583亿元，占比达到80.3%，提高1.2个百分点。突出对高校毕业生等重点群体的就业帮扶，城镇登记失业率为3.5%。率先在全国建立医疗保险重特大疾病保障机制。启动了保障性安居工程"三年行动计划"，开工17.5万套，开工率达到100.3%，基本建成15.2万套，40多万居民受益。解决了98.1万农村人口饮水安全问题。社会事业协调发展。34个县（市、区）通过国家义务教育基本均衡发展验收。中小学校长教师交流全面启动，"大学区"管理覆盖91%的城市义务教育学校。各级博物馆、公共图书馆、文化馆等免费开放工作顺利开展。省科技馆新馆建成并投入使用。医疗救治体系逐步完善，传染病防治水平进一步提升，中医药事业持续健康发展。全力维护社会稳定。国家安全生产综合改革试点任务基本完成，安全生产形势总体稳定。食品药品安全形势持续平稳向好。连续35年无重大森林火灾。及时就地化解社会矛盾，信访受理总量、进京非正常上访数量分别下降40.4%和71.8%。推进"平安吉林"建设，严防暴恐现实危害，命案破案率达到99.8%。党政军警民合力治边机制继续完善，不断夯实边境安全基础。双拥共建取得新成果，军政军民关系更加密切。深入推进援藏、援疆工作。全面发展广播电视、新闻出版、外事侨务、民族宗教、人防、体育、老龄、妇女儿童、残疾人、地方志等各项事业。

2016年：48项民生实事已全部兑现，重点关注高校毕业生等重点群体就业问题，并积极推行劳动者技能提升计划。全面打响脱贫攻坚战，超额完成全年30万人脱贫任务。更加注重生态环境保护工作，实施清洁空气、水体、土壤行动计划，地级以上城市集中式饮用水源地水质稳定达标。保障性安居工程方面，建成12.9万套住房，惠及36.2万人。农村饮水安全方面，解决了17.1万人口的问题。面对欠薪问题，有效开展农民工权益保障工作。着力化解了冬季电煤供应紧张矛盾，与内蒙古煤炭产能置换的方案也获得了国家发改委的批复。社会事业全面进步。义务教育均衡发展县（市、区）通过验收比例居全国前列，职业教育现代学徒制试点启动。"吉剧振兴工程"深入实施，朝鲜族原创舞剧《阿里郎花》荣获第五届全国少数民族文艺会演金奖。省博物院新馆试运行，省科技馆正式开馆。"健康吉林"建设正在快速推进，并且率先在全国范围内开展了新农合跨省就医联网结报试点。吉林省的运动员也在自行车项目上实现了奥运会金牌零的突破。安全生产成效显著，生产事故和死亡人数明显减少。36年来，未曾发生重大森林火灾。食品药品安全形势有平稳向好的趋势。成功推进信访积案攻坚工作，使信访总量和前往北京的非正常上访人数分别下降了32.2%和46.4%。"平安吉林"建设不断加强和改进，命案破案率高达99%以上。通过启动和执行"三道防线"战略，进一步巩固了边境安全基础。延边朝鲜族自治州荣获"全国民族团结进步创建活动示范州"称号。军民融合得到更好发展，在双拥共建方面取得了新成果。提高了人防应急保障能力。援藏和援疆工作得到了深入推进。全面发展广播电视、新闻出版、外事侨务、港澳、民族宗教、老龄、妇女儿童、残疾人、地方志等各项事业。

2017年：城镇居民人均可支配收入增长6.7%，农民人均可支配收入增长6.8%。城镇新增就业53.2万人，完成年度计划的106.4%。实现664个贫困村退出、16.3万人脱贫。改造各类棚户区11.9万套，惠及33万人。81.2万农村居民饮水安全保障能力得到巩固提升。城乡低保标准分别增长8.8%、9.4%。坚决落实中央环保督察要求，立行立改，群众环保信访案件办结率达到96%。清洁空气、水体、土壤行动计划深入开展，河流全部有了各自的河长。社会事业全面进步。60个县（市、区）全部通过国家义务教育基本均衡发展验收，吉林大学入选世界一流大学建设高校，东北师范大学、延边大学入选世界一流学科建设高校。扎实开展"健康生活·悦动吉林"系列活动。实现全国最低法定传染病发病率。精心维护社会和谐稳定。安全生产主要指标创历史最高水平。开展信访积案化解攻坚，信访总量下降18.9%。加快建设"平安吉林"，社会治安大局和边境地区持续稳定。军民融合深度发展，双拥共建取得新成效。在防洪抗震抢险救灾和灾后重建工作中夺取了重大胜利。扎实推进援疆、援藏工作。全面发展文化、广播影视、新闻出版、外事侨务、港澳、民族宗教、老龄、残疾人、地方志、中医药、妇女儿童等各项事业。

2018年：保障城乡低保对象111.2万人，低保标准分别提高4.96%、3.7%。扎实促进重点群体就业创业，农民工等人员返乡创业累计达到8.6万人。统筹推进义务教育城乡一体化发展，深化大学区管理改革。加快医药卫生体制改革，各层级医联体实现全覆盖。传染病发病率在全国保持较低水平。多措并举，确保养老金按时足额发放。完善机制，保障农民工工资及时支付。依法打击医保领域欺诈骗保行为。17种抗癌药纳入医保。新改建"四好农村路"2097公里，考评排名居全国第7位。

2019年：改造完成农村户用卫生厕所16.4万户。为1.8万户企业发放稳岗补贴10亿元，帮助146万职工稳定就业岗位。为参加社会保险的企业和个人减负83亿元。大病保险报销比例提高到60%以上。城乡低保平均保障标准分别提高3.5%和4.6%。解决7.39万户城乡家庭住房困难，累计解决79.25万户"无籍房"问题。解决123万农村居民饮水安全问题。社会事业全面进步。"一县一案"消除义务教育大班额，提前一年完成国家目标任务。筹建4所高职院校。"双一流""双特色"高校建设步伐加快。全省成功举办庆祝中华人民共和国成立70周年系列活动，吉林彩车在京精彩亮相。省老干部活动中心全面建成并投入使用。新增养老服务机构110个，同比增长8%。在第二届全国青年运动会上取得第8名的历史最好成绩。获得国际雪联越野滑雪赛等12项世界冠军。吉林艺术学院创作的"雪容融"被确定为2022年北京冬季残奥会吉祥物。承办"筑梦冰雪·相约冬奥"首届全国学校冰雪运动竞赛暨冰雪嘉年华活动。电影《黄大年》等4部作品获"五个一工程"奖，京剧《杨靖宇》获第十二届中国艺术节"文华大奖"提名，民族管弦乐《高粱红了》、舞剧《人·参》等多次参加国家级展演活动。所有城市社区和90%的行政村建成综合性文化服务中心。省市县乡四级远程医疗服务实现全覆盖，县域内就诊率达到91.34%。社会保持和谐稳定。安全生产形势持续向好，连续46个月未发生重特大事故。连续39年无重大森林火灾。扫黑除恶专项斗争取得积极成果。治安防控、打击犯罪等工作成效明显。信访积案化解率达97.4%，信访总量下降23.4%。军民融合深入推进，双拥共建取得新成效。构建了五级退役军人服务保障体系。对城乡低保和建档立卡贫困家庭所有考上大学本科的考生给予慈善救助。老龄、残疾人、地方志、中医药、红十字、妇女儿童、志愿服务等各项事业全面发展，外事侨务、港澳台、民族宗教、人防、地震、气象、援疆、援藏等工作扎实推进。

2020年：城市居民人均可支配收入增长3.4%，乡村居民人均可支配收入增长7.6%。新增城镇就业30.95万人，比年计划超额完成了47.38%。动态清零城镇零就业家庭。增加城镇职工基本养老金，人均月达131元，提高城乡居民医保年人均财政补助标准到550元。对城乡低保和建档立卡贫困家庭所有考上大学专科以上考生给予慈善救助。在全国率先推出"文养结合"幸福养老新模式。为14.5万残疾儿童和持证残疾人提供基本康复服务。开工改造城市棚户区1.8万余套、老旧小区1945个。城镇小区配套幼儿园治理完成率达到100%。保持市场价格平稳，居民消费价格指数上涨2.3%。新增放心消费示范单位2536家。安全生产形势稳定。奋力夺取防台防汛防雨雪冰冻灾害重大胜利。连续40年无重大森林火灾。扫黑除恶、信访维稳、"平安吉林"建设等取得新成果。成功召开全省第七次民族团结进步表彰大会。双拥工作走在全国前列，抗美援朝老战士徐振明被评为"时代楷模"。老龄、残疾人、地方志、中医药、红十字、妇女儿童、志愿服务等各项事业全面发展，外事侨务、港澳台、民族宗教、人防、地震、气象、援疆、援藏等工作务实推进。

2021年：新增城镇就业27.07万人，实现了动态清零城镇零就业家庭。城市低保标准提高12%，乡村低保标准提高22%。建立失业保险、工伤保险省级统筹制度，在全国属于较早的省份，失业保险金月人均增加246.5元，连续17年提高退休人员养老保险待遇水平。医保异地就医可以直接结算。5项住房公积金业务可以省通办。动态清零了全省1749个弃管小区（楼）。1623个城市老旧小区全部完成改造，1.81万户棚户区改造单位启动。贫困妇女"两癌"免费检查和治疗从农村延伸到城市。覆盖所有低收入和非贫困家庭考生的"圆梦大学"活动被评为"中华慈善品牌"项目。养老服务体系试点工作启动，走在全国前列。支持"精神文化资源与养老资源有机结合"试点77个，服务老年人200多万人次。

2022年：通过省长热线和"互联网+督查"等途径，共办理了近30万件群众留言，成功创建了《民声摘报》，并通过这些途径直接推动解决了群众反映的典型民生问题。城镇有25.17万新增就业人数，农村劳动力有299.73万人转移就业。零就业家庭得到动态清零。退休人员养老保险待遇也同比提高了约4%。全省城乡特困供养对象基本生活标准达到月人均1031元和749元，较上年城乡低保标准提高了1.68倍。城乡居民基本医疗保险政府补助标准提高到每人每年610元。长期护理保险参保人数达1528万人，平均报销比例达71.5%。实施幸福养老工程，55个居家养老服务中心和78个老年食堂试点正在建设中，也正在为5600户特殊困难老年人家庭实施适老化改造，同时，26个社区已被确定为全国示范性老年友好型社区。提供康复训练和辅助器具适配等基本服务，目前已经有13.62万名持证残疾人和残疾儿童受益。此外，针对有需求的2.12万名残疾人，还提供职业技能培训和创业培训。8408名适龄儿童免费获得牙齿窝沟封闭服务。帮助2795名困难家庭的学生进入大学。异地就医和跨省门诊慢性特殊病直接结算已经实现。为了方便市民出行，完成了长春市20条断头路和卡脖路的修建，同时在88个交通拥堵的地点完成了治理工作。新建和改建了3252公里的农村公路，并为2527公里的农村公路安装了防护设施，还改造了306座农村危桥。408条客运班线实现了公交化线路改造。开工改造了2.15万套棚户区、1159个城镇老旧小区以及4248户农村危房。已经开始进行保障性租赁住房的建设，计划建成1.26万套。在房屋登记方面，累计解决了98.8万户的登记问题。新建了3064个村级快递综合服务站。新高考综合改革实施平稳。361所高校被评为国家级一流专业建设点，360所高校成为省级一流专业建设点。4个国家级区域医疗中心建设项目申报成功，17个试点县达到国家的紧密型县域医共体建设标准。村医"积分制"管理模式全面推广，以提高医疗服务质量。涌现出一批优秀的文艺作品，如《人世间》等，获得国家级奖项。举行了3000多项全省性群众文化活动，共有1300万人次参与。老龄、慈善、残疾人、地方志、中医药、红十字、妇女儿童、志愿服务等各项事业全面发展，外事侨务、港澳台、民族宗教、人防、地震、气象、援疆、援藏等工作务实推进。

一件件民生实事，既体现了吉林省为民服务所做的努力，更折射了人民生活水平的不断提升。未来，吉林省计划继续扎实办好民生实事，让群众看得见、摸得着、可感知，让人民共享改革发展与东北振兴的成果。

第三章

民生建设与生活水平提升

东北振兴二十年，吉林省城乡居民收入增长与经济发展基本同步，共同富裕水平显著跃升，较大提升了全民整体收入水平。初次分配、再分配、三次分配协调配套的基础性制度更加完善。人民生活水平走上新台阶，精神生活日渐丰富。

第一节　居民生活水平稳步提升

二十年间，吉林省始终牢记江山就是人民、人民就是江山，发动群众、组织群众、依靠群众，坚定不移走好共同富裕道路，团结带领全省各族人民不断为美好生活而奋斗。各级政府情系百姓、改善民生，忠实践行以人民为中心的发展思想，扎实办好民生实事，人民生活品质得到新提升。

一、居民收入持续增加

（一）职工平均工资不断上涨

工资是城镇职工的重要收入来源，中央多次要求稳步提高居民工资性收入水平。2002—2021年，吉林省职工平均工资收入水平逐年提高。2002年，吉林省职工平均工资仅有9990元。到2021年，职工平均工资已经达到了83028元，是2002年的8.31倍，足足翻了三番。如图3-1所示：

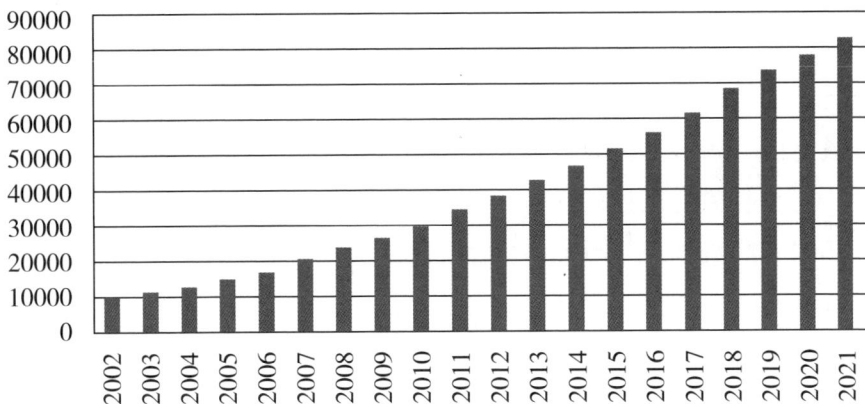

图3-1　吉林省职工平均工资

数据来源：历年吉林省统计年鉴

企业工资分配宏观调控机制基本形成。企业历史拖欠工资问题得到有效解决。全面实施农民工工资保证金制度，实现了农民工当期工资无拖欠。最低工资标准、工资指导线、行业人工成本信息和人力资源市场工资指导价位发布制度不断完善，工资集体协商制度稳步推行。机关事业单位收入分配制度改革进一步深化。

初次分配的市场机制基本形成，按劳分配与按生产要素分配相结合的原则得到进一步贯彻。最低工资标准、企业工资增长指导线和人力资源市场工资指导价位制度不断完善。在竞争性行业，以市场为基础的工资形成机制已基本确立。随着经济发展，职工收入水平逐步提高。

（二）居民可支配收入大幅增加

历年吉林省统计年鉴显示，2002年，吉林省城镇居民人均可支配收入为6260.20元，农村居民纯收入为2360.80元。到2020年，城镇居民人均可支配收入达到了33395.70元，是2002年的5.3倍；农村居民人均可支配收入达到了16067.03元，是2002年的6.8倍。

其中，"十三五"时期是吉林省城镇居民人均可支配收入跃升至3万元台阶的时期。2020年城镇居民收入为33395.70元，比"十二五"末期增加8495元，年均增长6.0%；农村居民收入为16067.03元，增加了4741元，年均增长7.2%。城乡居民收入相对差距由2015年的2.20：1降低至2021年的2.02：1（农村居民收入为1）。

2002—2021年，劳动者工资收入快速增长，城乡居民收入增长与经济增长基本同步。如图3-2所示：

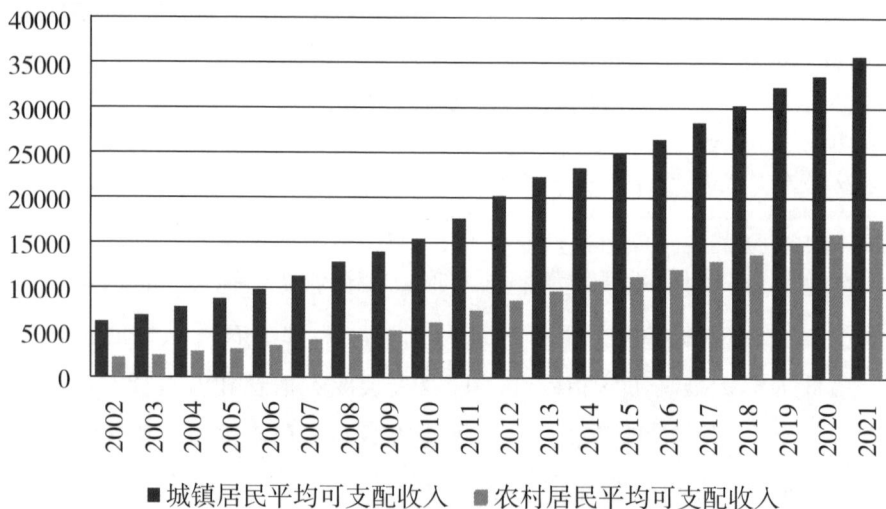

图3-2　吉林省城乡居民可支配收入变化

数据来源：历年吉林省统计年鉴

（三）收入分配更加合理

东北振兴的二十年间，吉林省居民收入分配逐渐趋于合理。具体来说，呈现了以下变化特征。

城镇居民工资性收入主导地位更加巩固。2020年城镇居民工资性收入占比62.9%，比"十二五"末期提高3.5个百分点。经营净收入、财产净收入、转移净收入占比分别为8.9%、4.8%和23.4%，分别降低1.7%、0.7%和1.0%。

农村居民收入来源更加广泛。经营净收入继续占主体，2020年占比为56.9%。工资性收入、财产净收入、转移净收入占比提高，2020年占比分别为25.0%、2.3%和15.8%，分别比"十二五"末期提高6.5个、0.6个和5.6个百分点。

贫困地区农村居民收入显著增长。2020年全省贫困地区农村居民人均可支配收入11490元，比"十二五"末期增加4445元，年均增长10.3%，增速快于全省农村居民平均水平。

农民工收入水平不断提升。"十三五"时期吉林省农民工数量保持在200万人以上水平，2020年全省农民工数量为218万人，比"十二五"末期增加25.2万人。2020年全省农民工平均月收入为3750元，比"十二五"末期增加667元，年均增长4.0%。[①]

二、消费结构优化升级

（一）城乡居民消费水平持续提高

自东北振兴战略实施以来，吉林省居民消费支出稳步增加。《吉林统

---

① 吉林日报，《百姓福祉稳步提升！一文读懂"十三五"时期吉林省民生"成绩单"》，https://baijiahao.baidu.com/s?id=1695735089630810636，2021年1月，访问日期：2022年5月6日。

计年鉴》显示，2002年，吉林省城镇居民人均可支配收入6260.20元，生活性消费支出4973.88元，其中食品支出1809.48元，恩格尔系数为36.38%；农村居民人均可支配收入2360.80元，生活性消费支出1685.74元，其中食品支出743.07元，恩格尔系数为44.08%。

2014年，吉林省城镇常住居民人均消费性支出为17156元，比2010年增加5477元，年均增长10.1%；农村常住居民人均消费支出8140元，比2010年增加3393元，年均增长18.4%。2014年，吉林省城镇恩格尔系数为26.1%，农村恩格尔系数为29.6%，分别比2010年降低6.2%和7.1%。农村恩格尔系数下降幅度大于城镇，反映出吉林省农村消费结构中用于非食品类支出的比重提高较快，农村居民消费水平得到明显改善，正在迅速缩小与城市的差距。[①]

而到了2020年，吉林省城镇居民人均可支配收入33395.70元，生活性消费支出21623.22元，其中食品支出6040.79元，恩格尔系数为27.94%；农村居民人均可支配收入16067.03元，生活性消费支出11863.56元，其中食品支出3730.52，恩格尔系数为31.45%。可以看出二十年间，城市居民的恩格尔系数降低了8.44%，农村居民的恩格尔系数降低了12.63%。恩格尔系数的降低，映射出东北振兴战略实施以来，吉林省城乡居民消费结构的不断优化。

（二）城乡居民消费结构更加合理

消费支出的增加，不仅是金额的增加，更有消费结构的不断调整优化。这里以2004与2019年的数据为例（下同），城镇居民的消费结构变化如图3-3和图3-4。

---

① 新华网，《"十二五"期间吉林省民生事业实现全面发展》，https://www.sohu.com/a/43536998_115402，2015年11月，访问日期：2022年5月6日。

其他用品和服务
4%

居住
11%

教育文化娱乐
13%

交通和通信
11%

医疗保健
9%

生活用品及服务
4%

食品类
36%

衣着类
12%

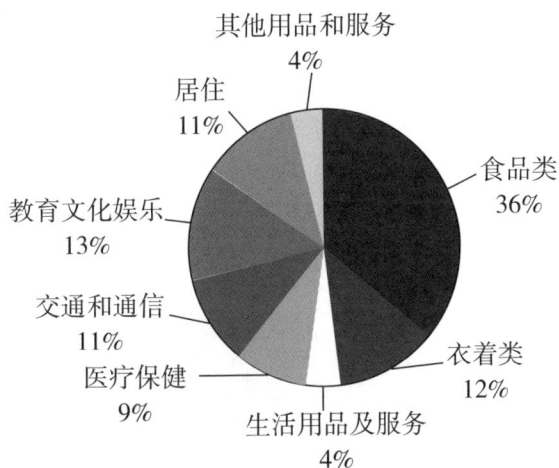

图3-3　2004年吉林省城镇人均消费支出分布图

数据来源：吉林省统计年鉴

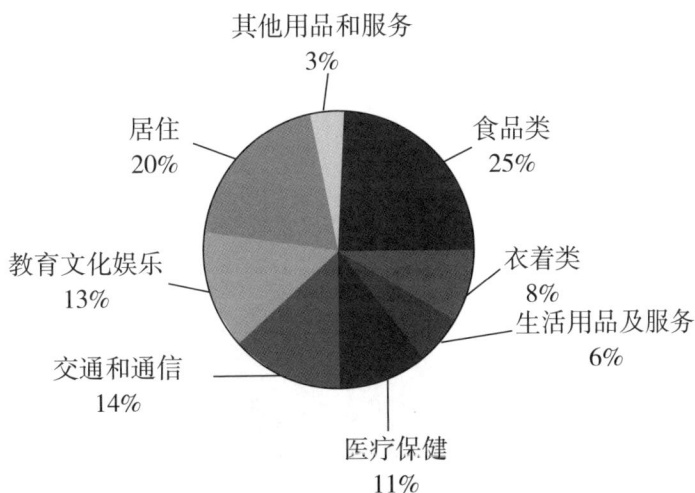

其他用品和服务
3%

居住
20%

教育文化娱乐
13%

交通和通信
14%

医疗保健
11%

食品类
25%

衣着类
8%

生活用品及服务
6%

图3-4　2019年吉林省城镇人均消费支出分布图

数据来源：吉林省统计年鉴

从图3-5和图3-6可以看出，从2004年到2019年，在城镇居民消费比例中,用于食品的比例显著减少,用于衣着的消费支出有所减少,而用于生活服务、医疗保健、交通通信和居住的消费支出均有所上升。这表明,吉林省城镇居民的衣食等基本生活需求已经得到了充分满足,从而可以更加关注提升生活质量、注重身体健康、满足情感需求和改善居住条件。

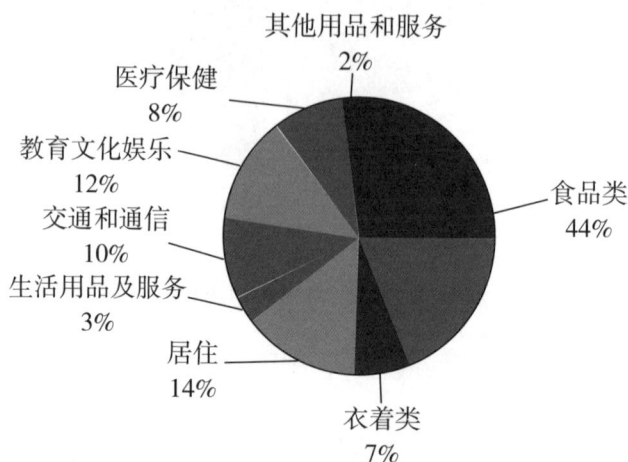

图3-5 2003年吉林省农村人均消费支出分布图

数据来源:吉林省统计年鉴

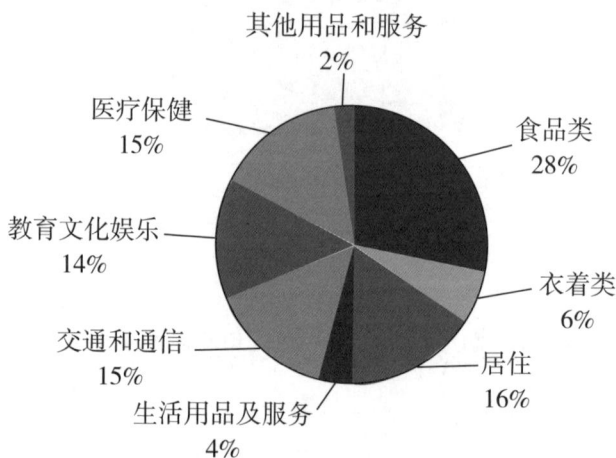

图3-6 2019年吉林省农村人均消费支出分布图

数据来源:吉林省统计年鉴

可以看出，从2004年到2019年，农村居民消费比例中，用于食品的消费支出比例大幅减少，用于衣着的消费支出小幅减少，用于居住、交通通信、教育文化娱乐和医疗保健的消费支出有所上升。这表明，吉林省农村居民的衣食条件比起东北振兴之初有了重大改善，从而能更加关注身体健康、居住条件、情感需求和文娱生活。

三、生活品质显著提升

自东北振兴战略实施以来，吉林省居民的生活品质显著提升。从统计数据看，家庭平均拥有的耐用消费品、交通工具和住房面积变化较大。

（一）家用电器日新月异

2002年，吉林省城镇居民平均每百户拥有电冰箱77.72台、移动电话58.15部、家用电脑11.19台。而到了2020年底，城镇居民平均每百户拥有电冰箱101部，是2002年的1.3倍；拥有移动电话231部，是2002年的3.97倍；拥有家用电脑65.01部，是2002年的5.81倍。

农村居民的生活水平提高更加明显，2002年，吉林省农村居民平均每百户拥有彩色电视机73.63台、洗衣机56.88台、热水器1台、排油烟机0.56台、移动电话8.56部。而到了2020年底，农村居民平均每百户拥有彩色电视机104.93台，是2002年的1.43倍；拥有洗衣机92.41台，是2002年的1.62倍；热水器14.11台，是2002年的14.1倍；排油烟机14.36台，是2002年的25.64倍；移动电话245.7部，是2002年的28.7倍。

（二）私家交通工具普及程度大幅提高

2002年，吉林省城镇居民平均每百户拥有家用汽车1.16辆；这个数字在2015年增长到21辆，而到2020年底，城镇居民平均每百户拥有家用汽车36辆，达到了2002年的31.03倍。

2002年，吉林省农村居民家庭平均每百户家用汽车拥有量为0.63辆；这个数字在2015年达到17辆，而到2020年底，农村居民家庭平均每百户家用汽车拥有量提高至27辆，达到了2002年的42.86倍。与之类似的，2002年，吉林省农村居民家庭平均每百户拥有摩托车27.31辆；2020年底，吉林省农村居民家庭平均每百户拥有的摩托车是52.28辆，是2002年的1.91倍。

（三）住房面积稳步增加

2006年，城镇居民家庭人均现住房建筑面积25.76平方米；到2020年，城镇居民家庭人均现住房建筑面积31.5平方米，比2006年增加5.74平方米，增加了22.28%。2006年，农村居民家庭人均现住房建筑面积20.68平方米；到2020年，农村居民家庭人均现住房建筑面积30.27平方米，比2006年增加9.59平方米，增加了46.37%。

二十年间，这些数据的巨大变化，昭示的并不仅仅是城乡居民可支配收入的增加，更是生活观念、生活方式和生活水平的巨大进步。透过这些数据，我们可以看到人们的住房面积逐渐增大，越来越多的居民用上了各种各样的家用电器、汽车等耐用消费品，人们的生活变得越来越便利、越来越丰富、越来越健康、越来越现代化。

四、不断向精神共同富裕迈进

社会主义财富既包含物质财富，也包含精神财富；社会主义共同富裕既包括物质共同富裕，也包括精神共同富裕。在实现全面小康之后，精神共同富裕应当成为吉林民生工作下一步的建设目标。

（一）旅游业发展欣欣向荣

旅游业稳步发展，满足人民对美好生活的新需求。五年来，吉林省忠诚践行习近平总书记"两山"理念，向时间要产业，向生态要效益，用好"冰天雪地"和"绿水青山"这两座金山银山，用足冬夏两季资源，深耕

"三亿人参与冰雪运动"和"三亿潜在避暑人群"两个三亿人市场，冰雪产业和避暑休闲产业双业并举。"十三五"期间，全省旅游总收入年均增长20.74%，最终成绩比五年前多了一倍。冰雪产业从小到大发展迅速。创新提出并形成"3+X"冰雪全产业链，即以"冰雪旅游、冰雪体育、冰雪文化"为核心的"西冰东雪"产业格局。长白山国际度假区、北大湖滑雪度假区和万科松花湖度假区连续五年接待人次居全国前列。业界普遍认可吉林代表了中国滑雪的最高品质。五届"雪博会"的举办质量不断提高。

（二）公共文化服务不断完善

公共文化，从定义上来看，是保障人民群众基本文化权益的各种公益性文化机构和服务的总和，其主体是政府，还包括非营利性组织和公共事业单位，目的在于推广和传播优秀的文化信息和知识，满足公众的基本文化需求，具有很强的社会性和服务性，属于公益性文化事业性质。公共文化依托于政府财政拨款的支持，通过建立覆盖全社会的公益性文化服务网络，为公众提供获取公益性文化资源的平台。公共文化最主要的特征为公益性、基本性、均等性和便利性。公共文化服务是文化事业的重要组成部分，在我国的建设要求中，具体指的是与市场文化相区分的，以政府为主导、以文化系统为主力、以社会参与为主流、以服务群众为主体，向社会提供公共文化产品和文化服务的一个体系，主体行为表现为非营利。

东北振兴战略实施以来，吉林省公共文化服务体系建设不断发展完善。在公共服务均等化的要求下，省内各地区的文化活动日益丰富多彩。每年举办各级各类文化活动万余场次，包括文化艺术周、社区艺术节、农民文化节、"送戏下乡"等，参与群众近千万人次。农村文化大院是吉林省构建农村公共文化服务体系建设的新尝试。截至"十一五"末期，吉林省共建设了4800余个农村义化人院，其中省财政共补贴了1250万元。农村文化大院的建设推动了当地文化事业发展和打造文化特色，为农民群众提供了多元化的文化服务。农村文化大院的文化活动吸引了众多村民朋友的参与，同时也打造了一支深入村庄的文化队伍。

截至2020年，吉林省共有公共图书馆66个，藏书2258万册，群众艺术馆13个，文化馆66个，文化站910个，从业人员4313人，文化惠民演出年均惠及观众200余万人次。2021年12月，《吉林省公共文化服务保障条例（草案征求意见稿）》开始公开征求意见，旨在加强现代公共文化服务体系建设，保障公民基本文化权益，丰富人民群众精神文化生活，传承中华优秀传统文化、红色文化、长白山文化，弘扬社会主义核心价值观，增强文化自信，促进中国特色社会主义文化繁荣发展。

（三）公共体育事业快速发展

随着经济的发展，体育活动对生命健康的促进作用也越来越为人们所重视。同时，努力实现体育服务的均等，也是小康社会与和谐社会的基本要求，体现了我国社会公平公正的精神。有学者将体育公共服务定义为，由政府或其他非营利组织提供的为社会公众参与体育活动创造条件和提供保障并与公众利益相连的有形的产品或无形的服务。[1]

吉林省体育工作持续推进体育治理体系和治理能力现代化建设，紧紧围绕推动科学发展、建设体育强省的主题，深化体育改革，转变体育发展方式，奋力拼搏，积极进取，取得了新的历史性突破性成就，顺利完成预期目标任务。坚持基础先行、丰富供给，群众体育蓬勃健康发展。大力实施全民健身国家战略，快速推进全民健身发展。始终把以人民为中心放在首位，贯彻落实全民健身国家战略。2010年，吉林省人大常委会通过《吉林省全民健身条例》。

据《吉林省体育事业"十四五"规划》，截至"十三五"末期，全省每万人拥有全民健身站点3.7个；城乡全民健身组织网络进一步健全，全省各级各类体育社会组织达到8168个，各级社会体育指导员64009人，每万

---

①毕天杨：《吉林省体育公共服务均等化研究》，吉林大学出版社，2015，第12页。

人拥有体育社会组织数3.04个；全民健身品牌活动影响力进一步凸显，每年举办县级及以上全民健身赛事和活动3200余次，以健康吉林为主题的冬夏全民健身系列活动贯穿全年、覆盖城乡。截至2020年，全省人均体育场地面积1.96平方米，全民健身意识和城乡居民身体素养普遍提升，全省经常参加体育锻炼人数比例达到36.9%。

坚持深化改革、精准破题，体育政策保障日益完善。坚持改革创新，强基础、补短板，树立"大体育"理念，构建"大体育"格局，紧紧围绕吉林经济社会发展做文章，全面加快推进吉林体育事业和体育产业发展。先后出台《关于以2022年北京冬奥会为契机大力发展冰雪运动和冰雪经济的实施意见》《吉林省全面加快发展健身休闲产业的实施意见》《吉林省滑雪场建设布局规划（2020—2025年）》《关于加快体育强省建设的实施意见》《关于全民健身与全民健康深度融合的意见》等系列文件，为引领吉林体育逐步走出一条质量更高、效益更好、结构更优的体育强省之路，彰显了体育在吉林全面振兴、全方位振兴中的作用。

与此同时，吉林省体育事业在科教、人才培养、全民健身宣传、法治建设以及体育文化等工作方面也取得了长足发展，开创了公共体育事业发展建设的新局面。

第二节　发展不均衡与美好生活向往的差距

吉林省在改善居民生活水平方面的努力取得了良好效果，省会长春市多次入围"中国最具幸福感城市"名单。在经济不够发达的情况下，较高的幸福感更加体现出吉林省对民生的关切。然而在为成就而欣喜的同时，随着人民对美好生活的期望值提高，吉林省转型升级调整阶段仍然存在的一些问题，可能给未来的居民生活带来一些不确定性。

一、与发达地区水平差距仍然较大

目前，吉林省城镇居民收入水平自我比较增长较快，但与先进省市比较则相对较慢，小步快走的增长速度仍无力实现跨越式发展。工资收入分配关系不合理、分配秩序不规范的矛盾仍然突出。工资收入水平偏低，地区、行业及不同阶层之间收入差距较大，群众对提高工资收入水平、缩小收入差距的强烈期盼与部分企业核心竞争能力偏弱、提高工资收入水平难度大的矛盾一时还难以消除，收入分配改革任务繁重艰巨。吉林省的居民收入增速出现减缓迹象，增幅落后于全国平均水平。

二、经济水平制约了居民收入的增长

城镇居民收入的增长很大程度上取决于经济发展和财力的支持。近几年，吉林省经济虽然保持稳步增长，经济运行环境不断改善，但就目前的经济发展水平和财力支持能力来看，财政收入增长相对滞后，与城镇居民收入连续保持高速度增长还有很大差距。财政收入与经济发展的不同步性反映出吉林省经济总量虽然逐年增长，但经济效益不高，居民收入增长后劲不足，这种情况势必制约城镇居民收入的持续增长。[1]

三、缺乏提高收入的长效机制

从上面的分析我们看出，吉林省经济这几年发展很快，但经济水平相对于居民收入比较乏力。吉林省公有制经济的比重较高，老龄化现象严峻，有较多失业人员。要保障这部分人员的收入，就必须建立起确保其收入不断提高的长效机制。由于目前吉林省还缺乏这种机制，使收入出现了不稳定性。据分析，造成收入增幅大起大落的原因固然很多，但其中最为

---

①国家统计局，《吉林省城镇居民可支配收入在全国位次创历史新高》，http://www.stats.gov.cn/ztjc/ztfx/fxbg/200505/t20050508_15546.html，2005年5月，访问日期：2022年6月8日。

关键的是，吉林省城镇居民收入受政策、当地经济环境等因素的影响较大。目前，吉林省城镇居民收入的基础是比较脆弱的，居民收入的提高一是靠政府出台具体政策；二是依赖当地的经济发展。此外，由于地区间经济发展的不平衡，导致吉林省地区之间的收入差距呈扩大趋势。

第三节　向共同富裕的理想迈进

共同富裕是指全体人民通过辛勤劳动和相互帮助，普遍达到生活富裕富足、精神自信自强、环境宜居宜业、社会和谐和睦、公共服务普及普惠，实现人的全面发展和社会全面进步，共享改革发展成果和幸福美好生活。共同富裕的概念具有鲜明的时代特征和中国特色，也是民生建设的努力方向。

一、持续增加城乡居民收入

（一）以充分就业促进收入提升

坚持把增加收入作为最核心的民生，继续合理增加城乡居民收入，特别是低收入群众的收入。坚持富民优先，合理调整分配收入关系。大力发展战略性新兴产业、服务业，积极调整经济结构，继续推进体制机制改革，增强经济发展内生动力，保持经济平稳较快发展势头，为提高城乡居民收入提供支撑。支持就业容量大的服务业、民营企业和中小企业发展，对吸纳就业量大的产业进行政策利好资金扶持。鼓励各级政府和社会组织大力发展社区就业，充分利用社区资源，积极吸收社会资金，做大做强家政服务、商业便民服务、用人单位后勤服务和社区便民服务等。

（二）增加居民工资性收入

坚持按劳分配为主体、多种分配方式并存，提高劳动报酬在初次分配中的比重，建立健全工资合理增长机制、支付保障机制以及工资集体协商制度。建立与经济发展相适应的最低工资标准调整机制。完善企业工资指导线制度，健全企业薪酬调查和信息发布制度，推行企业工资集体协商制度，推动企业建立健全职工工资正常增长机制。推进落实国有企业负责人薪酬制度改革和国有企业工资决定机制改革。推进公务员工资制度改革，优化工资结构，逐步调高基本工资占工资收入的比重。开展事业单位薪酬制度改革试点，完善事业单位工资制度，分级分类优化绩效工资管理办法。健全基本工资标准和艰苦边远地区津贴标准正常调整机制。逐步提高最低工资标准。加强对用人单位支付劳动报酬情况的监督检查，加大对违反最低工资标准行为的惩处力度，切实维护劳动者合法权益。鼓励引导企业逐步建立企业年金制度，努力实现劳动报酬增长与劳动生产率提高同步。逐步提高机关事业单位人员收入。规范机关公务员津贴补贴管理，逐步提高公务员津贴补贴水平。完善事业单位绩效工资制度，确保义务教育阶段教师平均工资水平不低于当地公务员平均工资水平，逐步提高住房公积金缴存比例。

（三）多渠道增加居民收入

实施城乡居民收入十年倍增计划，让人民群众收入更多、腰包更鼓、底气更足。正确处理效率和公平关系，完善收入分配制度，健全工资合理增长机制，提高劳动报酬在初次分配中的比重，加大税收、社会保障、转移支付等调节力度，发挥第三次分配作用，引导、支持有意愿、有能力的企业和社会群体积极参与公益慈善事业，逐步改善收入和财富分配格局，在高质量发展中，积极有为地促进共同富裕。[1]完善按要素分配制度，健全

---

[1]景俊海，《高举旗帜牢记嘱托踔厉奋发勇毅前行奋力谱写全面建设社会主义现代化新吉林精彩篇章——在中国共产党吉林省第十二次代表大会上的报告》，https://baijiahao.baidu.com/s?id=1736764442032419409，2022年6月，访问日期：2022年7月8日。

各类生产要素由市场决定报酬机制。推动金融创新，规范发展银行资产管理、私人银行等业务，拓宽居民理财渠道。依法落实上市公司现金分红制度，健全纠纷解决机制。支持符合条件的企业实施股权激励等员工持股计划。加强对投资租赁行为的服务、指导和规范管理，维持良性运行市场秩序，保护民间投资的合法权益。拓宽农民就业增收渠道，探索通过土地、资本等要素使用权、收益权，多渠道增加农民财产性收入。积极开展城乡居民增收试点。

（四）提升低收入群体收入

深化收入分配制度改革，完善再分配调节机制，加大税收、社保、转移支付等调节力度和精准性，落实国家深化个人所得税改革，资本所得、财产所得税税收征管机制改革任务，增加城乡居民特别是中低收入者的收入，采取有效措施持续增加农民收入，提高企业退休人员养老金水平，扶贫标准按照现实条件不断提高、让最低工资标准和社会优抚对象待遇水平符合经济发展水平。合理调节过高收入，提高低收入群体收入，扩大中等收入群体，取缔非法收入。完善困难群众基本生活保障协调机制，提高社会救助标准。有效发挥第三次分配作用，落实慈善税收优惠政策，提高企业和个人慈善捐助意愿。加强红十字会、慈善总会等公益慈善机构建设，弘扬慈善文化，大力发展各类扶贫赈灾、扶老助残、恤幼济困、助学助医等领域的慈善事业和社会公益事业，开展互联网慈善和公益行动。

二、促进居民消费与生活水平再提升

（一）挖掘消费潜力

充分挖掘城乡居民消费潜力，鼓励居民在住房和出行方面的消费，坚持"房住不炒"定位，根据不同城市的实际情况来实施相关政策。培育发展二手车和汽车后市场，推动汽车等消费品由购买管理向使用管理转变。提升服务消费，做大做强传统餐饮消费，培育冰雪美食吉菜系列特色餐饮，加快释放健康养老家政、文化旅游体育、教育培训托幼、医疗美容等服务消费能力。

（二）创新消费业态

推进线上线下消费整合，鼓励实体商家采用直播、电商和社交营销等新型模式。在推广农产品电子商务、生鲜产品冷链送到家、中央厨房+食材冷链配送等服务模式方面，吉林省政府加快了实施步伐。政府还出台措施，支持互联网平台企业向线下延伸，以更好地服务于农产品、生鲜产品等线下经济体系，促进不同规模企业之间的合作，实现产业链的一体化发展。

（三）优化消费环境

推动消费体制机制及政策支持体系的完善，有序取消行政性限制消费障碍，同时加强消费市场监管，建立完善的服务标准体系和完善消费环境的创建标准。扩大消费信用的发展规模，建设健全消费信用体系和溯源体系。持续创建"放心消费在吉林"，提升包括吉林省在内的各地消费者消费意愿，打造更好的消费市场，维护消费者的权益以确保消费市场的良性发展。

三、多措并举迈向精神共同富裕

（一）进一步推动旅游业大众化

1.深入推进大众旅游

为满足不同的旅游需求，吉林省应推出更多多样化的旅游产品、线路和项目。重点关注消费人群中新兴和个性化的需求，鼓励他们尝试新的消费体验，如消暑、品尝美食、休闲健身等，提高他们的消费品位。此外，吉林省还将注重开放和包容性，注重交互性和多样性，将农村山地资源和森林资源整合起来，并推动森林旅游和康养旅游的发展。为了推进产业的科技化和精细化，吉林省还将支持市场化技术创新，并促进产学研三方合作，从而支撑吉林森林康养产业的稳健发展。

2.大力发展乡村旅游

以生产、生活和生态的"三同步"为基础，积极推进农业、文化和旅游的"三位一体"发展模式。构建全省乡村旅游空间发展的"一环双线三带十区多点"新格局。进一步推进乡村旅游精品化建设，把非遗项目和传承人引入乡村旅游重点村庄，推动非物质文化遗产和乡村旅游的融合发展，提升乡村旅游文化的内涵。加快发展产业、生态、治理、生活、文化的乡村建设行动计划，建设具有时代魅力的乡村旅游业。

3.提升文化与旅游融合水平

吉林省应完善文化和旅游融合发展体制机制，坚持以生态保护为重点，推行绿色发展理念，保护自然环境和资源，积极推进生态文明建设，实现文化和旅游的健康绿色发展。做精长通白延吉长避暑休闲冰雪旅游大环线和长松大白通长河湖草原湿地旅游大环线"双线"，打造具有特色的冰雪运动、消夏避暑和生态观光旅游产品。坚持稳中求进工作总基调，以深化旅游供给侧结构性改革为主线，以改革创新为根本动力，以满足人民日益增长的美好生活需要为根本目的。

（二）全方位加强公共文化服务

在东北全面振兴、全方位振兴的要求下，公共文化服务将迎来新的发展机遇。

1.坚定文化自信，推动社会主义文化繁荣兴盛

吉林省将繁荣发展文化事业和文化产业，提升国家文化软实力，推进社会主义文化强国建设。此外，融媒体时代的到来为吉林省公共文化服务的生产、递送提供了更多样的选择。先进的融媒体技术使得公共文化服务能够更便捷、更快速地供应给人民群众，同时拓宽服务递送的覆盖面，增强了服务体验的互动性。融媒体技术的充分利用将对公共文化发展产生积极的影响。吉林省公共文化服务发展也迎来了数字化转型的历史性发展机遇。立足数字经济时代，促进以互联网和数字内容为基础的新兴文化业态

与公共文化服务有机融合，是推动吉林省公共文化发展的高效路径。

2.加强公共文化服务体系城乡一体化建设

吉林省将持续推进基本公共文化服务标准化、均等化，探索公共文化数字化建设，将公共文化资源配置向农村、基层倾斜，完善省市县乡村五级公共文化设施网络，不断缩小城乡公共文化服务差距。坚持"政府主导、社会参与、重心下移、共建共享"的基本原则，优化城乡文化资源配置，推动公共文化服务扩大覆盖面、提高开放度、增强实效性，推动全省公共文化服务体系建设与乡村振兴、城镇化建设协调发展。高水平建设省文化活动中心、省美术馆、省近现代历史展览馆，加快建设市县两级数字图书馆和数字文化馆，全省行政村全部建成综合文化服务中心和文化小广场。广泛开展群众性文化活动，实施文化进万家、书香吉林阅读季等文化惠民工程。巩固发展农村电影公益放映成果。完善中国光学科技馆、省科技馆、省博物馆功能，发挥普及科学知识、提升公民科学素质的重要平台作用。探索推进高校图书馆向社会开放，逐步扩大公共文化设施免费开放范围。加强智慧广电建设，推进智慧广电固边工程。

吉林省将进一步完善协调机制，推动文化馆、图书馆总分馆建设，健全供需对接机制。推进标准化、均等化。全面落实基本公共文化服务标准，完善公共文化服务标准体系，为农民工等特殊群体提供更精准的服务，推动市域内公共文化服务均衡协调发展。开展智慧文化建设。加快公共文化机构数字化建设，提升远程服务能力，加强数字产品和服务的开发，开展数字资源进校园服务，实现基层文化设施内免费提供Wi-Fi（无线网）。推动社会化发展。促进公共文化服务项目化管理、市场化运作、社会化参与。支持企业、社会组织和个人提供公共文化设施、产品和服务，吸引更多的社会化力量和资源参与公共文化的建设。目标是设施健全，基本实现基本公共文化服务均等化，着力打造现代公共文化服务的先行区和示范区，全省文化中心的先行示范作用进一步显现，在全国的影响力进一步提升，文化软实力显著增强。

3.提升文化服务效能

确保县级图书馆、文化馆硬件符合国家标准。实施农村文化小广场建设计划，以实现全省行政村文化小广场的全覆盖。实施全民健身计划，规划建设全民健身场地设施，扶持配建第二代健身路径，建设笼式足球场、多功能运动场。全省公共体育设施建设全面提档升级，各类新型全民健身场地设施遍布城乡等。

重点打造三大公共文化服务体系建设工程。一是乡镇中心文化广场建设工程：进一步完善乡镇文化设施建设，为居民观看文艺演出及举办广场舞、秧歌比赛等活动提供场所。二是古籍保护利用工程：继续做好典籍展览，加强珍贵典籍的整理，举办专题展览；持续发布免费的古籍数字化资源，加强文献的利用率；加强古籍研究，形成一批研究成果；做好传统文化弘扬，继续扩大"古韵传承"活动服务的深度和广度；办好国家级古籍修复技艺传习所，培养专业的古籍修复人才。三是公共文化数字化工程：分期分批推动市县数字图书馆、数字文化馆建设，实现行业各馆之间互联互通和资源共享。采集优秀文化资源，加强数字文化资源库建设。

（三）建设体育强省

1.完善全民健身公共服务体系

吉林省将推动全民健身与全民健康深度融合发展，提升全民体质。完善体育公共资源规划布局，推进全民健身服务资源向农村、贫困地区和边疆地区倾斜，推动基本公共体育服务在地区、城乡、行业和人群间均等化。统筹建设全民健身场地设施，推动城市全民健身中心、体育健身公园、社区健身广场和足球、冰雪等户外运动场地建设，打造居民现代生活需要的"15分钟健身圈"。落实公共体育场馆免费或低收费开放政策，有序推进学校、机关、企事业单位等各类体育场地设施向社会开放。建设"互联网+"全民健身智能服务平台。积极承办国家级群众体育赛事活动，深入推进"冰雪运动进校园"等系列群众性体育活动。发展体育文化，建设吉林省体育博物馆。

2.提升竞技体育综合实力

吉林省将深化体教融合，建立集体校、职业体育俱乐部、学校课余、社会体育俱乐部等训练体系于一体的竞技体育后备人才培养"青训体系"格局。创新竞技体育体制机制和发展模式，引导社会力量参与运动队多元化发展建设，推动国家级、省级训练基地升级改造，积极承办滑冰、滑雪等国际国内高水平竞技体育赛事，打造多维度、多层级的赛事产业链条。构建现代体育产业体系，大力发展竞赛表演业、健身休闲业、场馆服务业、体育用品业、体育中介服务业、体育培训业，促进吉林省体育消费规模持续增长，力争将体育产业培育成千亿级产业。

第四章

民生建设与就业优先战略

就业是民生之本，是最大的民生工程、民心工程、根基工程。党中央、国务院把稳就业作为"六稳"之首，将解决农民工、就业困难群体的就业问题摆在重中之重。就业意味着生活来源，有了工作便有收入，也就使得群众的生活获得基本的保障。而合理的收入分配制度又反映出了社会公平和社会和谐的实现程度。因此，就业以及在此基础上所获得的收入成为保障和改善民生的必然要素。东北振兴战略实施以来，吉林省努力解决历史遗留问题，促进重点群体就业。经过二十年努力，全省就业形势保持总体稳定，就业结构持续优化，重点群体就业平稳有序，社会保险日趋完善，统筹城乡的积极就业服务体系基本形成，就业创业工作不断取得新的成绩。

第一节 实施积极的就业政策

扩大就业要不惜代价，穷尽办法，改善人民生活，真正做到执政为民。吉林省高度重视就业问题，始终坚持把促进就业作为重大政治责任，大力落实就业优先战略，紧紧兜牢民生底线，推动实现居民充分就业。

一、全面广泛做好就业服务工作

（一）集中力量解决再就业问题

东北振兴之初，吉林省集中力量应对与国企改制有关的就业问题，以解决再就业问题为主。2002—2008年，吉林省积极为再就业者提供一系列措施，包括发放再就业优惠证、提供小额担保贷款、提供税收方面的扶持政策、补贴社会保险、介绍工作、职业培训，财政补贴职业技能鉴定，以支持和鼓励再就业。吉林省还开展了促进全民就业的系列活动，为就业困难人员送政策、送服务、送岗位、送温暖，并计划通过实施公益性岗位安置就业困难人员，三年开发十万个公益性岗位，消除城镇零就业家庭。这些政策和措施，强有力地稳固了就业这个民生之本。①

自2007年起，在各级政府的努力下，国企改制遗留的失业保险金发放问题逐步解决，2012年，吉林省利用国家社保补贴政策和统一征缴资金，重点解决了22个缺口县（市）资金问题，使39万国企改制解除劳动关系人员的保险金问题稳妥解决，有效保护了职工个体在制度转轨中的权益。2008年，省政府出台关于做好促进就业工作的实施意见，重点做好国有、集体企业下岗失业人员的再就业工作，解决体制转轨遗留的就业问题；积极推动大中专技校毕业生、城镇退役军人等新生劳动力的就业工作；提高劳动者职业技能和创业能力；建立和完善面向所有就业困难人员以及失业问题突出的困难行业、困难地区的就业援助制度；大力发展劳务经济，推进统筹城乡就业、扩大农村劳动力转移就业的规模。

---

① 吉林日报，《吉林省改革开放辉煌30年民生篇：日日新又日新》，2008.12，http://www.gov.cn/gzdt/2008-12/15/content_1178094.htm，访问日期：2022年8月5日。

（二）逐步建立就业促进长效机制

随着再就业问题基本解决，吉林省及时调整就业工作重点，为服务更广大人民群众，探索并逐步建立起精准化、长效化的就业促进长效机制，有效帮助了就业困难人员实现就业。

1.通过并施行《吉林省就业促进条例》

2009年金融危机期间，吉林省通过并施行《吉林省就业促进条例》，明确规定政府人力资源和社会保障行政部门负责本行政区域内的促进就业和监督检查工作，研究具体配套措施，使法律规定能切实落到实处。整顿人力资源市场职业中介机构，以规范市场秩序，创设更好的就业环境。在新法规的指引下，加强劳动监察及加大违法行为的处理力度，并加速建立防范和惩罚机制。同年，加强企业劳动用工管理，稳定职工队伍，有效应对因经济形势变化出现的困难和问题，保障劳动者的合法权益，维护和谐稳定的劳动关系。

2.尝试制度化解决就业困难人员困境

2012年开始，吉林省探索建立起一个长效的就业援助机制，并通过多种形式和渠道来提供援助，帮助这一群体更好地实现再就业，提供有针对性的个性化援助，包括政策咨询和就业信息援助、职业指导和职业介绍援助、自主创业援助、公益性岗位援助等多种方式。2015年，吉林省经济发展进入新常态，加大了促进就业的任务量。在新形势下做好就业创业工作，通过将创业和就业有机结合，并不断完善创业环境，吉林省实施更积极的就业政策，从而带动经济和社会的新发展，促进就业增长。

3.健全完善精准化、长效化的就业援助机制

2017年，印发《吉林省促进就业"十三五"规划》，提出了就业规模持续增长、就业结构更加合理、公共就业服务能力进一步提高、就业创业环境持续改善、劳动者素质全面提升、人力资源结构不断优化的建设目标。同年，印发《吉林省就业困难人员就业援助实施办法》，健全完善了精准化、长效化的就业援助制度，及时帮助就业困难群体实现就业。

（三）新时代坚持实施就业优先战略

进入新时代后，吉林省坚持实施就业优先战略，进一步拓宽服务面，为更广大的人民群众做好就业服务工作。

1.实施更加积极的就业创业政策

2018年，在经济运行稳中有变、经济下行压力有所加大的情况下，省政府出台促进就业工作的实施意见，坚持实施就业优先战略和更加积极的就业政策，以众多落到实处的举措支持企业稳定发展，鼓励支持就业创业，积极实施培训，及时开展下岗失业人员帮扶，确保就业目标任务完成和就业局势持续稳定。连续多年在全省组织开展"春风行动"和"就业援助月"活动，已经成为就业服务专项活动的品牌项目。2020年，按照国家的统一部署，首次将两个活动联合开展，以"春风送真情、就业暖民心"为主题，活动时间延长至一个季度。

2.全面健全完善就业创业促进机制

2021年，印发《吉林省"十四五"就业促进规划》，为实现更充分、更高质量的就业，吉林省采取了全面的就业优先战略。这一战略包括扩大就业及优先就业政策等方面，来促进经济和社会的发展。除此之外，还要健全就业促进机制和完善公共就业服务体系，突出关注高校毕业生、农民工、退役军人等重点群体的就业创业工作，并创造更多的就业岗位。同时，还将积极防范和解决失业风险，推动长期稳定的就业预期。为了解决企业"招工难"和求职者"就业难"的问题，人社部门将推出"想就业找人社、缺人才找人社"服务创新计划和高校毕业生就业创业服务专项行动，促进人才链与产业链、创新链的有机衔接。这些措施将有助于筑牢民生改善、经济发展和社会稳定的"压舱石"。

二、创造公平的就业机会

（一）促进高校毕业生就业

吉林省作为教育大省，尤其注重促进高校毕业生就业工作。以长春为例，长春新区结合"我为群众办实事"，聚焦群众"急难愁盼"问题，在大学生就业实习基地建设方面，充分发挥了党委统筹、政府策划以及校企联动作用，齐心协力组织实施，形成了"促就业、稳企业、聚人才、助发展"的良好局面。

1.促进政府、高校和企业之间实现有效互动

吉林省2020年发布《关于积极促进高校毕业生就业全面做好2020年全省事业单位公开招聘工作的通知》，围绕吸引、留住、用好高校毕业生等各类人才，出台六个方面、二十条措施。在人才引进方面，新区建设了长春人才创新港，并设立"长春新区奖学金"。加强校企之间的联系，为加速人才聚集产业发展提供了有力保障。为鼓励吉林毕业生留省就业，吉林省人社部门组织了"吉人生根"系列活动，举办大型公益招聘会，面向高校毕业生提供优质就业岗位，实现高质量就业。

2.综合改善环境，促进高校毕业生创新创业

将政府、高校和企业合作共建座谈会、"院校师生新区行"、新区企业校园巡展以及双选会等活动载体纳入体系并予以制度化和政策化。在这些举措之上，省直媒体（如人民网、新华网、吉林新闻网、吉林电视台）还专门报道展示。此外，新区更是补充建设了120套高标准的人才公寓，可以直接为入区就业的大学毕业生提供住所。同时，新区还启动了"慧谷青年城"项目，为各类人才提供多方位住房资源。通过以上措施，新区将持续营造出高效、优质、方便的服务环境，为人才提供更好的发展平台。长春新区的一系列举措，在实践中取得了显著成效。通过对高校毕业生就业问题高度关注，打造形成政企校互利共赢模式。通过推进大学生就业实习基地建设，不断满足企业用人需求、毕业生就业需求和院校合作需求，形

成互利共赢结合点，引起各方面强烈反响，取得良好经济社会效益。[①]

（二）抓好困难群体就业

1.抓住国家推动国企下岗职工再就业援助机遇

东北等困难地区的就业问题备受国家重视。人社部下发《关于开展东北等困难地区就业援助工作的通知》，在东北等困难地区展开就业援助，主要包括11项具体措施。这些措施主要针对资源贫乏、产业单一、再就业渠道狭窄的困难地区的失业人员和企业职工，由天津、上海、江苏、浙江、山东、广东等省市联合实施劳务对接协作、联合招聘和专项行动等措施，结合本地实际，由用工需求较大的地区，跨地区招收那些由于去产能过剩而面临长期停产、停工的企业职工。重点帮助失业人员、青年和妇女就业创业。

吉林省抓住国家推动国有企业下岗职工基本生活保障向失业保险并轨的试点机遇，努力明确中央与地方在转制成本化解中的责任定位，通过政府、企业、个人三方共同承担，中央和地方政府给予必要补贴的方式，妥善解决了并轨人员的再就业、社会保险关系接续、劳动关系处理等转制成本难题。

2.落实"4050"人员再就业政策

2003年8月，省委分别召开常委扩大会议，从建设和谐社会的高度，解决贫富差别问题，把2003年列为"再就业扶持政策落实年"，并采取一系列落实措施。一是组建促进再就业工作督导组，市县组建再就业工作队。工作队队员从省、市、县三级党政领导干部及有关部门后备干部中选调。二是普遍建立再就业工作联席会议制度、定期通报制度、督导检查制度等。三是从2003年起，每年都将再就业工作列为对各级党委、政府及有

---

① 吉林日报，《全省"我为群众办实事"实践活动优秀案例展示》，https://www.jllydj.gov.cn/szxw/22215.jhtml，2021年12月，访问日期：2022年4月15日。

关部门和大企业领导班子、领导干部政绩考核的重要内容。特别是全省各级党委、政府不断加大就业和再就业工作力度，着力推进劳动保障制度改革，克服"非典"带来的不利影响，坚持"两手抓"，较好地完成了各项工作任务。四是在全省县以上公共职业介绍机构全部开通"4050"人员再就业绿色通道，设立专门服务窗口，配备专职工作人员，设立"4050"人员再就业援助热线，随时接受有关"4050"人员再就业求职登记及咨询。定期举办用工交流活动。五是从8月起，每月的第三周为"4050"人员用工交流洽谈活动日，开展"万名国企下岗员工进民企"活动，县以上公共职业介绍机构统一联动，为"4050"人员举办专场交流招聘活动。截至2006年4月试点工作结束，吉林省共有130万名下岗职工实现了由基本生活保障向失业保险的并轨，兑现经济补偿金108.7亿元，缓收企业社会保险费13亿元，有力地配合和促进了国企改革攻坚战。①

第二节　就业水平与质量有效改善

一、就业形势总体平稳

自东北振兴战略实施以来，吉林省就业形势总体平稳。"十三五"期间，全省城镇新增就业人数累计达到222.47万人，城镇登记失业率控制在4.5%以内。

（一）城乡就业总量实现了稳步增长

在吉林省经济平稳增长和市场导向的就业机制的推动下，城乡就业总

---

① 中共吉林省委党史研究室：《振兴东北老工业基地的理论与实践》，吉林人民出版社，2008，第92—98页。

量平稳增长，为促进吉林省的经济发展和社会稳定作出了重要贡献。农村劳动力转移输出和城镇劳务输出快速增加，市场导向的就业机制初步形成。就业结构进一步优化。第三产业从业人员的比重明显提高，就业局势基本稳定。

（二）从业结构调整进展较大

东北振兴之初，吉林省从业人员中，从事第一产业的达到50%，第三产业从业人员仅占32%。经过二十年振兴，情况有较大改善（见图4-1）。

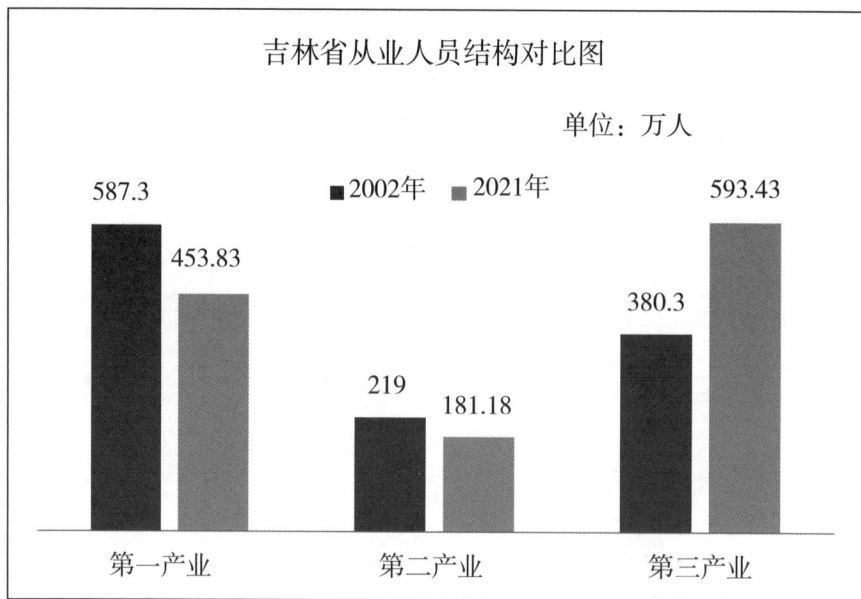

吉林省从业人员结构对比图

单位：万人

■2002年　2021年

587.3　453.83　219　181.18　380.3　593.43

第一产业　　第二产业　　第三产业

图4-1　2002与2021年吉林省从业人员结构对比图

数据来源：吉林省统计年鉴

可以看出，二十年间，吉林省城镇化水平快速发展，第一产业就业人口占比明显下降，第三产业就业人口占比快速提升。在产业结构调整的基础上，就业促进政策起到了良好作用，就业市场吸纳了大量转移人口。

（三）创业活力加速释放

"十三五"以来，吉林省大力推动大众创业、万众创新工作，双创氛围不断浓厚，政策效应逐步显现，涌现出一批初具规模的双创企业，探索出独具特色的"双创模式"，创新创业群体愈发多元化。

在"十三五"期间，共建设了188个省级返乡创业基地、6个返乡创业联盟。带动了20.5万人次就业和再就业，形成一批初具规模的"双创"企业。截至2020年10月末，各国家级、省级双创平台在孵和毕业企业年底产值超过1000万元的达到116户，总产值达到110亿元以上。其中产值5000万元以上的42户，占36.2%；产值达到亿元以上的24户，占20.7%。除国家级和省级示范基地孵化的企业外，还有东北袜业园、金翼蛋品等大型双创企业，估算全省各类双创企业总产值将达到250亿元以上。[①]

探索了吉林特色的"双创"模式。依托长春光机所、长春应化所、吉林大学、东北电力大学、一汽集团、长客集团等，大企、大校、大院、大所开展"双创"，建设了一批高质量"双创"平台，依托产业和技术优势，孵化打造了一批围绕医药、卫星、光电子、新材料、现代农业、轻纺、电子商务、电子信息、汽车、轨道交通等十大行业的双创企业，这些企业已逐渐成为支撑吉林省重点产业发展的新动能。[②]

二、重点群体就业稳定有序

吉林省充分考虑高校毕业生、退役军人、农村转移劳动力、城镇困难人员等重点群体的就业问题，并积极利用新经济、新产业、新业态等因素

---

①吉林省发展和改革委员会，《吉林省"双创"工作成效显著》，http://jldrc.jl.gov.cn/qt/gzdt/202011/t20201116_7744260.html，2020年11月，访问日期：2022年5月20日。

②中国新闻网，《老工业基地吉林推动高校毕业生留吉就业成效显著》，https://baijiahao.baidu.com/s?id=1721304481832666072，2022年1月，访问日期：2022年5月20日。

来推进就业创业。同时，省级政府积极支持灵活就业，并保障新就业形态下劳动者的合法权益。还通过鼓励劳动者就地就近创业就业等措施，促进了就业发展。

（一）高校毕业生留吉就业氛围良好

促进高校毕业生留在吉林省工作，已经成为十分重要的任务。吉林省教育厅要求各高校成立领导小组，由党委书记和校长担任"双组长"，重视毕业生留吉工作，并将其纳入校领导班子的重要议事日程。此外，还实施高校毕业生基层就业服务项目，协助失业高校毕业生就业。

吉林省教育厅联合6个省直部门发布了《鼓励高校做好毕业生留省就业工作绩效评价实施办法》，该办法将高校毕业生留吉工作与绩效奖励、专业调整、招生计划、经费支持和科研项目等密切关联，通过"五挂钩"机制来激发高校的积极性和创造性。目前，吉林省广泛宣传毕业生留吉工作，政府、企业和各大高校纷纷参与，1000多场洽谈和宣介活动在两个月内开展，为高校毕业生留在吉林就业创造了好的氛围。同时，吉林省各高校也都积极向毕业生宣传省内就业创业优惠政策，重点加强省内就业创业指导。2021年，吉林省高校毕业生留吉就业人数创历史最好水平，高校毕业生留吉就业创业工程成效显著。[①]

（二）农村转移劳动力就业进展顺利

为了支持农民工等人员回乡创业，吉林省政府持续完善了组织领导、政策扶持、平台支撑、培训服务等体制机制。在此过程中，吉林省初步形成了以创业为引领，通过创业带动就业发展的新模式，加速了全省农民工由"打工经济"向"创业经济"快速转型的步伐。截至2019年7月底，已有9.54万名农民工和其他人员选择回到家乡创业，占总人数的4.4%。这一

---

① 中国新闻网，《老工业基地吉林推动高校毕业生留吉就业成效显著》，https://baijiahao.baidu.com/s?id=1721304481832666072，2022年1月。

行动直接创造了超过40万个就业机会，促进了吉林省乡村振兴的发展，返乡创业的农民工在全省经济社会与东北振兴的全方位发展中发挥了重要作用。

吉林省高度重视农民工创业就业工作，把它作为切实保障民生的一个重要内容和省政府的关注重点，同时将其纳入年度政府目标责任制考核指标。定期开展季度调度、半年督查和年底考核，强化工作责任制，以确保层级责任落实达到良好成效。

政策和基金引领农民工返乡就业。多项政策文件如《支持农民工返乡创业实施意见》和《农民工返乡下乡创业政策措施》出台，为农民工返乡创业者提供政策支持和资金保障。这些政策为农民工创业提供了动力和帮助。截至2018年年底，已有149个返乡创业基地得以建成。另外，在全省推广返乡创业示范县，目前已有24个省级农民工返乡创业示范县。大力推进返乡创业联盟的建设，旨在为企业提供交流和合作平台。推进市县两级农民工返乡创业基地与省级基地、返乡创业示范县与示范乡镇同步创建，截至2019年9月，全省已累计建设市县两级基地252个，创办各类经济实体5.63万个。[1]

组织省直相关部门开展了农民工返乡创业带头人、农村脱贫致富带头人、乡村旅游致富带头人以及返乡创业金凤凰带头人培训，近年来累计培训各类返乡创业带头人2.6万，为推动农民工返乡创业提供了坚实的基础与支持。[2]

---

[1] 吉林省人力资源和社会保障厅，《吉林省：积极探索农民工返乡创业新模式》，http://hrss.jl.gov.cn/jycy/nmgfxcy2017/cydxhjcjy2017/201910/t20191014_6111228.html，2019年10月，访问日期：2022年5月25日。

[2] 吉林日报，《从"打工经济"向"创业经济"转变——我省积极探索农民工返乡创业新模式》，http://nongye.cnjiwang.com/nyxw/201909/2969032.html，2019年9月，访问日期：2022年5月25日。

（三）退役军人就业保障体系更加健全

按规定将退役军人纳入现有就业服务、教育培训等扶持政策覆盖范围，协调各方资源，加强行业企业合作，挖掘更多适合退役军人的就业岗位，为退役军人提供更多就业机会。实施兵支书培养计划和退役士兵"村官"培养工程，推动退役军人在乡村就业。全面推行退役军人就业适应性培训，推动现有培训实训基础设施向退役军人开放，支持建设一批复转军人创业孵化基地。设立退役军人就业实名台账，强化退役军人服务中心（站）就业服务功能，为退役军人提供针对性就业服务。改革完善退役军人安置制度，强化多渠道多元化安置，支持退役军人自主就业。

（四）就业援助成效显著

援助就业困难群体长效机制逐步建立，"十三五"期间，推动30.23万就业困难人员实现就业。进一步拓宽就业渠道，全面推进高校毕业生、困难群体和农村劳动力等重点人群的就业工作。为动态清零零就业家庭，采用"街道社区即时援助、县（市、区）强化援助、市（州）托底援助"的方式。

加强对于失业或困难人员的就业援助，完善制度和政策，鼓励企业聘用有困难的员工。综合考虑不同就业困难群体的就业需求，提供相应的工作岗位和就业机会。此外，政府还将积极开发老年人的人力资源，加强老年人就业服务和保障措施，鼓励老年人学习和再就业，以激发老年人的工作积极性。加强对城镇就业困难人员、农民工的就业帮扶和对退役军人、大专院校毕业生的就业指导服务。扶持"4050"人员就业，确保有就业能力的零就业家庭至少有一人就业。

作为吉林省的创新之举，"党委政府领导、部门广泛参与、创业项目依托、政策资金扶持、典型带动引导"的创业带动就业工作模式日臻成熟。

三、统筹城乡的就业服务体系基本形成

二十年来，吉林省就业渠道不断拓宽，就业援助长效机制逐步建立，高校毕业生、农业富余劳动力、困难群体等各类重点人群就业全面推进。"党委政府领导、部门广泛参与、创业项目依托、政策资金扶持、典型带动引导"的创业带动就业工作模式初步形成，全民创业促就业系列活动成效显著。小额担保贷款在促进就业中发挥了积极作用，失业调控援企稳岗取得成效。劳动者素质整体提高，技术工人结构得到改善。政府促进就业资金投入逐年加大。

（一）就业领域法治建设取得突破性进展

东北振兴战略实施以来，吉林省先后颁布实施了《吉林省劳动保障监察条例》《吉林省实施〈工伤保险条例〉若干规定》《吉林省失业保险办法》《吉林省城镇职工生育保险办法》等多部地方性法规和政府规定，为依法行政提供了法律支持。有效遏制了拖欠农民工工资的不法行为，也进一步加强建设劳动保障行政执法监督体系，劳动者合法权益得到有效维护。

（二）地方劳动立法和劳动行政执法监督得到加强

吉林省颁布实施了《吉林省劳动合同条例》《吉林省就业促进条例》和《吉林省个体工商户雇工工伤保险办法》，对《吉林省失业保险办法》《吉林省劳动保障监察条例》进行了修订，公务员管理配套法规政策逐步建立。依法清理、规范行政审批和行政许可项目，下放行政审批权限。进一步规范行政处罚程序，细化自由裁量标准。建立和推行了执法人员资格审查及行政处罚合法性审查制度、重大事项社会稳定风险评估制度，行政复议和行政诉讼等法律事务工作制度得到完善和加强。

（三）公共就业服务持续优化

吉林省持续优化公共就业服务，基本建成覆盖全省城乡劳动者的促进就业体系。公共就业服务对象已从城镇常住人员扩展到城乡劳动者，并形成了覆盖五个级别的公共就业服务体系，包括省、市、县、街道（乡镇）、社区（行政村）。就业信息化进步明显，实现基层公共就业服务信息化，打造一体化就业服务平台。从线上到线下建立就业服务专员制度，"一人一策"进行就业帮扶。

四、社会保险更加完善

自东北振兴战略实施以来，吉林省以钉钉子精神精准施策，社会保险工作取得很大成绩，全国率先实现养老、工伤、失业三险统收统支省级统筹，一手抓好征缴、一手确保发放，经办管理服务"七大工作体系"更加健全完善。

（一）失业保险功能作用日益增强

自东北振兴战略实施以来，吉林省失业保险不断发挥"保生活、防失业、促就业、助改革、促发展"等功能作用。

助推国企改革攻坚，发放稳岗补贴，支持企业"去产能"。自2014年以来，根据国家和吉林省委、省政府的整体部署，全面实施失业保险稳岗补贴政策，促进了企业参保缴费的积极性，鼓励企业避免或减少裁员，从而在"去产能"和改革过程中为企业和社会提供了预防失业的有效措施。该政策适用于符合条件的所有企业，对推动企业稳定就业和缴纳保费具有积极的促进作用。

为改变吉林省失业保险金保障水平较低的状况，吉林省连续多年大幅提高失业保险金标准，人社部失业保险司领导充分肯定了这种做法，它也有效促进了全省经济的发展、促进了社会的稳定。为了促进就业稳定，采取了适当措施：加强动态监测，准确掌握岗位流失情况。为此，吉林省不断扩大监测范围并提升监测质量，通过实施失业动态监测，及时获得企业岗位流失情况的信息。与此同时，吉林省的就业形势整体稳定，监测数据也为省内领导提供了决策依据。①

（二）工伤保险充分保障职工权益

社会保险法和《工伤保险条例》的颁布实施，为吉林省工伤保险事业的发展提供了进一步的法律保障和重要机遇。《工伤保险条例》实施十多年来，吉林省工伤保险工作始终坚持把创新贯穿工作全程，着力探寻工伤保险事业发展规律，全力完善政策制度体系，扎实推进工伤预防、工伤补偿和工伤康复三位一体制度建设，取得了令人瞩目的成就。

2003年，吉林省与《工伤保险条例》同步颁布了《实施〈工伤保险条例〉若干规定》，2007年颁布了《吉林省个体工商户雇工工伤保险办法》，2013年颁布了《吉林省实施〈工伤保险条例〉办法》，为吉林省工伤保险的全面发展提供了强有力的法律保障，形成了具有吉林特色的制度运行体制，并出台了配套政策。依据社会保险法和《工伤保险条例》等法律法规，先后出台了《工伤职工停工留薪期管理办法》《工伤认定办法》《劳动能力鉴定管理办法》《辅助器具配置管理办法》《工伤康复管理办法》等，为加强吉林省工伤保险基础管理，保障广大职工工伤权益发挥了重要作用。

制度体系初步形成。按照国家统一部署，根据工伤保险发展需要和主流趋势，确立了工伤预防、工伤补偿和工伤康复相结合的工伤保险制度建设目标。从2013年起，连续八年提升了工伤人员待遇标准，并调整确定了每两年至少调整一次的工伤人员待遇调整机制，充分保障了广大工伤职工的权益，确保了广大工伤职工共享改革开放成果，增加了他们的获得感。在待遇补偿的基础上，扩充了制度的内容，提升了工伤保险制度的视

---

① 吉林省人社厅失业保险处：《惠企惠民勇于担当失业保险这五年》，《劳动保障世界》2019年第1期，第11页。

野，从更高、更广的角度，全面保障劳动者的合法权益。对工伤预防、工伤康复作出了制度上的安排，工伤康复、预防试点工作稳步推进，"三位一体"工伤保险制度体系初步形成。2015年，长春市、通化市被国家人社部确定为工伤预防试点城市，积极探索吉林省工伤预防运行模式和管理办法。2018年初印发了《关于贯彻落实〈工伤预防费使用管理暂行办法〉的通知》，全面推进工伤预防工作。吉林省有两家医疗（康复）机构被国家确定为工伤康复试点机构，为七千余名工伤职工提供了康复服务。吉林省根据实际确定了以国家人社部提出的"五统一、一调剂"模式和"省级统筹、分级管理"为目标，着力推进工伤保险基金省级统筹。2012年以来，着力健全工伤保险省级调剂金运行机制，稳步推进了"五统一"，即统一了参保范围和参保对象，统一了费率政策和缴费标准，统一了工伤认定和劳动能力鉴定经办流程，统一了工伤人员待遇调整提高标准。目前，正着力推进统一工伤保险经办信息系统，并根据工伤经办机构改革进展情况，适时出台吉林省工伤保险基金省级统筹意见文件。

覆盖范围不断扩大。2004年《工伤保险条例》实施后，吉林省全面推行了工伤保险制度，不断扩大工伤保险覆盖范围，先后出台事业单位参加工伤保险、建筑业参加工伤保险、工程建设项目参加工伤保险、公务员参加工伤保险政策，将事业单位工作人员、建筑工人、公务员等纳入工伤保险统筹范围，使从事建筑业和工程建设项目的职工，尤其是农民工有了工伤保险保障，使有相对固定劳动（人事）关系的职业人群有了工伤保险的保障，进一步增强了工伤保险制度的公平性，提升了社会保障水平，实现了有相对固定劳动（人事）关系的职业人群工伤保险制度全覆盖。

待遇水平逐步提高。健全了伤残津贴、生活护理费、供养亲属抚恤金标准的常态调整机制，使全省工伤人员的获得感大幅提升，在工伤保险战线保障和改善了民生，促进了社会公平，维护了社会和谐。服务水平不断提升，工伤认定质量不断提升，行政复议维持结论比例和行政诉讼胜诉比例稳步提升，工伤职工和用人单位的满意度不断提高。劳动能力鉴定结论更加客观公正，社会公信力不断提升。制定了相应管理办法，规范了工伤保险经办服务流程，完善了技术标准，不断改进工伤保险管理服务工作。先后推出了绿色通道、一站式服务、人本化服务等举措，为用人单位和工伤职工提供了更加方便的服务。①

（三）生育保险制度创新建设

《吉林省城镇职工生育保险办法》颁布于2006年，在全国建立生育保险制度的时间较早。值得注意的是，吉林省生育保险制度的创新之处在于其中包括了"男职工无工作单位的配偶生育和计划生育手术费"以及"独生子女父母退休奖励费"两项，在全国处于领先位置。

基于该保险制度的基础，吉林省在2007年进行了更多的待遇保障范围补充，其中包括：男职工在配偶生产期间领取为期15天的"生育护理补贴"，妊娠妇女一次性的围产期补贴，将宫外孕、葡萄胎、妊娠高血压综合征等支付项目纳入生育保险基金的支付范围，改变了先前的支付方式。将产褥期护理纳入生育保险的政策保障项目之中，为吉林省的妇女提供更加全面的保障。生育保险政策的感召力得到了增强，男职工也能获得更加公平的保险待遇。这些措施不仅是生育保险制度建设创新的具体体现，也展现了吉林省对人民生育保健的重视。

吉林省遵循国家完善生育保险制度的要求，在2008年8月发布了《关于增加城镇职工生育保险新生儿医疗费用支付项目的通知》，将16项新生儿医疗费用支付项目纳入保障范围，支付标准也在其中得到明确。这是吉林省第三次创新生育保险制度建设，这一举措为全省职工在生育过程中提供了更丰富的医疗保障服务。现在，全省生育保险采用"一方缴费、三方受益"模式，不断扩大保障范围、增强保险功能，得到了群众的普遍支持。

这些年来，吉林省生育保险不断创新和完善，并提高了参保人数，待

①邱天平：《初心不渝为民生——吉林省工伤保险事业改革发展综述》，《劳动保障世界》2019年第1期，第8—9页。

遇支付水平也逐步提升，取得了良好的成效。制度保障已将"女职工、男职工、新生儿、男职工无工作单位的配偶、独生子女父母"全覆盖，参保扩面的范围与职工基本医疗保险覆盖范围基本一致。生育保险"一方缴费、三方受益"三位一体的保障模式已初步形成。①

五、人才队伍建设取得新进展

（一）加强人才引进培养

吉林省实施人才兴业战略和振兴吉林老工业基地人才服务保障工程，不断加大专业技术人才培养、开发和引进。

拓展引智及出国培训工作。大力加强高层次人才队伍建设，专业技术资格管理不断完善，高校和中小学教师职称制度改革试点工作稳步推进。技能人才队伍建设继续加强，培训各类技能人员520万人，高技能人才存量达38万人，占技术工人总数的26%。与此同时，吉林省也精准对接落实中组部"博士服务团"项目，为该省的经济社会发展提供有力支持。②吉林省也出台了《关于激发人才活力支持人才创新创业的若干政策措施》，该政策将不断更新和完善，以激励、支持和推动各类人才的创新和创业，至2022年已更新至3.0版。制定人才政策升级版，启动高端人才收入倍增计划和各类人才收入增长计划。2021年与2022年，高级职称人才连续两年进大于出；高端人才2021年开始进大于出，净流入1万名。③

①宫晶瑛、李景生、殷俊峰：《吉林省完善城镇职工生育保险制度》，中国人口报，2010-12-02，第1版。

②吉林省长安网，《厚植人才沃土激荡人才活力——我省党的人才队伍建设回眸》，http://www.jlpeace.gov.cn/jlscaw/yaowen/202205/f0a08c86c3fb4f788166c11ce363a1cb.shtml，2022年5月，访问日期：2022年8月19日。

③吉林日报，《吉林，高端人才一年净流入1万名的标志性意义》，https://baijiahao.baidu.com/s?id=1746633146979443007，2022年10月，访问日期：2022年11月15日。

（二）实施人才"留吉""回吉"工程

近年来，吉林省采取更加积极、开放、有效的人才政策，通过各种渠道吸引人才，让他们发挥所长，为吉林省的发展贡献力量。2018年，吉林省举办了首次吉人回乡创业就业合作发展座谈会，推出了"吉人回乡"创业就业合作工程。在过去的五年中，这个项目吸引了大量吉林籍的人才回到家乡，为当地的发展开辟了新天地。此外，首届"吉林省校友人才促进振兴发展大会"成功举办，推出了很多创新人才招募计划，鼓励资深人才回到吉林省发展。吉林省还通过举办"吉人回乡引凤归巢""吉聚人才"云招聘、吉人回乡创业就业合作座谈会等多个活动，取得了显著的人才回归效果。在"资智回吉"中，集中签约了116项合作成果，累计总金额达896.42亿元。

（三）人事制度改革进一步深化

全面贯彻实施《公务员法》，公务员管理不断完善。坚持"凡进必考"，改善了公务员队伍结构，知识结构、年龄结构、专业结构得到改善，具有大学本科以上学历的占51%。50周岁以下的占75%，积极推进竞争上岗，考核机制不断完善，培训教育得到强化，公务员队伍能力素质不断提高。事业单位人员聘用制全面实施，岗位管理和公开招聘制度逐步落实。军转安置办法进一步改革，做到了部队、地方和军转干部"三满意"。①

---

① 吉林省办公厅，《吉林省人力资源和社会保障事业发展"十二五"规划》，2012年1月。

第三节　就业领域面临的新形势

未来五到十年，吉林省在就业领域会出现一些不可多得的新发展机遇，但同时也面临着不同于以往的挑战。

一、政策环境为经济发展带来机遇

（一）国家宏观政策环境利好持续释放

近年来，中央高度重视就业工作，不断赋予其新的内涵，逐步完善了公共就业服务、职业技能培训、重点群体就业、创业带动就业、多渠道灵活就业、协调劳动关系、公平就业等中国特色就业体系的基本框架。党的十九届四中全会提出"落实就业优先政策"，把促进就业作为经济社会发展的优先目标，放在"六稳""六保"的首要位置，与提高发展质量的举措紧密结合。"十四五"时期，我国将进入高质量发展的新阶段，同时积极推进"双循环"发展模式，大力实施扩大内需政策，这将为吉林省的就业稳定夯实基础。

（二）就业市场活力随着经济增长能力不断提升

唯有保持稳定增长的经济发展态势，才能从根本上促进就业容量。未来五年，吉林省将处于一个重要的发展阶段，包括新型工业化、信息化、城镇化和农业现代化等领域拥有着巨大的发展潜力。同时，服务业和民营经济也预计将得到快速的发展。全省经济运行保持在一个合理增长区间的同时，实现稳步上升，促进就业工作将在这样的发展环境中面临着重要的机遇。

（三）新型就业机会随新产业、新业态发展而诞生

新的科技和产业不断涌现，国家不断推动全面深化改革和创新驱动发展。这些举措共同优化了我国的经济活力和市场环境，有效地激发了市场和社会的创造力，也涌现了大量新兴市场主体，快速发展出各种各样的新产业和新业态，不断涌现出数字经济、平台经济、共享经济等，众多的就业增长点应运而生，其中新业态特别是灵活就业得到大幅提升，使得就业形式日益多样化，为就业增长提供了新的多元支持和重要动力。

二、结构性矛盾与新就业形态的挑战

（一）就业结构性矛盾突出

就业压力持续增加与结构性用工短缺的矛盾将长期并存，调整经济结构带来的结构性失业以及高校毕业生就业、农业富余劳动力转移就业、失业人员再就业、其他困难群体就业等压力更加突出。"十四五"时期，吉林省人口增长总体趋缓，劳动力人口会持续减少，就业人数也会逐渐降低，使就业率持续下跌。服务行业的就业比重将不断增加，因此，整体就业需求将保持稳定。尽管如此，随着劳动力供应弹性持续下降的趋势凸显，很难再单纯依靠工资增长来扩大城市劳动力供应，使得结构性问题变得更加明显。此外，一线经济建设需要高层次人才和高技能人才，但这两种人才非常短缺。人才在城乡、不同区域和产业之间分布不均，人才队伍结构性矛盾和问题依然突出。同时，国际人才竞争的矛盾将变得更加明显，引进高端人才和吸引外资的工作将面临巨大的困难和挑战。市场配置人才资源的基础作用还没有得到充分发挥，人才工作体制机制不够灵活，人才开发投入不足，人才和科技教育的优势尚未完全转化为现实生产力。

（二）劳动力就业需求与招工需求无法合理匹配

随着我国进入高质量发展阶段，市场对人工智能等技术进步的需求正

在倍增，这将进一步加快"机器换人"的速度；在日益提高的环境要求下，一些行业，如钢铁和煤炭行业将面临去产能压力。

部分地区人才外流。东北地区人力资本存量增加速度趋缓，以往的相对优势有所弱化。接受高等教育的学生未来将是提高人力资本存量和质量的中坚力量，是科技进步与创新的后备军，而此时东北地区教育发展不尽充分，人力资本实力不断下降。改革开放以来，东南沿海地区经济快速发展，人才引进机制灵活，反之，东北老工业基地经济不景气，研发条件、收入水平较差，人才政策不落实，没有建立差别化激励机制，缺乏公平的用人环境，使大批专业技术人才、大学毕业生等纷纷南迁，人才外流现象严重，这也是东北地区人力资本存量减少、人力资本质量降低的重要原因之一。国有企事业单位专业技术人员没有增加而是减少。人才结构也存在问题，专业人才多集中于传统领域，而IT（互联网技术）行业、生物工程、新材料、新能源、先进装备制造业等新兴产业领域的人才远不能满足需求，多沉淀于政府和大型国有企事业单位，而真正适应市场经济与产业结构调整大势的新型开拓型人才不足，高素质、高技能人才相当短缺，急需企业家、国际化人才、拔尖的技术人才、熟练的技术工人等。[1]

（三）新业态下多元化利益诉求增多

新业态用工形式，如网约车、外卖和快递等，发展迅速，也导致劳动者的利益诉求发生了新的变化。劳动人事关系将日益多样化、复杂化，各种社会矛盾相互交织，影响劳动关系和谐稳定的因素进一步增多。劳动关系工作体系建设滞后与劳动关系工作协调难度不断加大的矛盾将日益凸显，劳动关系协调、劳动保障监察、调解仲裁、信访等工作信息化程度不高的现状与形势任务要求不相适应，影响和制约劳动关系协调作用的发挥。在这一情况下，新的雇佣环境提出了对劳工权益保障的更高要求。

---

[1]周建平：《绸缪东北——新一轮东北振兴》，重庆大学出版社，2018，第36—37页。

（四）法规体系亟待完善，依法行政能力有待提高

人力资源和社会保障方面的法规体系建设尚不适应法治型、服务型、效能型政府建设的需要，在社会保险、基金监督、公共就业、劳动关系、事业单位管理、人力资源市场建设、人才开发使用等领域亟须法规制度体系加以约束和规范。违法行政、侵权行为还不同程度存在，依法行政和依法管理社会事务的能力有待提高，工作人员的法治意识和依法行政观念仍需提升。

此外，还需要进一步夯实经济恢复的基础、保持经济持续向好的势头。在这个过程中，我们面临着不确定因素和不稳固的环境，也仍然有不足之处。主要是经济结构有待进一步优化；改革开放广度、深度还需持续拓展；创新对振兴发展引领支撑不足；营商环境与市场主体期望还有一定差距。[①]这些难题，都有待我们陆续解决。

第四节　推动实现高质量充分就业

为促进经济增长和扩大就业之间的良性循环，吉林省将全方位促进稳定和就业，统筹城乡就业政策体系，消除就业中影响就业平等的不合理限制和歧视，破除阻碍劳动力、人才流动的体制和政策弊端，为每个人提供通过勤奋劳动实现自身发展的机会和环境。

---

①吉林省人民政府，《2022年吉林省政府工作报告》，http://jlpeace.gov.cn/jlscaw/yaowen/202202/d2703838af634e62b1b8bcb36a753662.shtml，2022年2月，访问日期：2022年5月12日。

一、稳步扩大就业规模

（一）坚持积极的就业政策

坚持把稳定就业作为最根本的民生，创造多样化的就业岗位。扩大容量、保障重点、强化培训、提升服务、守住底线，确保全省就业局势总体稳定。推动创业促进就业。坚持把社会保障作为最普遍的民生。不断完善社会保障体系，拓展社会保障覆盖面。秉持做大经济蛋糕原则。有效促进就业，同时改善和保障人民的生活水平。使用失业保险结余基金来支持稳定就业和培训。①

（二）优先做好高校毕业生就业工作

公务员招录、事业单位招聘、"三支一扶"招聘、检察机关聘用制文职人员、法院系统聘用制文职人员等各类政策性空缺岗位，适当向大学毕业生，特别是向应届毕业生倾斜。提供多种形式的高校毕业生就业服务保障，也鼓励高校毕业生参军入伍、保家卫国。

开展高校毕业生等青年就业创业服务专项行动，鼓励中高职院校毕业生海外就业，通过多种合作模式，如"订单式""顶岗实习式"和"合作企业挂牌式"等方式来推进。为高校毕业生打造一个良好的就业创业环境，组织开展公共就业服务进校园活动，开展"百校千企"助力新时代吉林振兴发展系列活动，推进"千校万岗"大学生就业服务行动，实施宏志助航就业能力提升培训计划。举办"金秋招聘月""高校毕业生服务周"等招聘活动，实施青年就业启航工程。

拓宽高校毕业生等青年就业渠道，出台政策促进国有企业吸纳高校毕

---

① 吉林省人民政府，《2022年吉林省政府工作报告》，http://jlpeace.gov.cn/jlscaw/yaowen/202202/d2703838af634e62b1b8bcb36a753662.shtml，2022年2月，访问日期：2022年5月12日。

业生就业。广泛开发符合高校毕业生等青年需求的高质量见习岗位，全年开发不少于10000个就业见习岗位。指导各地在招录"社工岗"人员时，按照比例招录普通高校毕业生。完善毕业生就业进展报送机制，积极推广"96885吉人在线"服务平台。常态化组织开展"吉聚人才"云招聘大型系列活动，建立政企互动共享的人才服务联盟机制，开展线上线下招聘活动，为高校毕业生和其他各类人才留吉发展提供精准服务。积极开拓高质量就业岗位，以满足高校毕业生职业发展和就业需要。

（三）持续促进农村劳动力转移

做好农民工就业工作是解决好"三农"问题的重中之重，也是巩固脱贫攻坚成果、全面推进乡村振兴的一项重大任务。吉林省紧密结合脱贫攻坚成果巩固计划，确保乡村振兴与之相衔接。全面落实国家和省委省政府关于做好就业创业工作的重大决策部署，加强对农民工就业创业事业的支持和关注，将其置于高度重视的位置。进一步完善农村就业创业服务体系和政策，为广大劳动力在农村和城市等领域提供更加全面和高效的支持。放宽政策、放开市场、放活主体，推进乡村产业和经济的发展，创造更多就业岗位，实现更全面和高质量的就业，为乡村振兴贡献力量。促进乡村宜居宜业、生产兴旺发达、农民富裕富足，为县域经济发展和乡村全面振兴提供有力支撑。重点解决"三少民族"、林区垦区转岗职工、"就业困难对象"等特殊群体的就业安置。加快培育农村产业之城，推动解决区域农村劳动力的就业问题，逐步形成具有区域特色的就业品牌。全力提升公共就业服务机构功能建设。支持自主创业，以创业带动就业。鼓励支持更多的农村"能人"自主创业。

1.加强农村就业基础工作

完善乡村公共就业服务体系，强化基层人力资源和社会保障平台功能，提升基层就业服务队伍能力和素质，提高就业服务综合效能和工作质量。建立就业目标责任制。将就业特别是农村劳动力就地就近就业工作列入各级政府和部门的重要议事日程，分解年度就业目标任务，压实工作责任。建立绩效考核机制，将目标任务完成情况纳入各级政府绩效目标管理责任制，推动工作有序开展。提高基层平台人员业务能力。各市（州）每年定期组织就业法律法规、政策制度、统计分析、就业系统操作使用等业务培训，提升基层工作人员综合素质和工作能力。组织相关人员赴省内外就业先进地区进行观摩学习，开阔思路和视野。搭建劳务对接平台。建立农村劳动力就业、企业用工、重大工程项目用工台账，精准掌握辖区内农村劳动力就业创业、企业用工、工程项目实施等情况，及时收集发布用工信息。建立企业用工信息员、农民工就业岗位推送员、就业网络平台信息播报员等志愿者队伍，实现精准高效人岗对接。发挥吉林就业创业网、智慧人社、抖音、快手、微信群等媒体平台作用，多渠道发布就业信息。

2.推进农村就业信息化建设

全面推广应用全省就业信息管理系统，完善农村就业管理模块使用功能，实现农村就业工作信息化、规范化。夯实就业创业基础信息。加快农村劳动力就业信息采集录入工作，创新信息采集渠道，综合运用微信建群、电话联系以及走访入户等形式，及时准确收集农村劳动力就业信息，并组织做好信息录入工作。实现农村劳动力转移就业和返乡创业人员实名制动态管理。拓宽就业信息系统应用范围。将返乡创业基地建设管理、返乡创业优秀项目储备、返乡创业培训和创业带头人培育等工作纳入就业信息管理系统，逐步实现返乡创业信息的精准化管理。发挥统计分析功能。落实市、县两级统计数据核查、会审制度，实现各类报表系统自动生成。建立农村劳动力转移就业统计分析制度，定期研判就业形势，作出准确评估。

3.开展农民工技能培训

以返乡留乡农民工为重点，实施技能提升行动，提高综合素质和就业能力。开展培训意愿调查，根据培训需求分类开展培训，促进就业。实施就业技能培训。结合县域内制造业、建筑业、餐饮业等用工需求，对返乡留乡农民工进行针对性培训，提高职业转换和再就业能力。对新生代农民工开展电子商务、人工智能、大数据、物联网等新技术、新领域技能培训，促进更高质量就业。开展农村实用技术培训。围绕现代农业生产、特色种植养殖、农产品加工、农业经济管理等项目内容开展培训，提升返乡留乡农民工从事农业生产经营的能力。强化"两后生"培训。组织未继续升学的初高中毕业生（"两后生"）参加技工院校开展的劳动预备制培训，通过课程订单和定向培训等方式，为"两后生"提供就业政策、务工技能和专业知识等方面的培训，以此提高他们的就业能力和技能水平，帮助他们更好地就业。培育壮大劳务品牌。围绕市场需求，依托资源优势，组织引导各类培训机构大力开展劳务品牌培训，创建劳务品牌培训基地，着力打造具有当地特色的劳务品牌，推动形成"一县一品""一县多品"的品牌发展格局，扩大品牌就业规模，增强品牌影响力。

4.拓宽农民工就业渠道

依托农业农村资源，挖掘农业多功能和乡村多重价值，支持农村产业发展，吸纳更多农村劳动力就地就近就业。

加快发展现代农业产业稳定一批。发展新型农业经营主体，引导返乡留乡农民工领办合办农民合作社、家庭农场和企业。发展现代种养业、农产品加工业和农村服务业，延长农业产业发展链条，吸引农民工在农产品仓储保鲜、分等分级、清洗包装等农业后端行业创业就业。

鼓励发展新业态培育一批。推进农业与旅游、文化、康养等产业深度融合，引导返乡留乡农民工开发旅游观光、农耕体验、康体娱乐等产业；支持农村电商发展，发挥全省电商平台作用，发展电子商务、直播直销等新业态。

开发基础设施建设吸纳一批。抓住补齐"三农"短板、实施农业农村基础设施项目的机遇，开发涉农项目用工潜力，引导返乡留乡农民工参加农田水利、村庄道路、人居环境整治、乡村绿化、污水处理、生活垃圾治理等政府购买工程项目建设。开展"以工代赈"工程建设，优先录用农村贫困劳动力和低收入群体，为他们提供更多的就业机会。

扶持创业带动一批。实施返乡留乡农民工创业推进行动，引导返乡留乡农民工积极发展乡村车间、家庭农场、手工作坊、创意农业等，促进返乡创业企业优势互补，抱团发展。强化返乡创业培训，对所在乡镇地域内建设的农民工等人员返乡创业基地，依据命名等级给予相应的资金补助；对县域（镇村）的农产品加工业、农副食品加工业、农民工等人员返乡创业基地、农村小作坊（包括网店）等按规定发放用电补贴；对返乡留乡农民工符合创业担保贷款条件的，按规定可以申报贴息贷款。

开发公益性岗位安置一批。按照"总量控制，按需设岗"的原则，以无法离乡、无业可就的农村脱贫劳动力、边缘易致贫人口以及通过市场渠道难以就业的农民工为重点，整合各类资源，开发乡村保洁、治安协管、道路管护、孤寡老人和留守儿童看护服务等公益性岗位。

5.完善就业保障机制

建立健全工作机制，为返乡留乡农民工就地就近就业提供保障和支持。建立就业监测机制。将返乡留乡农民工就业情况纳入就业监测范围，及时掌握就业情况，加强就业形势分析研判，提前制定大规模返乡留乡就业应对预案。建立精准帮扶机制。加大就业服务力度，依托基层平台，对未就业人员及时提供3个以上工作岗位信息，促其尽快就业；对就业转失业以及从省外返乡回流人员，及时推介工作岗位，保证其不挑不拣72小时就业；对有意愿自主创业人员，及时提供创业项目推介和创业指导服务；对就业困难农民工，制订"一对一"帮扶计划，促其尽快就业。建立调研督导机制。加大调研督导力度，省市两级每年对返乡留乡农民工就业工作进行调研，对制约农民工就业的突出问题要认真加以解决，对各地推进返乡留乡农民工就业工作进展情况定期通报，进一步压实地方和部门工作责任。

二、强化创业政策支持

（一）积极搭建创业平台载体

倡导并加速新型孵化模式的推广，如加强对众创空间的发展支持，以支撑双创示范基地、创业园等优质孵化机构的建设。用创业平台促进创新创业活动充分活跃，为创业创新引领就业增长持续注入力量。拓宽各类劳动力创业致富渠道，不断深化创新创业国际交流合作，增强创业推动创新、促进就业的能力。积极开展创业带动就业示范行动，充分发挥大学生就业创业指导服务站作用，针对大学生开展创业培训，建设更多创业孵化基地，对创业者提供咨询和政策支持，在创业企业遇到困难又有发展前景时，可以适当延长孵化周期。

强化对初创实体支持力度，落实创业担保贷款和贴息政策，鼓励金融机构创新金融产品和服务支持创业。针对已在城镇居住但还没有户口的，或者刚拿到户口不足三年的新市民在创业就业等重点领域的金融需求，做好与现有金融支持政策的衔接，高质量扩大金融供给，提升金融服务的均等性和便利度。树立创业带动就业示范典型，带动全省的创业和就业工作不断取得进步。

（二）用政策提升不同群体创业意愿

政策上引导高校鼓励大学生创业，支持引入企业针对需求对大学生提供创业辅导。在校期间创业成功的，允许用创业成果作为毕业成果。为创新创业人员提供更多便利和技术支持。将就业服务相关事项优先纳入社区工作者工作内容，引导服务力量向基层下沉，基层公共就业服务全部实现信息化。[①]加快返乡创业基地建设。建设一批区域特色明显、基础设施完备、服务功能齐全、承载创业带动就业能力较强的省、市、县三级返乡入乡创业基地，带动创业，吸纳就业，促进农民增收致富和乡村振兴发展。

提升农民工与退伍军人创业意愿，尤其是鼓励本省原籍的人才返吉创业。鼓励引导科研人员和高学历人才创业，落实科研人员离岗创业制度，

---

①吉林日报，《吉林省就业形势稳中向好 2022年将全面实施"两找一服务"工程》，http://m.yatai.com/xwzx_4008/zxzx_4020/202201/t20220124_143796.html，2022年1月，访问日期：2022年4月25日。

指导各地各部门落实事业单位科研人才创新创业相关政策。加大中青年科技创新创业卓越人才（团队）培育，激发企业科技人才创新创业活力。依托长春留创园等创业平台做好科研人员的创业培训和项目孵化工作，助力科研人员创业。

三、拓宽灵活就业渠道

在国内外经济环境变化的影响下，吉林省的就业出现了一定困难。在这样的不利条件下，促进就业既是民生的根本，也关系到吉林省的经济发展。应积极拓宽灵活就业渠道，包括地摊经济、新就业模式、个体微商行业、直播营利等，以缓解传统行业就业紧张问题，保障居民收入。同时，要加大劳动监督力度，在保护企业职工权益的同时，加强对新渠道就业劳动者的保护。

（一）发挥新兴业态的创业承载力

为充分挖掘新兴业态对创业的潜在优势，要积极创建新型创业就业模式。为实现乡村振兴，采用新业态为抓手，助力扩大创业企业规模，以进一步释放就业潜力。

1.培育壮大零售新业态

拓展无接触式消费体验，通过建设智能超市、商店、餐厅、驿站、书店等来推广非接触消费方式。在促进线上和线下之间的深度融合促销活动方面，可以组织"双品网购节"等活动。为帮助中小型电商企业提升数字化运营能力，应积极推广和应用电子商务公共服务平台，为中小电商企业提供数字化运营的支持，包括技术和资源等方面的帮助。

2.深入发展数字文化和旅游

推动文化和旅游业的数字化升级。此外，还将组织主题性数字文化展览、文化节庆、旅游推介等活动，提高数字文化和旅游的影响力和吸引力。同时，鼓励数字技术的创新应用，推动数字文化和旅游产业双向融合，促进文化旅游创意产业的发展和繁荣。定期调整相关政策和措施，不断提高数字文化和旅游产业的质量和效益。

3.理性发展在线教育

促进各种创新型教学模式的发展，加快智能化技术的应用。推进教育信息化建设，引导和支持社会各界参与展开积极探索。使用更多数字化、信息化和多媒体化的教学工具，改进和完善传统教育方式，推进开放式、泛在式、个性化的在线学习环境，探索多元化的教育新模式。为了满足不同群体的教学需求，要积极开展课程、课件和资源等方面的研发和开发，并推进建立共享教育资源，以提高教育质量和有效性。

（二）支持个体经济发展

为了支持劳动者创业，应当鼓励低投资风险、容易转型、快速见效的创业，即小规模的经济实体。支持各种特色小店的发展，加强商业资源供应和完善基础设施，这样有助于推动非全日制就业的发展并提高其质量和规模。积极鼓励新的个体和微型经济的发展，探索建立多层级共享用工平台，以解决企业临时性和季节性用工短缺等问题。

1.加强统筹宣传，助推政策落实

完善政策实施细则与评估机制。对拟实施新政策进行预评估，建立中小微企业参与政策酝酿、制定、执行全生命周期的机制。加强宣传解读，及时回应社会诉求和关切。针对纾困新政感知度偏低的问题，要做好政策宣传和政策辅导，尤其是对于小规模市场主体，要使其明确"到底怎么优惠、能优惠多少"。完善惠企上门机制，各地区、各部门单位要进一步推进流程再造，不断扩大"免申即享"范围，让各类惠企政策快速兑现到位，变"人找政策"为"政策找人"，让企业早得实惠、早享红利。充分利用社区和行业协会平台，进一步发挥其平台作用，充分联系、组织企业，为了帮助企业充分利用和有效运用扶持政策，应提供指导和支持，帮助其克服实施过程中的难点问题，并及时反馈政策实施的情况。

2.扩大政策覆盖，实施精准帮扶

推动助企政策横向与纵向全面覆盖。在现有政策的基础上进一步丰富政策措施，尽可能覆盖全部服务业企业；各市、县（市、区）要结合地方实际，抓紧出台具体政策，横向到边，纵向到底，不留死角。有针对性地补强帮扶措施。针对低迷经济形势对各行业的冲击程度和纾困政策在各行业的覆盖情况存在差异的状况，为支持受到严重影响的行业、群体或地区，重点实施精准帮扶措施。商务、文旅、交通、民航等服务业领域的主管部门应结合本行业的特征，制定相应领域的特殊纾困措施。针对灵活就业群体，如网约车司机、电子商务店主、外卖骑手等，应专门研究制定帮扶政策，以确保他们顺利度过困难期。

3.激活市场需求，提振市场主体信心

受当前大环境影响，需要大力激活市场、刺激消费，促使服务业企业营收恢复增长。扩大消费券发放范围。省、市、县各级财政加强筹措安排，继续扩大省级消费券补贴资金额度。降低消费券使用门槛，丰富面额搭配和使用场景。鼓励各地区发放餐饮类消费券，在严格落实疫情防控要求的前提下，支持各地举办形式多样的美食节、美食周等促消费活动，鼓励发展"深夜食堂""美食街区"等餐饮消费新场景、新业态。完善配套措施，助力夜经济发展。

4.持续减税降费，降低经营成本

进一步加大对小微企业及个体工商户的支持力度。向符合条件的服务业企业大规模退还增值税留抵税额。扩大缓缴养老保险费、失业保险费、工伤保险费企业范围，对于确有困难的服务业企业，无论地区、行业均可享受缓缴政策。继续降低企业经营要素成本。研究制定更加优惠的水、气、网等要素成本减免政策。

5.畅通融资渠道，加强信贷服务

推广金融纾困"一站式"服务。借鉴云南省相关经验，各地、各部门积极行动，主动作为，通过"强化政策运用+加大窗口指导""重点企业名单制对接+一对一融资辅导""接续贷款延期+首贷培育行动"等方式，组织全省银行和金融机构深入开展纾困行动。开展民营小微企业信贷政策导向效果季度评估。针对服务业小微企业及个体工商户融资渠道不畅、资金链薄弱的问题，应该引导银行和金融机构在释放资金的时候优先考虑这些行业。其中，应该给予服务业领域特别的重视，以帮助小微、民营企业在这个领域里获得更多的发展机会。推动银行和企业之间的高效精准对接。为了提高企业融资的便捷性和可操作性，要充分利用省级金融综合服务平台、企业信用信息服务平台等平台资源，以推动融资申请的精准对接。推广"信易贷"平台，打造"吉林小微增信服务平台"，并探索银行和企业之间的新型融资对接模式。要深化联合会商帮扶机制，扩大企业的帮扶范围，并实施清单制管理，以确保帮扶的精准和针对性。扩大困难企业贴息政策适用范围。

（三）探索新业态，缩小城乡收入差距

现如今吉林省已实现全面小康，完成脱贫任务，但民众之间的收入仍然存在着一定的差距。促进经济的发展，居民收入的增加是重要一步。为促进城乡融合打造一体化发展，可探索用新业态缩小城乡收入差距。

1.加快发展现代农业

应落实惠民政策，将现代化进步科技落实到农业中，如农民可借助电商平台出售相关农产品、直播带货，通过快递将农产品送到各处。鼓励发展农副产品的农村居民实现规模化、园区化，进行深加工，发展第三产业，通过产业链等方式增加农村居民收入。维护弱势群体、高强度低收入工作者的权益，在保障其最低工资的标准上，适度合理地分配收入。[1]

2.拓宽农产品销售渠道

加快推广数字技术和服务到农村领域，提高现代农业快递服务的普及

---

[1]孙亚静、吕佳慧：《吉林省民生与经济发展定量分析》，《合作经济与科技》2021年第12期，第23—25页。

率，包括邮快合作和增加必要设施，进一步完善供应链体系。把重点放在发展地区内的农产品电商高品质品牌上，这样可以增加农产品的附加值和市场竞争力。全力推广"三品一标"等产品，提高其销售力度，以加强地区内农产品销售渠道的发展。

3.农业与其他产业融合发展

现代农业产业体系是农业产业横向拓展和纵向延伸共同的结果，其核心是发展壮大农业新业态、新模式，构建完整的农业产业链，推动农业一、二、三产业融合发展，实现农业与产品加工、观光休闲、旅游度假、研学教育、文化创意、健康养老等业态的融合发展，打造新型融合产业业态，促进农业的多功能开发，提高农业的附加价值。[1]

四、做好职业技能培训

在制度上促进公共教育和职业技能培训，培育更多高素质劳动者和人才，强化其专业技能与工匠精神。加强职业培训和择业观念教育，增强劳动者的就业能力。培养更多高素质能工巧匠、吉林工匠，建设一支知识型、技能型、创新型劳动者大军，形成"奋斗在吉林""创业在吉林""就业在吉林"的社会氛围。[2]

（一）坚持发展职业教育

1.提升职业教育的质量

健全职业教育制度，增强职业学校的继续教育服务功能，向各个社会

---

①周青，《现代农业的新业态和新模式》，https://baijiahao.baidu.com/
s?id=1660435681556524430，2020年3月，访问日期：2022年6月16日。

②景俊海，《高举旗帜牢记嘱托踔厉奋发勇毅前行奋力谱写全面建设社会主义现代化新吉林精彩篇章——在中国共产党吉林省第十二次代表大会上的报告》，https://baijiahao.baidu.com/s?id=1736764442032419409，2022年6月，访问日期：2022年7月25日。

群体提供多种形式的继续教育。推进服务区域合作和对外开放计划，推动职业教育国际合作项目，以加强现有职业教育体系的工作基础，并为农民提供赴国外参加高素质培训的机会。运用"鲁班工坊"的模式，在吉林省创建其独特的职业教育特色，在职业教育领域为这些人提供更好的培训和教育，为经济和社会长期发展提供高质量的技术技能人才支持。

2.推进生产行业与在校教育融合

行业和学校应加强合作，推动建设产教融合试点、公共实训基地和产教融合实训基地等设施，以提升新职业从业者的技能水平。鼓励企业与学校合作建设技术技能实训设施，并推动企业参与校办工厂、实习实训基地等建设，或联合高等职业院校开展产教融合混合所有制二级学院、企业大学和继续教育基地等项目。针对高校毕业生，持续开展技能就业行动，加强与产业对接和培养实用人才的能力。

3.广泛开展就业技能培训

全面实行新一代农民工职业技能提升计划，并致力于将农村转移就业人员和新一代农民工培养成为高素质的技能劳动者。实施高素质农民培育工程和农村实用人才培训计划，以建立职业农民制度为目标。同时，为初、高中毕业生提供劳动预备制培训，帮助重点群体、社会边缘人员提高职业技能水平，找到更好的就业机会或更好地回归社会。增强劳动者适应新型就业形势的能力。解决高校毕业生、农民工、城镇就业困难人员就业、农民工技能培训等问题，坚定动态清零零就业家庭。建立并推行覆盖城乡的终身职业技能培训制度，大规模开展高质量的职业技能培训，基本满足劳动者培训需要。

（二）着力提升企业职工岗位技能

1.坚持企业在培训中的主体地位

在职业技能培训中，将员工培训作为重中之重，改进激励政策，支持企业开展大规模职业技能培训，鼓励大型企业为员工培训建立职业培训机构，积极承担中小企业和社会的培训任务，降低职业培训机构建设成本，提高企业培训积极性。适应高质量发展要求，推进企业健全培训制度，制订员工培训计划，可采取先岗位培训、学徒培训、岗位内外培训、业务培训、后岗位培训等方式。通过学校和企业之间的合作，系统地培训企业新雇用或调入的熟练人才。

2.提高劳动者职业素养

强调工匠精神，鼓励工人追求完美的专业素养，提高工人在落实工匠精神方面的自觉性和主动性。充分发挥高校、企业、工会等各方积极性，完善激励机制，培养先进模范，创造尊重劳动、尊重工匠的良好社会氛围，提高工人在培育工匠精神方面的自主性。加强职业素质的培养，将职业道德、质量意识、法律意识、安全、环保和健康等要求纳入职业培训的全过程，鼓励工人形成"热爱职业、做好职业"的职业观念。引导工人遵守纪律，诚实守信，自愿履行劳动义务，并以合法合理的方式维护自己的权益。

3.及时跟进新职业、新工种的研究与培训

不断更新职业分类目录，对于那些符合新业态新模式发展趋势、已经形成一定规模的新职业、新工种要及时纳入，以便促进新职业、新工种带动就业的能力。为提升新职业从业人员的能力和发展空间，可支持行业协会、企业和院校等共同推动和实施相关工作，以满足新职业从业者不断提高自身技能和职业水平的需求。探索将新职业从业人员纳入职业培训补贴范畴。

五、进一步保障劳动者权益

健全劳动保障法规，并增强企业依法用工意识，同时提高职工依法维权的能力。加强劳动保障执法监督和劳动纠纷调处，有效预防和化解劳动关系矛盾，推动建立规范有序、公正合理、互利共赢、和谐稳定的劳动关系。进一步完善劳动争议处理机制，改善劳动条件，并确保劳动者权益得到保障，发挥政府、工会和企业等多方作用，努力形成企业和职工利益共享机制，建立和谐劳动关系。

（一）切实保障职工基本权益

1.完善并落实工资支付规定

健全工资支付监控、工资保证金和欠薪应急周转金制度，探索建立欠薪保障金制度，落实清偿欠薪的施工总承包企业负责制，依法惩处拒不支付劳动报酬等违法犯罪行为，保障职工特别是农民工按时足额领到工资报酬。

2.保障职工休息休假的权利

完善并落实国家关于职工工作时间、全国年节及纪念日假期、带薪年休假等规定，规范企业实行特殊工时制度的审批管理，督促企业依法安排职工休息休假，保障职工休息休假的权利。

3.不断强化安全生产

加强劳动安全卫生执法监督，督促企业健全并落实劳动安全卫生责任制，严格执行国家劳动安全卫生保护标准，加大安全生产投入，强化安全生产和职业卫生教育培训，加强女职工和未成年工特殊劳动保护，最大限度地减少生产安全事故和职业病危害。

4.努力实现社会保险全面覆盖

认真贯彻实施社会保险法，继续完善社会保险关系转移接续办法，努力实现社会保险全面覆盖，落实广大职工特别是农民工和劳务派遣工的社会保险权益。督促企业依法为职工缴纳各项社会保险费，鼓励有条件的企业按照法律法规和有关规定为职工建立补充保险。放宽户籍限制，推进灵活就业人员在就业地参加社保，为灵活就业人员提供更好的工作环境。

（二）继续完善收入分配机制

党的二十大报告提出，分配制度是促进共同富裕的基础性制度。要坚持按劳分配为主体，多种分配方式并存，提高劳动报酬在初次分配中的比重，提升劳动力获得感和满意度。吉林省应积极按照国家的要求，加强基层薪酬制度的完善工作，引导人才到基层就业，并长期在基层做贡献。持续完善最低工资标准调整机制，确保最低工资水平能与经济发展进程相适应。支持劳动者按照贡献程度，以知识、技术、管理、技能等创新要素参与分配。为了更好地满足高校、科研院所和医疗行业的特殊需求，应建立符合这些领域特点的薪酬制度。

（三）健全劳动关系矛盾调处机制

健全劳动保障监察制度。全面推进劳动保障监察网格化、网络化管理，创新监察执法方式，规范执法行为，畅通举报投诉渠道，强化对突出问题的专项整治。建立健全违法行为预警防控机制，完善多部门综合治理和监察执法与刑事司法联动机制，加大对非法用工尤其是大案要案的查处力度，严厉打击使用童工、强迫劳动、拒不支付劳动报酬等违法犯罪行为。加强劳动保障诚信评价制度建设，建立健全企业诚信档案。

健全劳动争议调解仲裁机制。建立健全劳动人事争议仲裁办案制度，规范办案程序，加大仲裁办案督查力度，进一步提高仲裁效能和办案质量，促进案件仲裁终结。丰富劳动领域法律援助方式形式。通过完善劳动法律援助机制，建立调解、仲裁和劳动法律援助协调机制，提高标准化服务水平，拓展劳动争议法律援助渠道等措施，加强劳动领域法律援助建设。同时，加强劳动关系集体事件的预防和应急响应能力，监督和引导企业履行主体责任，及时预防和解决劳动争议，促进吉林省劳动关系的和谐、稳定、规范。

（四）营造环境促成劳动关系和谐稳定

1.营造企业内部和谐劳动关系

引导企业经营者积极履行社会责任。加强广大企业经营者的思想政治教育，引导其践行社会主义核心价值观，牢固树立爱国、敬业、诚信、守法、奉献精神，培养和弘扬健康向上、遵纪守法的企业精神。由政府组织劳动领域法律法规的免费培训，主要针对企业经营者进行培训，提高企业对法律的了解，以及对依法用工的认识和意识。

2.规范企业裁员行为

对于那些在经营上的确遇到严重问题、有必要裁员的企业，政府应出面要求企业在裁员过程中严格遵守相关法律和程序，确保裁员行为合法、公正、透明。通过磋商保持员工就业稳定，可以采取议定工资、法定工时改变，包括轮班轮休和就地培训在内的措施。企业要自觉保护员工的合法权益，以及教育和关心员工，让员工保持正确的态度和价值观，增强对企业社会责任的意识和认同感。此外，加强法律政策宣传，以提高员工对劳动法律规定的理解和认识。支持企业员工通过合理、合法的方式表达他们的利益诉求，解决利益冲突，维护自身合法权益。

3.维护新职业从业人员劳动保障权益

督促企业依法落实带薪年休假等休息休假制度。促进制定保护新型就业形态劳工权益的政策，确立平台的责任界定，保护劳动者的报酬、时间、安全和保险等多项基本权利。推动平台员工职业伤害保险试点，为灵活就业人员提供在线招聘和云端社会保险服务。

未来，吉林省将会实现全省就业形势保持总体平稳，城镇新增就业、城镇调查失业率等就业主要指标保持在合理区间，就业规模稳步扩大，高校毕业生、农民工、退役军人等重点群体就业形势基本稳定，创业带动就业动能持续释放，公共就业服务体系更加健全，劳动力市场供求保持平衡，就业质量稳步提升，积极就业政策日趋完善，风险应对能力明显增强，基本实现比较充分的就业。[1]

---

[1]周建平、程育、李天娇：《东北振兴战略总论》，辽宁人民出版社，2018，第141—147页。

第五章

民生建设与教育事业发展

教育是民生之根。我国高度重视教育工作，始终把教育摆在优先发展的战略地位，不断深化教育改革创新，不断推动教育事业取得优异成绩。自东北振兴战略实施以来，吉林省深化教育教学改革和创新，促进公平并提高教育质量，规范校外培训机构，积极发展职业教育，推动高等教育内涵式发展，推进教育强国建设，办好人民满意的教育。基础教育达到全国领先水平，高等教育普及化水平大幅提升，科技成果转化能力跨上新台阶，助力建设人力资源强国。

第一节　基础教育发展位居全国前列

吉林省全面落实立德树人根本任务，第七次人口普查时，人口平均受教育年限位居全国前十位。鼓励所有类别和级别的学校都坚持做好体育、美育和劳动教育，确保不同年龄段的学生都能接受全面素质教育，培养出德、智、体、美、劳全面发展的人，为社会主义做好建设和接班准备，促进了东北全面振兴与吉林省的社会主义现代化建设。

一、基础教育发展的民生要义

（一）教育在民生中具有基础性地位

"学有所教"是改善民生的重要目标，教育在民生各领域中具有基础性地位。教育是民族复兴和发展的战略资源，更是每个人获得良好的生存发展能力和机会的基本前提之一。也就是说，教育水平在一个人的就业和收入中的作用彰显得越来越明显。尤其是经济快速发展的当下，教育的收益率不断提高。因此，教育与民生紧密相关，而在提高民生质量上如满足精神文化需求上则是不可或缺的。随着我国经济发展以及国际化程度的扩大，人们对教育的期望和投入越来越大。

早在2006年，修订的《义务教育法》中就提出了"义务教育均衡发展"的思想。2010年7月颁布的《国家中长期教育改革和发展规划纲要（2010—2020年）》中提出："建成覆盖城乡的基本公共教育服务体系，逐步实现基本公共教育服务均等化，缩小区域差距。"20世纪末，我国实现了基本普及九年义务教育的目标，从根本上保障了广大儿童少年接受义务教育的权益。到2011年底，我国全面实现城乡免费义务教育，青壮年文盲率降到1.08%；许多地区实施推动教育优先发展"一把手工程"，将教育发展指标纳入各级政府和领导干部的考核体系，实行教育优先发展目标责任制和问责制。[1]

（二）世纪之交有待发展的基础教育

吉林省教育具有较好基础，在全国率先实现了"基本实施九年义务教育"和"基本扫除青壮年文盲"目标。学龄儿童入学率自1978年以来长期

---

① 王雪：《吉林省基本公共教育服务均等化问题研究》，东北师范大学出版社，2013，第1页。

维持在95%以上，高中阶段教育在"十五"期间有较快发展，教育投入长期维持增加态势。但是，在经济社会快速发展的要求下，教育仍面临着亟待解决的困难。21世纪初，包括吉林省在内，我国政府对于基础教育的投入和教育公平性问题依旧无法满足群众的需求，上学难和上学贵的问题依然突出。①教育发展还难以满足人民群众日益增长的需要；教育结构还不尽合理，为经济社会服务的能力有待提高。主要原因在于"教育结构和布局不尽合理，城乡、区域教育发展不平衡；教育投入不足，教育优先发展的战略地位尚未完全落实"。②

（三）基础教育在21世纪面临的发展形势

1.国际形势——建设创新型国家

随着全球化的深入，教育国际化趋势不断发展。知识创新、科技进步在引领社会经济发展中的作用越来越重要。在国内、国际竞争中，吉林省教育面临前所未有的机遇和挑战。为使教育能够在这样的竞争环境中脱颖而出，吉林省教育必须致力于提高自主创新能力，培养具备应用新技术能力的高素质劳动者和高端领军人才，以此推动国家从传统制造业向创新型产业转型和发展。因此，教育必须以建设创新型国家为目标，积极推动教育国际化的趋势，加强对知识创新和科技进步的支持，更好地发挥教育在经济社会发展中的作用。

2.国内形势——教育为经济社会发展服务的要求

教育在振兴吉林老工业基地和建设小康社会中扮演重要角色。21世纪以来，吉林省经济社会发展进入了关键时期。振兴老工业基地和全面建设小康社会已经成为吉林省的重要战略目标。要实现这一目标，需要教育积极为经济社会发展服务，为实现更快更好地发展贡献自己的力量。教育的

---

① 马兵：《中国共产党的民生观念研究》，西南交通大学出版社，2014，第98—100页。

② 胡锦涛：《在全国教育工作会议上的讲话》，《人民日报》2006年8月31日第2版。

贡献不仅包括为经济和社会发展提供强大的人才保障和科技支撑，也需要教育在思想和文化上引领社会进步，促进社会和谐和稳定发展。只有通过教育的持续改进，提升人们的素质和能力，推进科技创新，吉林省才能够更好地振兴老工业基地，全面建设小康社会，为实现全面现代化目标奠定坚实的基础。这无疑对吉林省教育的贡献率提出了新的要求。

3.时代要求——教育的基础性、先导性和全局性作用

东北振兴是吉林省经济社会发展的关键机遇，教育在这一过程中更加凸显出其基础性、先导性和全局性的作用。21世纪，科学技术将迅猛发展，经济结构将作出战略性调整，城镇化进程将加快，对劳动者素质和人才结构的要求必将发生重大变化。在我国实现社会主义现代化和中华民族的伟大复兴的道路上，吉林必须要加速教育事业的发展，培养大量具有创新精神和实践能力的人才，为经济、社会的快速、持续、健康发展，作出应有的历史性贡献。

二、吉林省基础教育发展举措

为满足人民群众对"学有所教"的迫切需求，吉林省自东北振兴战略实施以来，高度重视教育工作，把教育摆在优先发展战略地位。在省委省政府坚强领导下，全省坚持新发展理念，加强党对教育工作的全面领导，落实立德树人根本任务，努力办好人民满意的教育。教育的基础性、先导性、全局性地位和作用更加凸显。

（一）教育保障和资助体系更加健全

为提高教育保障能力，建立高中阶段生均公用经费拨款制度，提高高校生均拨款标准，并逐年增加全省各级各类教育生均公用教育经费。建立了公办普通高中和中等职业学校生均公用经费财政定额补助制度。逐年加大对职业院校专项经费的投入。省财政加大投入，推动化解高校债务，建立了高校产学研引导基金。组织实施一系列教育重大项目，各级各类教育

办学条件得到有效改善。通过政府购买服务和实行公司化运营，在全国率先实现义务教育学校校车服务全覆盖。

（二）提升教师队伍素质

出台农村义务教育公办学校教师优惠政策，实施义务教育学校特岗教师计划和免费师范毕业生就业安置计划，推进义务教育学校校长教师交流，农村教师队伍薄弱状况得到改善。在中小学实施教师专业发展计划，一大批教育教学骨干、优秀教师脱颖而出。在职业院校实施教师素质提升计划，提升"双师型"教师占专业教师比例。教师队伍结构、素质有较大发展，总体规模满足教育事业发展需要，学历达标率和提高率居全国前列。

（三）推进教育综合改革

全面启动高教强省改革任务，职业教育园区建设与办学结构调整效果明显，义务教育均衡发展的顶层设计显著加强，学前教育改革依法推进，教育改革形成整体联动、全面深化的新局面。考试招生制度改革稳步开展，学生自主选择、学校依法自主招生机制建设实现突破。省属普通本科高校向应用型转型试点全面铺开，中职、高职（专科）、应用本科相衔接的探索取得重要进展。城市义务教育"大学区"管理成效明显，促进了区域优质教育资源共享。持续推进简政放权、管办评分离，现代学校制度框架加快形成。大力引导支持社会力量兴办教育，涌现出一批优质民办院校、多元参与型职业教育集团、校企共建型实习实训基地。全面实施义务教育"阳光招生"改革，在全国推广创建"温馨村小"的经验。稳步推进普通高中新课程新教材改革、启动实施学生综合素质评价，综合改革高考。

三、吉林省基础教育发展成效

（一）基础教育水平保持高位

自东北振兴战略实施以来，吉林省基础教育事业发展水平持续处于高位。以2020年为例，2020年吉林省学前教育毛入园率达到95%，高出全国平均水平9.8个百分点，比2015年提高18.95个百分点；高中阶段毛入学率达到95%，高出全国平均水平3.8%。2020年，吉林省小学净入学率达到99.5%（其中女性99.5%）。2020年第七次人口普查的结果显示，与2010年第六次全国人口普查相比，吉林省常住人口中，15岁及以上人口的平均受教育年限由9.49年增长至10.17年，高于全国平均水平。

（二）基础教育设施建设成果显著

吉林省持续增加对基础教育的财政投入，硬件设施建设效果显著，居民平均受教育年限逐渐增加。《吉林省统计年鉴》显示，2020年，全省小学3464所，招生19.09万人，在校生118.75万人；初中1187所，招生18.84万人，在校生62.24万人；普通高中学校257所，招生15.16万人，在校生42.84万人；中等职业教育学校244所，招生4.48万人，在校生11.89万人，毕业生4.04万人，其中，获得职业技术证书的人数为1.58万。幼儿园3848所，入园（班）幼儿13.29万人，在园（班）幼儿40.63万人。特殊教育学校51所，特殊教育学生12442人。

（三）保障教育发展的投入不断加大

吉林省对教育事业的财政投入持续增加，统一城乡义务教育经费保障机制。针对普通高中和中等职业学校，分别建立了生均公用经费财政定额补助制度和拨款制度。积极争取中央预算内资金的支持，总计获得了20.4亿元用于教育现代化推进工程，共涉及239个学校项目的建设。累计投入中小学幼儿园教师培训经费3.3亿元，培训教师29.5万人次，实现了对全省中小学幼儿园教师全覆盖。[1]

---

[1]吉林省教育厅，《吉林省"十四五"教育发展规划》，2022年5月。

（四）教育脱贫攻坚取得决定性胜利

贫困家庭适龄儿童全部接受义务教育。教育系统尽锐出战，动态清零了建档立卡的辍学学生，全面落实控辍保学长效机制。全省农村贫困地区办学条件明显改善。大力改善义务教育阶段农村软环境。为有效改善农村义务教育学生营养条件，选取学校进行食堂供餐试点，12个试点学校的食堂供餐比例达到 100%。"十三五"期间，为贫困县（市、区）输送了4391名"特岗计划"教师和公费师范生，按照每月300元和500元标准分别为15个贫困县乡镇学校、村屯学校教师发放生活补助，贫困地区师资保障能力进一步增强。[1]省财政通过优先安排和调整结构等措施，多年以来，教育投资一直保持在较高水平，超过了经常性财政收入的增长，教师的工资和每个学生的公共资金逐步增加，保障了教育事业的发展。完善农村义务教育经费保障机制。为不让家庭经济困难学生失学，逐步建立和完善农村义务教育经费保障机制，对所有义务教育阶段的学生都免收学费，贫困家庭的学生还可以获得免费课本和寄宿生的生活费补贴，使他们享受到了真正意义上的义务教育。这是吉林省财政向教育倾斜的重大举措。[2]

第二节　高等教育水平程度大幅提升

自东北振兴战略实施以来，吉林省高等教育快速发展，高等教育水平大幅提升，高校"双一流""双特色"建设成果丰硕，新农科建设处于全国第一方阵。

---

①吉林省教育厅，《吉林省"十四五"教育发展规划》，2022年5月。

②吉林日报，《吉林省改革开放辉煌30年民生篇：日日新又日新》，http://www.gov.cn/gzdt/2008-12/15/content_1178094.htm，2008年12月，访问日期：2022年4月20日。

一、高等教育发展现状

振兴之初，吉林省的高等教育发展基础优势更为明显，2006年，高等教育毛入学率达到28%，是全国较早进入高等教育大众化阶段的省份。吉林省的高等教育机构门类齐全，特别是在光电、电力、生物、医药等领域拥有重点高等学校，具备较强的学科优势和人才培养能力。

自东北振兴战略实施以来，吉林省高等教育快速发展。在2000年第五次全国人口普查中，吉林省每10万人中具有大学（指大专及以上）文化程度的人口为4926人。到2010年人口普查，这一数字上升为9890人，翻了一番。而到2020年第七次人口普查，吉林省常住人口中，拥有大学（指大专及以上）文化程度的人口为4029488人，每10万人中拥有大学文化程度的人口上升为16738人，几乎再次翻番，超过了全国平均水平。

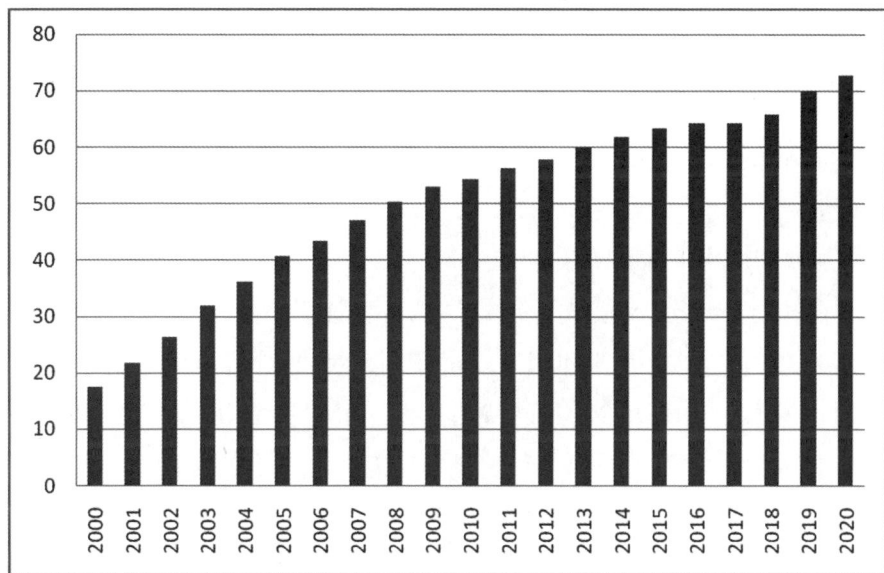

图5-1　吉林省普通高校在校学生数变化图（单位：万人）

数据来源：吉林省统计年鉴

二、促进高等教育发展的举措

（一）培育优秀教学成果，改革人才培养模式

以高层次人才为重点，大力提升教师队伍素质，为了实现教育领域的振兴，吉林省不断加强学科带头人和骨干教师队伍建设，进一步提升教育教学和科研水平。为高校引进和稳定一流人才提供了有力的政策支持。此外，吉林省也组织开展省级教学名师奖遴选工作，着力提升优秀教师的专业素质和教学水平。这些措施不断地完善和提高吉林省高等教育质量，保障了吉林省教育事业的进一步发展。

1.加强师资统筹规划

坚持尊重和使用好现有人才，积极引进高层次人才，创建名师队伍。加快提高具有博士学位教师比例，加快提高高职高专院校"双师型"教师比例。实行教师分类管理和年度考评，建立考核、监督、奖惩相结合的管理制度，形成师德师风建设的长效机制。到2015年，高校专任教师数量达到国家规定的生师比标准。到2020年，本科高校博士学位教师占专任教师比例达到60%以上，高职高专院校"双师型"教师占专业教师的比例达到80%以上。

2.加快高层次人才培养引进

创新人才培养引进模式。制定"两院院士""长江学者""国家杰青"等国家拔尖创新人才和团队培养引进计划，对培养对象给予重点扶持，对引进人才和团队给予特殊待遇。设立了"长白山学者"特聘教授岗位，旨在吸引国内外优秀中青年学科领军人才、杰出技能人才和能工巧匠到该省高校从事教学和科研工作。实施了"长白山技能名师"计划，为拔尖创新人才提供了经费资助和待遇支持。这些措施的制定，参照了国家拔尖创新人才津贴待遇和经费资助政策，并面向全球范围内公开招聘中青年学科领军人才、杰出技能人才和能工巧匠。以3年为周期，给予专项资助或补贴，实行动态管理。"十三五"期间，聘任"长白山学者"236名、"长

白山技能名师"176名。实施学科领军后备人才专项培养计划。同时,做好其他高层次人才培养引进工作。

3.强化教师培训

建立省、校两级教师培训制度。充分发挥国家级教师教学发展示范中心和省高师培训中心的作用。以50岁以下教师为重点,开展脱产全员校级培训,实行培训学分累计制。以骨干教师为重点,开展集中脱产省级培训,实行培训证书管理。对转岗教师实施嫁接培养培训,以适应新岗位要求。采用国内外、中短期、课堂和网络相结合等多样化、多渠道培训方式,全面提高教师的业务水平和教学能力。省级培训经费纳入省财政预算,校级培训经费在财政拨付的事业费中列支,为大学生创造研究出更多科研成果的机会。同时,吉林省也不断加强高校高端人才培育和引进,实施"长白山学者"和"长白山技能名师"计划与国家级高端人才引进计划,吸引了众多高水平学者和技能人才前来投身吉林省高等教育工作。

(二)转变高等教育发展方式,提高人才培养质量

1.科学规划发展

围绕吉林省的支柱产业、优势产业、特色产业和战略性新兴产业的发展,并推进城镇化建设、加强民营经济,我们需要培养相关领域的人才。为了优化资源配置和科学规划高等教育的发展,需要适应逐年递减的适龄人口趋势,在适度增加普通高等教育规模的同时,扩大研究生教育、调整本科教育并大力发展高等职业教育。调整成人高校和自学考试规模,加快发展以开放大学为依托的远程教育,满足人民群众多层次、多样化高等教育需求。

2.合理调整结构

以发展应用型高等教育为导向,调整高校类型结构、学科专业结构和层次结构。为了更好地促进吉林省产业的发展,需要扩大与产业紧密相关的高校类型,同时减少那些与产业结构不相适应且就业率低的高校类型。

一般普通本科院校需要向应用型转型。加强与新能源汽车、生物化工、生物医药、电子信息、新材料、新能源、先进装备制造、节能环保以及现代农业等产业，以及创意、金融等现代服务业领域学科专业调整与建设。增设了一些新兴的、急需的学科专业。例如，在民营经济创业和管理、小城镇特色经济和管理等领域，学校相继开设了相关专业，以满足社会上对于高素质人才的需求。大力发展专业学位硕士研究生教育，并加快发展高等职业教育。支持并鼓励发展民办高等教育和中外合作办学。

3.优化高等教育布局

构建"一带两翼全覆盖"的高等教育布局。着力建设长吉图开发开放先导区优质高等教育集成服务带。以部属高校和省属优质特色高校为主体，建设若干高校人才培养和科技创新联盟，实现"大学校区、科技园区、公共社区"三区融合，形成促进长吉图乃至全省开发开放和创新创业的动力源。发挥国家示范（骨干）高职高专院校带动作用，建设一批优质高职高专院校，加快发展现代职业教育。积极引进国外优质大学资源，推动高等教育国际化。加快长吉图南北两翼地区高等教育发展。在每个区域中心城市，至少办好一所与区域优势特色产业发展紧密结合的高校，大力提升服务区域经济社会发展能力。开放高等教育资源，继续办好成人高校、自学考试，加强开放大学建设，在每个乡镇（社区）建设远程教育学习站，面向全社会提供学历教育和培训服务。实施全民技能素质培训工程，提高全民就业创业的意识、知识和技能，加快形成覆盖城乡、开放灵活的终身教育体系。

新建、迁建高校，优质高校建立分校，与城镇化发展规划相衔接，支持到县城以及小城镇办学，带动城镇化发展。批准建设的高校通常会集中在相对固定的区域，政府会优先划拨教育用地，并减免相关城市基础设施配套费用。免征高校置换涉及的城镇土地使用税和房产税，以协助解决校园置换的问题。规范建设项目审批程序，防范债务风险。

4.着力提高教育质量

坚持育人为本、德育为先。引导教育学生把个人价值与社会价值紧密结合在一起，励志、勤学、成才，把实现中华民族伟大复兴的中国梦作为自己的奋斗目标和人生追求。着力培养学生的创新精神，强化实践育人环节，培养具有科研创新能力的研究型人才、具有实践创新能力的应用型人才和具有就业竞争力的技能型人才。高校根据社会需求及时修订人才培养方案，每年开展自我评估并发布人才培养质量报告。

（三）深化高等教育体制机制改革，激发高校发展活力

1.落实和扩大高校办学自主权

转变政府职能，减少和规范对高校的行政审批事项与行政事业性收费。高校根据核定的办学规模制定招生方案，自主调节系科招生比例。按照省教育行政部门的指导意见，高校自主设置本科和高职高专专业，自主设置研究生二级学科。高校在编制结构标准及党政机构设置限额内自主设置内设机构。省编制主管部门每年7月核定下达下一年度省属高校空编使用计划，高校按有关规定公开招聘、自主选用硕士以上教师系列人员，特殊专业人才可走"绿色通道"。高校自主评聘教师、研究和实验人员的专业技术职务。高校在实行绩效工资基础上，可试行教师年薪制。高校国家教学科研平台和海外人才引进所需特殊要求的仪器设备采购项目，经省政府批准，可以自行采购。

2.为民办高校发展提供支持

鼓励社会力量投入高等教育行业。依法保护民办高校法人财产权，禁止任何组织或个人侵占学校资产、抽逃资金或挪用办学经费。推进民办高校分类管理改革试点，对非营利性民办高校教育设施用地给予直接划拨。此外，公立高校享受的人才培养和引进政策也适用于民办高校。允许优质民办高校调整招生批次，在核定办学规模内自主确定招生范围和年度招生计划。在"高等教育本科教学质量与教学改革工程"项目建设中，把民办

高校纳入资助范围。建立"民办高校发展专项资金",采用"以奖代补"的方式对民办高校进行资助。支持民办高校通过建立补充养老保险制度提高教师退休待遇,政府提供适当资金补贴。民办高校教职工也应享有与公办高校教职工同等权利,包括科研项目资助、业务培训、专业技术职务聘任、教龄和工龄计算、表彰奖励、社会活动等方面。建立民办高校信息公开制度,规范办学管理,加强督导评估。

3.深化教育教学改革

全面实施素质教育,把培养学生社会责任感、创新精神和实践能力贯穿于教育教学全过程。巩固本科教学基础地位,对师资力量、资源配置、经费安排予以重点保障。实施研究生教育创新计划、本科教学质量工程和省卓越人才培养计划,加大应用型、复合型、技能型人才培养力度。高校将创业类课程纳入教学计划,每年遴选1000项大学生创新创业训练项目。在高校设置非公有制经济,尤其是个体经济与私营企业的创业与管理专业,也要设立适用于中小城镇特色的经济类和管理类专业,鼓励部分有条件的高校更进一步,探索设立民营经济创业学院,针对性、系统性开设创业课程与专门指导。加强高校校内实习实训基地建设,支持高校与行业企业、科研院所共建校外实习实训基地和研究生工作站。推进职教集团办学模式改革,实行技术技能人才系统培养。大力建设数字化校园,实现网络共享课程数量比之前显著增加,组建网络教学联盟建设,支持联盟成员之间互相承认网络课程的学分。科研平台向本专科学生开放,鼓励本专科学生参加教师科研项目和团队且纳入学分管理,并开展完全学分制试点。

4.完善招生制度和就业服务体系

组建吉林省教育考试专门机构,提高统筹服务能力和水平。通过增加志愿征集次数和扩大范围等措施,提高考生高考志愿满足率。放宽外来务工人员随迁子女异地参加高考政策。开展省级免费师范生招生试点。扩大高职高专院校自主招生规模和范围。建立健全地方和高校创新创业教育指导中心、孵化基地和毕业生就业信息服务平台,加强就业指导服务。扎实推进"三支一扶""特岗教师"等毕业生服务基层计划和相关培养项目。鼓励高校毕业生报效家乡，面向吉林省重点产业、民营企业和城乡基层就业，每年评选高校中就业成效较好的学校，进行公开表彰。实施培训计划，帮助"双困"高校毕业生提高就业能力，每年培训15000人以上。

5.提升高等教育国际化水平

积极邀请国外知名大学到吉林省开办学校，鼓励高校与国外优秀大学、企业及机构开展多种形式的合作，如合作研究、教师交流、学科专业共建、跨国技术培训等，并支持高校在国（境）外设立分校。推行"留学吉林"计划并增加奖学金额度，大力提高外国留学生及公派留学生数量，目标是培养具有国际视野、熟悉国际规则、能够参与国际事务和国际竞争的人才。鼓励吉林省高校与世界各国高校共同创建孔子学院（课堂），促进中华文化及吉林特色文化在全球发扬光大。

（四）坚持特色发展，加强学科专业建设

为不断加强对专业建设的评价与指导，组建学科专业设置评议委员会等组织机构。通过调整重点学科布局，高校明确了自身的办学定位和专业发展规划，并总结出具备比较优势的特色学科专业群。

突出学校特色。建立分类管理体系，引导高校合理转型，明确自身发展定位，克服同质化倾向，在不同层次和领域办出特色、办出水平。民族地区高等教育、特殊高等教育、职业技术师范教育提升办学实力，加快特色发展。搞好高校省部共建，推动高校与中央部委、科研院所、行业企业、市县政府合作共建，增强竞争优势，形成新的特色。要将大学文化建设作为特色发展的突出任务，促进校园文化、区域文化与人才培养有机结合，营造鼓励独立思考、自由探索、勇于创新的良好氛围，凝练和培育各具特色的大学精神。完善省属重点高校、省级示范院校动态管理机制。

（五）深化产学研结合，增强科技创新和成果转化能力

通过产学研合作，在高校打造了一批创新平台，科技创新和成果转化取得重要进展。高校科技园区、大学生创业园区、职业教育园区建设加快，在产业聚集提升中的引导、支撑作用得到明显体现。以高端平台、创新团队、国家级高端人才引进、"长白山学者"和"技能名师计划"等为核心的人才培育发展机制形成，优秀人才的聚集效应不断加强。各级各类学校积极面向社会开展多种形式的教育培训服务，培训作用明显增强。①

1.加强科技创新和成果转化平台建设

积极支持国家级科技平台建设，整合建设省级以上高校重点实验室、工程研究中心。积极支持国家级人文社科重点研究基地建设，整合建设省级以上高校人文社科重点研究基地。鼓励高校与市县共建科技成果信息收集、评价、推介平台和研发机构。建设好吉林大学、长春理工大学、东北电力大学等现有国家级大学科技园区，争取获批更多的国家级大学科技园区。积极扩大省级大学科技园区，提高建设水平。推进长春建筑学院国家级"东北亚文化创意科技园"和吉林动画学院"国家文化产业示范基地"建设。支持高校积极加入产业技术创新战略联盟，充分发挥其在科技创新和成果转化方面的作用，为产业技术创新注入新的生力军。

2.推进协同创新和成果转化

以高校协同创新中心建设为载体，整合省内外创新要素和资源，加强人才、学科、科研三位一体的科研创新团队建设。重点建设省级协同创新中心，建设省级科研创新团队。促进高校及协同创新中心争取和实施国家重大计划项目，支持吉林大学积极争取"综合极端条件实验装置"国家重大科技基础设施建设项目，深化与名校的合作，产出一批对吉林省产业结构调整升级具有重要意义的技术创新成果并实现产业化。高校扩大了与市

---

① 吉林日报，《吉林高等教育规模适度发展"质量工程"取得成效》，http://www.gov.cn/gzdt/2007-04/07/content_574526.htm，2007年4月，访问日期：2022年6月10日。

县、行业及企业开展合作研究的范围和领域，注重为民营经济和城镇化发展提供科技支撑服务，横向课题占比明显增加。省教育行政部门每年组织高校重点科技创新成果在省内转化。实施"吉林高校哲学社会科学繁荣计划"，发挥高校智库作用，每年提出一批具有重要决策咨询价值的学术创新成果，形成在国内外有重要影响力的"吉林学派"。

3.全面落实和扩大科技创新创业激励政策

落实在科技研发和成果转化方面作出贡献的科研人员专业技术职务评聘的倾斜政策，对贡献突出人员，实行专业技术任职资格破格评审、专业技术岗位超职务级别聘任和超岗位聘任。开展拟创业大学生到企业进行为期一年的带薪创业实习试点，由实训企业或地方政府给予不低于所在城市最低标准的工资。

三、高等教育发展的成效

自东北振兴战略实施以来，吉林省高等教育改革也取得了令人瞩目的成就。高校建设卓有成效，研究生教育快速发展，以高等教育服务吉林振兴。

（一）高校数量与招生数量显著提升

据《吉林省统计年鉴》显示，振兴之初的2004年，吉林省共有普通高校43所，招生11.12万人；成人高校22所，招生7.18万人。而到了2020年，普通高校64所，其中，普通本科院校37所（包含5所独立学院）、普通专科（高职）院校27所；普通本、专科招生数20.85万人，普通本、专科在校生72.70万人。成人本、专科招生数10.89万人，在校生18.56万人，均有显著提升。

（二）高校学科建设高效推进

"十三五"期间，吉林省三所高校入选了国家"双一流"建设计划。遴选了35所省属本科高校发展类型，高校分类管理改革持续深化。开展"一流学科培育计划"和"双特色"分类评价，高校"双特色"建设服务振兴发展能力显著提升。推进新工科、新农科、新医科、新文科建设，新农科建设处于全国第一方阵。[①]

（三）研究生教育快速发展

《吉林省统计年鉴》数据显示，振兴之初的2004年，吉林省共有研究生培养单位17个，研究生招生数1.2万人，研究生在校生2.96万人。而到了2020年，吉林省共有研究生培养单位21个，研究生招生数2.96万人，研究生在校生8.41万人，在校与招生数均超过了2004年的两倍。

（四）教育为东北振兴作出较大贡献

吉林省围绕"一主、六双"产业空间布局，迅速形成了为中、东、西三大建设领域服务的专业集群。为服务吉林省冰雪和旅游产业发展，成功举办了一系列全国学校冰雪运动竞赛和嘉年华活动，由吉林省高校师生设计的"雪容融"被确定为2022年北京冬季残奥会吉祥物。各高校附属医院的医护人员来到抗击疫情的第一线，全省各级学校坚持教育信息化原则，实现"停课不停教"，为夺取抗击疫情的全面胜利作出了应有的努力和贡献。

（五）高校资源向弱势群体倾斜

2021年，"圆梦大学"活动救助覆盖到全省所有低保和脱贫家庭考生，获得了"中华慈善品牌"荣誉。确保所有义务教育学校提供课后服务，实现"双减"政策目标。保障每个有需求的学生获得教育资助，家庭经济困难学生全部得到覆盖。控辍保学工作保持高效，确保动态清零。加强乡村教师队伍建设，提高教师教书育人水平，2021年通过特岗教师、公费师范生等补充师资3786名，培训中小学、幼儿园、职业院校教师6.6万人次。[②]

---

①吉林省教育厅，《吉林省"十四五"教育发展规划》，2022年5月。

②《2022年吉林省政府工作报告》，http://jyt.jl.gov.cn/jydt/gjssdt/202202/t20220209_8392371.html，访问日期2022年4月28日。

第三节　新时代对教育事业提出的新要求

世界和国内形势在新时代的发展变化，对教育领域提出了为构建人类命运共同体作出更大贡献、满足人民群众日益增长的美好生活需要等一系列要求。吉林省的教育事业经历了充实的发展，但相对于现实需求仍然存在较大差距。《吉林省"十四五"教育发展规划》提出，吉林省教育还存在一些短板和问题，需要通过进一步深化改革加以解决。

一、吉林省教育事业面临的形势

（一）世界形势对教育现代化的要求

当前，百年变局下，国际经济、政治、科技、文化、安全等格局发生深刻调整，全球人才科技竞争更为激烈。国家间的竞争越来越体现在人才的竞争、教育的竞争上，加快教育事业发展、提升教育现代化水平成为各国谋求竞争优势的核心战略。吉林省已全面建成小康社会，对未来实现教育现代化提出了新的要求，随着新一轮科技革命和产业变革的不断发展，学习者的能力素养要求发生了深刻的变化。这不仅在重塑教育形式和模式，而且将加剧国际教育竞争。

（二）国内形势对教育培养人才的要求

从国内来看，正处在关键的"一主、六双"高质量发展战略向纵深推进的阶段。加快转变发展方式，加快产业转型升级，迫切需要增强人口聚集、人才集聚能力，迫切需要提高教育发展水平，完善具有吉林特色的现代教育体系，更好地发挥教育资源作为公共服务载体、人才库和提高人口素养主要方式的功能；推进创新创业，培育发展新动能，迫切需要普及创新创业理念，深化创新创业，教育应发挥重要作用，使人民获得感、幸福感、安全感更加充实。

（三）吉林省教育事业的机遇

吉林省教育在实施创新驱动战略、构筑振兴发展强大动力中具有重要优势，面临历史性发展机遇。要进一步提高我们对机遇、问题和危机的意识，更主动地将教育的高质量发展，视为实现中华民族伟大复兴的中国梦和建设现代化新吉林的关键一环。要深入领悟构建以国内大循环为主体、国内国际双循环相互促进的新发展格局对教育提出的新挑战，充分理解全省经济社会发展对教育提出的新期望，我们要确切地识别变化、科学地应对变化，并主动迎接变化。坚持问题导向，坚持用新发展理念统领教育改革，抢抓机遇、应对挑战，努力开创全省教育事业发展新局面。

二、吉林省教育事业进一步发展的挑战

（一）服务新时代新形势的教育仍存在短板

当前，吉林省仍需要通过深化教育改革，提升教育的终身性、多样性、开放性。

第一，吉林省的城乡、区域、校际间办学水平仍有较大差距，发展不均衡不协调问题还比较突出。贫困地区教育发展相对滞后，薄弱学校基础条件和教学水平需要加快改善提高，适应经济发展、城镇化建设、人口结构变化的学校布局调整还不能满足需要。

第二，教育经费来源单一。目前，吉林省教育事业的经费主要依赖国家财政性投入，由于经费有限，其他办学资金来源弱化，不能满足地区教育发展的需求。科教投入相对不足，对东北地区人力资本的形成、质量的提升、地区科技创新能力等都将产生一定限制，影响科教事业持续健康发

展，将逐步拉大与经济发达地区的差距。

第三，科技成果转化能力较弱。东北地区布局了大量的科研院所和高等院校，科教实力很强，大型国有企业中也拥有一大批科研人才队伍，在这二十年振兴中为经济发展提质增效发挥了重要作用。但是，这些科研队伍大多服务于政府和大型国有企业，成果转化率偏低。人才政策未落实或落后于东南沿海地区，导致人才流失严重，"墙内开花墙外香"。人才流失已经影响到东北地区的教育质量。[1]

（二）教育治理体系和治理能力现代化建设需要加快

目前，吉林省教育领域仍存在政府与学校的关系尚未完全厘清、信息化发展水准不高的现象。政府管理缺位、越位、错位的问题还不同程度存在，部门协调推进机制有待完善，社会力量参与教育的渠道还不够通畅，管、办、评还没有实质上的分离，各级各类教育贯通衔接不够。

吉林省相当一部分高等教育院校根据自身学校的实际情况建立了数字校园网，教学人员、管理人员都可以通过该网络来从事相关的教学管理活动，管理效率和教学效果有了一定的提升，同时搭建起来的校园网平台也为教师和学生提供了许多有关于课程、就业信息等各方面的资源，还帮助教师与师生之间进行沟通和交流。但是吉林省高等院校在建设校园网、提高信息化发展水平方面仍然存在着许多问题。各高校之间由于软硬件条件不同，建设校园网的水平和开放程度良莠不齐；高校资源共享率不高，许多优质的教育资源尚未纳入校园网体系当中进行共享。[2]

这些问题制约着吉林省教育现代化进程，要解决这些问题，关键是引

---

[1]周建平、程育、李天娇：《东北振兴战略总论》，辽宁人民出版社，2018，第150—153页。

[2]高亦心，《吉林省高等教育现代化现状分析及其发展研究》，https://www.fx361.com/page/2021/0421/10264963.shtml，参考网，2021年4月，访问日期：2022年5月23日。

入社会参与治理机制，以突破行政中心主义桎梏；教育治理能力现代化过程中，应格外关注鼓励社会参与治理，以此提高治理效能。未来，教育治理体系现代化就是要构建一个互联互通的矩阵式治理结构，而教育治理能力现代化则是要构建一种良性的治理文化，实现评价体系的多元化，使人民群众真正享受到教育发展的福祉。①

第四节　新时代吉林省教育事业高质量发展的思路

　　未来一段时间，吉林省应优先发展教育。为了建设教育强省和增强科教创新优势，必须加快教育治理体系和治理能力现代化建设。推进学前教育普及普惠发展，促进义务教育优质均衡发展，鼓励普通高中特色多样发展，规范民办教育，全面规范校外培训行为，巩固"双减"成果。办好继续教育、社区教育、特殊教育，完善终身教育体系，加快建设学习型社会。②

一、全面推进素质教育

（一）改进劳动、体育、美育教育

　　要适应东北全方位振兴的要求，吉林省需要充分发挥劳动综合育人功能，将劳动教育与德育、智育、体育、美育相融合，贯通大中小学各学段

---

　　①王洪才：《教育治理体系与治理能力现代化论略》，《复旦教育论坛》2020年第1期，第12—18页。

　　②景俊海，《高举旗帜牢记嘱托踔厉奋发勇毅前行奋力谱写全面建设社会主义现代化新吉林精彩篇章——在中国共产党吉林省第十二次代表大会上的报告》，2022年6月，访问日期：2022年8月2日。

和家庭、学校、社会各方面。整合家庭、学校、社会各方面力量，丰富、拓展劳动教育的实施途径。建立完善劳动教育评价机制，在基础教育阶段和高等教育阶段均设立劳动教育必修课程，促进实行中小学劳动周活动，安排监测学生劳动素养，完善劳动教育实践设施。在全省中选出一些代表性区域的示范性劳动实践基地，协调带领学生参与各类劳动。鼓励学生参与各种日常生活、生产和服务性劳动，记录学生劳动参与情况和劳动素养发展情况，整合学生综合素质档案。策划编写建设中小学劳动教育指南。高等教育阶段将公共艺术课程与艺术实践纳入学校人才培养方案，推动高雅艺术进校园，办好大中小学生艺术展演，努力让学生掌握1至2项艺术特长。①

（二）做好新时代健康教育

协同支持吉林省的健康建设，制定针对各个年龄段的学校健康教育内容和教学系统，并培养学生对健康的认识、知识及能力，让他们养成日常清洁卫生习惯，塑造积极健康的心态，达到养成一生的健康生活方式的目的。指导中小学校加强医务室（保健室）建设，指导高校加强校医院建设。在吉林省内大中小学校广泛开展特色鲜明的校园爱国卫生运动，多渠道开展健康教育。提高高校心理健康中心建设水平，推进全省中小学心理辅导室建设，规范发展心理健康教育服务，加强重大疫情、重大灾害等特殊时期的心理危机干预，加强人文关怀和心理疏导。

（三）推进法治、生态、国防和思政教育

在学校教育的各阶段中充分推进法治教育、生态文明教育和国防教育的普及工作。加强高校法治课程建设。围绕生态强省建设，把生态文明建设融入教育全过程，结合吉林特色生态资源，强化"绿水青山就是金山银山"的理念。普及碳达峰碳中和基础知识，积极推进绿色校园建设，推广

①吉林省教育厅，《吉林省"十四五"教育发展规划》，2022年5月。

使用节能、节水、环保、再生等绿色产品，引导广大师生牢固树立勤俭节约意识。加强国家安全教育，将国防教育内容有机融入各级各类教育课程，拓展丰富学校国防教育实践活动，增强青少年学生国防观念和忧患意识。统筹军地教育培训资源，加大军地合力培养军事人才力度。坚持立德树人，抓好思政教育。

（四）构建三方协同育人机制

让学校成为家庭教育指导的服务站点，有条件的基础教育和职业教育各级学校，要建立家长学校。借助城乡社区公共服务的设施和机构，构建政府主导、社会协同、公众参与的普惠性家庭教育公共服务模式。打造校外教育基地。为促进学生的全面发展，落实吉林省内公共文化设施按照规定向学生免费开放。推动针对青少年的校外活动场所、文化科技展馆等免费向学生开放，助力家庭、学校提高学生的地理、历史、文化、艺术以及科学技术素养，同时培养学生的专业技能和各项所需的实践能力。推动家庭与学校之间的紧密合作。提倡支持校方和教职员工正确管理学生的教育制度。开展和规划家庭教育社会组织服务，提高行业水平。引导公众形成科学合理的成才观和教育观，减少社会焦虑，营造良好的教育环境。

二、办好人民满意教育

（一）推进建设学前教育服务体系

推动全省范围内的学前教育变得更加普遍、覆盖面更广，同时保证教育质量的均衡发展，为普通高中提供各种具有特色的发展路径。通过各种渠道不断加强普惠性资源的提供，积极推进公立幼儿园的发展，鼓励发展民办幼儿园。持续扩大吉林省普惠性学前教育资源，全面做好乡村师资补充、教师培训、工资待遇、职称和编制倾斜等工作。[①]有条件的幼儿园应招收2—3岁儿童。

（二）全面提高基础教育质量

1.深化义务教育教学改革

加快义务教育优质均衡发展和城乡一体化，优化区域教育资源配置，强化学前教育、特殊教育普惠发展，坚持高中阶段学校多样化发展。[②]坚持教育公益性原则，努力让全体人民享有更加公平、更高质量的教育。在城镇新住宅区规划建设时，确保同步配套义务教育阶段的学校规划，并且要求同时建设、同期完成，绝不允许出现新建小区内适龄儿童无学可上的现象。继续扩大城镇学校学位供给，提升新建学校教学质量，以解决部分学校招生过多问题，引导学生到新建学校就读。

2.深化改革学区管理方式

继续完善市县"大学区"的运行机制，支持乡镇学校，扩大优质教育资源的影响力和覆盖面。推行城乡教师双向交流、轮岗和教师走教制度，加强城镇和乡镇之间的教育资源共享。协调推进教育教学改革，普遍提高义务教育质量。修订吉林省义务教育课时计划，落实国家课程计划和标准。配置和加强各学科、各阶段的教学研究人员，完善区域教研、校本教研、网上教研、综合教研体系。

3.加强困难地区和学生的教育帮扶

做好省内边境地区学校的布局和规划，建设一批抵边学校和"国门学

---

① 吉林省人民政府，《2022年吉林省政府工作报告》，http://jlpeace.gov.cn/jlscaw/yaowen/202202/d2703838af634e62b1b8bcb36a753662.shtml，2022年2月，访问日期：2022年6月6日。

② 中央纪委国家监委网站，《习近平在中国共产党第二十次全国代表大会上的报告》，https://baijiahao.baidu.com/s?id=1747768983594192426，2022年10月，访问日期：2022年12月1日。

校"，保障边境地区安全可持续发展，落实边境义务教育学校建设计划，确保执行抵边学校相关政策。加大对普惠性人力资源的投入，减轻困难家庭在子女教育问题上的负担，提高低收入家庭的青少年受教育水平。改进普通高中学校的教育条件，拓展育人方式，促使学生有多元化的发展追求。提高特殊教育的水平，进一步提高适龄残疾儿童的义务教育入学率，加强在民族地区的教育教学质量，积极进行国家通用语言文字的推广。确保特殊群体也能获得高质量的教育，并促进全体学生的全面发展。

（三）加快发展特色现代职业教育

加快构建现代职业教育体系。进一步提高职业学校教学质量，促进中职学校的多样化发展。优化高等教育结构，要以高等职业教育的发展作为重要途径，并为东北振兴培养高素质技术技能人才。改革研究生培养模式，其中专业学位探索建立以职业需求为导向、以实践能力培养为主要目标的模式。加快提高中等职业教育办学质量。推动中等职业学校软硬件办学条件达标，鼓励地方进一步优化资源配置和布局结构，切实提高中等职业教育质量，建设优质中等职业学校和特色专业。引导各地政府重视发展中等职业学校，集中职业教育资源，以提高办学效益。调整职业学校的空间布局和专业结构，打造更加完善的职业教育和培训系统。推动特色高水平职业技术院校和专业的开发建设。通过深入发展职业和普及教育，加强校企合作，推动中高等职业教育的协调发展。加强针对性培养的职业教育。在职业学校的培训中提高补贴比例，鼓励企业、职业学校委托高校进行就业技能培训、职业技能的提升培训和创业培训。

（四）深化高等教育内涵发展

1.构建吉林特色高质量高校教育体系

坚持以建设高水平人才培养体系为核心，持续优化高等教育结构布局，坚持高校教育的核心是本科教育，大力推进吉林特色高水平本科教育建设行动计划。推动高校分类管理，深度改革科技创新机制，着力形成支撑振兴发展的科技创新优势。积极推进新工科、新医科、新农科、新文科建设，打造一流专业、一流课程。全面推进科教融合，加强基础研究，提高研究生培养质量和高校科技创新的层次。

2.促进高校教育服务社会民生

深化人才供给侧结构性改革，全方位加强实践教育，依据现实需求加强紧缺人才教育，持续深化产教融合。构建产业人才培养培训新机制，推进人才职业发展贯通，积极发展专业研究生教育，推进以教育服务吉林振兴。健全高校高层次人才引留制度，坚持精准留才、灵活留才，创新人才留吉创业就业的激励机制，建立健全各种高层次人才灵活多样的薪酬分配形式，包括年薪制、协议工资制、项目工资制等。注重特色产业科技研究，以促进高校全面发展。建立教育服务乡村振兴的长期机制，确保教育能够有效地促进脱贫攻坚和乡村振兴，特别是在农村农业人才培养方面。推进新型农业科技的发展，以教育和科技手段的结合为支持，借助高等学府来推动吉林省农业的高质量发展。大力推进创新创业教育，促进创新创业教育贯穿高校教育的全过程，倡导产业和学校的融合发展，办好创新创业园，以培养城乡创新创业人才。持续加强信息技术和教育教学方面的融合创新，培养适应市场经济的人才。同时切实提高教师的教学水平。推进专业认证和专业综合评价，开展新一轮审核评估，支持民办高校积极参与全国民办高水平应用型高校建设行动。[1]

（五）着力强化教育公平

1.持续加强教育惠民

完善基本公共教育服务体系，加大对学前教育的投入力度，推进县域内义务教育的优质均衡发展，并提升各类教育的质量水平。不断对困难学

---

[1]周建平、程育、李天娇：《东北振兴战略总论》，辽宁人民出版社，2018，第150—153页。

生资助政策查漏补缺，促进教育在高质量的基础上发展更加公平。持续扩大普惠性学前教育资源，依托国培计划、省培计划，培训幼儿园园长和教师。

2.推进义务教育优质均衡发展

积极推动各项义务教育建设标准的全面落实。为了满足农村转移劳动力子女的迫切教育需求，以合理有序的方式扩大城镇学校的学位供给，解决城镇学校入学困难的问题；推动义务教育阶段资源分布均衡，推动城市的教育资源、师资力量、政策支持、师资培训、工资待遇、职称评审、教师编制向农村学校倾斜。

3.确保"双减"工作长效机制

定期实行全面清查整治，对于所有发现的违法行为，将依法依规进行惩罚和处置，以形成警示和震慑。同时，还应加强督查和检查，并将"双减"工作成效纳入督查督办和政府职能执行的督导评估之中，使责任督学能对改革进展情况进行常规性的督导工作。另外，舆论宣传也应该得到加强，通过新闻媒体开展相关宣传，使民众充分理解"双减"是为了保障教育事业更加公平、更有益于广大群众、更适合长期发展，促成公众支持改革进展的氛围。对"双减"工作进展成效、特色亮点、改革成果深入总结，广泛宣传，及时报道。①

---

①吉林日报，《重磅！吉林省"双减"措施公布！》，https://m.thepaper.cn/baijiahao_14390094，2021年9月，访问日期：2022年9月9日。

第六章

民生建设与社会保障

东北振兴战略提出的前十年，我国的社会保障体系有多项新的制度陆续建立，包括新型农村合作医疗、农村医疗救助、农村最低生活保障、新型农村社会养老保险，以及进城务工农民工的专项保障政策等。与此同时，城镇居民的养老、医疗保险和医疗救助制度，城镇职工的各项社会保险制度也进一步巩固、优化、定型，基本形成了覆盖城乡各类群体的更为宏大的社会保障体系框架。新时代，在新思想的指引下，中国社会保障改革发展正在迈向新的征程。党的十八大以来，我国社会保障领域贯彻落实"五位一体"总体布局和"四个全面"战略布局，深化改革和全面发展呈现全新面貌。

经过近二十年发展，吉林省社会保障事业发展从制度全覆盖跨越到全民覆盖：更加健全的社会保障体系；更发达有保障的医疗服务；更完善和有温度的养老服务；更充分有质量地就业；更公平优质的教育；更好救助和呵护困难群体；连续17年提高退休人员养老金待遇；人均预期寿命居全国第十位；群众安全感、满意度达到97.5%的历史新高。[1]

---

[1] 王乐怡：《"中国这十年·吉林"主题新闻发布会举行》，《吉林日报彩练新闻》，2022年8月1日第2版。

第一节　基本医疗保险体系不断完善

自东北振兴战略实施以来，吉林省医疗卫生体制和医疗保障制度建设取得了长足进步，着力于搭建"四梁八柱"医疗卫生改革政策体系，建立覆盖城乡居民的基本医疗卫生制度，以顶层设计构建医改的系统性体系，医疗卫生服务能力和医疗保障水平得到全面提升。坚持健康引领、三医联动、重点攻坚和全民医保的改革思路，着力增强医疗可及性条件，在充分释放合理就医需求、减轻居民就医负担等方面成效显著。医疗机构床位数等医疗卫生服务能力大幅提升，不断促进和改善城乡居民健康水平，居民个人卫生自付水平降至30%以下，切实缓解"看病难、看病贵"问题，提升人民群众健康水平。[①]

一、新型农村合作医疗制度从无到有

2002年，《中共中央　国务院关于进一步加强农村卫生工作的决定》中提出"建立和完善农村合作医疗制度和医疗救助制度""建立以大病统筹为主的新型农村合作医疗制度""到2010年，新型农村合作医疗制度要基本覆盖农村居民""从2003年起，中央财政对中西部地区除市区以外的参加新型合作医疗的农民每年按人均10元安排合作医疗补助资金，地方财政对参加新型合作医疗的农民补助每年不低于人均10元"等目标。2003年吉林省自实施新农合制度试点工作以来，形成了个人缴费、集体扶持和政府资助相结合的方式筹集资金，新农合筹资标准逐年提高，取得了显著成效。

---

①杨宜勇、关博：《发展中大国医改的中国经验》，《科学与现代化》2018年第3期。

（一）制定方案与启动首批试点

2003—2004年，卫生部成立专家技术指导组，对吉林试点工作进行跟踪指导、评估和省级业务骨干人员培训工作；吉林省成立省级专家技术指导组，指导试点县（市）的工作。两年间，吉林省连续出台了《新型农村合作医疗试点方案》《关于进一步完善和做好新型农村合作医疗试点工作的意见》，从2003年开始，通过试点，用5年左右时间，在吉林省农村逐步建立起以大病统筹为主的新型农村合作医疗制度和医疗救助制度，使广大农民真正受益，减轻农民因病带来的经济负担，基本解决农村居民因病致贫、因病返贫问题，促进农村经济和社会协调发展。

吉林省出台的新型农村合作医疗试点方案，在基金筹集上实行个人缴费、集体扶持和政府资助相结合的筹资机制。农民以家庭为单位参加新型农村合作医疗，每人筹资标准不低于30元。其中，个人筹资标准不低于每人每年10元。除中央财政补助外，地方财政每年人均补助10元，其中县（市）、市州财政各补助3元，省财政补助4元。在基金管理上，新型农村合作医疗基金采取县级统一核算的办法进行管理，将农业银行作为农村合作医疗基金的结算银行，专户储存，专户管理。采取的补助原则是，主要补助参加新型农村合作医疗农民的大额医疗费用或住院医疗费用，也可采取大额医疗费用补助与小额医疗费用补助相结合的办法。新型农村合作医疗大额医疗费用补助的起付线由各县（市）依据近3年发病人群医药费支出情况和筹资水平确定，起付线以上、封顶线以下的费用支付比例一般确定在30%—70%范围内，可采取分段支付的办法，费用越高、支付的比例越高。

吉林省新型农村合作医疗协调领导小组办公室在调查研究的基础上，制定《吉林省新型农村合作医疗管理办法（试行）》《吉林省新型农村合作医疗药品目录（试行）》《吉林省新型农村合作医疗试点工作宣传提纲》《吉林省新型农村合作医疗诊疗项目（试行）》《吉林省新型农村合作医疗会计制度》《吉林省新型农村合作医疗资金管理办法（试行）》

《吉林省关于建立农村贫困家庭医疗救助制度的意见》《吉林省建立在乡重点优抚对象医疗保障体系的指导意见》《吉林省新型农村合作医疗工作考评标准（试行）》等，为实施新型农村合作医疗提供强有力的政策保证。

（二）从扩大试点到全面普及

2003年，吉林省被国家列为第一批新型农村合作医疗试点地区。自2003年启动以来，运行顺利，取得了积极成效，初步形成了吉林省推广的新型农村合作医疗补偿模式。2003年和2004年只有6个参与地区，后来试点范围逐年扩大。针对合作医疗基金结余过多的问题，吉林省适当设置了最低支付线和最高支付线，提高了补偿比例，并将慢性病门诊医疗费用纳入合作医疗报销范围，扩大了农民受益面。修订了合作医疗药品目录，扩大了参与农户的用药范围，从870种药品增加到1900多种，满足了农民的基本用药需求。[1]

2005年，新农合试点扩大为9个县（市），向参加试点的农民发放医疗补贴3610.62万元，补偿农民54.26万人。累计202.63万名农民参与并受益于合作医疗制度。

2006年，新农合试点扩展到24个县（市），覆盖农民840万。政府增加了对新农合的资助，资助标准从30元提高到45元。其中，国家财政补贴由每人每年10元提高到20元，地方财政补贴由人均每年10元增加到15元，农民只需支付10元。农民的福利水平将大大提高。取消门诊和住院补贴的起付线，住院补助上限暂定为每人每年2万元（不含大病二次补助）。参与新农合的患者在县乡两级定点医疗机构住院，不再有单独的医疗补贴上限。为控制外出转诊和医药费用上涨，县级以上医疗机构住院医疗补贴上限暂定为1万元（不含大病二次补贴）。

---

[1]沈剑华、梁晓双：《吉林新型农村合作医疗试点取成效 百万农民受益》，中广网，2005年10月18日，https://www.cnr.cn/kby/zl/t20051018_504189918.html。

2007年，47.72万名参合农民获得住院补贴，平均报销补偿比例为
34.95%，高于全国平均水平3.9个百分点。农民参与新型农村合作制的积极
性也在稳步提高。这一年，吉林省率先实现65个县（市、区）新农合制度
的全覆盖，提前一年完成了国家提出的目标。同年，政府增加了对新农合
的资助，将每个参与农户的统筹基金从45元增加到50元。其中，国家财政
补贴由每人每年10元提高到20元，地方财政补贴由人均每年10元增加到20
元。农民支付的金额仍然是10元。吉林省住院统筹补偿方案，实行统一的
分段和报销比例，进一步简化了费用分段，适度提高了报销补偿比例。继
续采取分段、累计、按比例报销，不设最低起付线，最高限额为每人每年3
万元。继续实施二级大病补助。不再以病种界定为大病，而是基于参合的
农民的实际医疗费用（通常在5000元左右）。各地政府根据参合农民疾病
和住院统筹基金的支付情况，确定二次补偿的起点、最高线和补偿比例。
各试点县（市、区）要在县乡两级定点医疗机构开展单病种限价管理。对
发病率高、诊断明确、治疗规范的地方多发病、常见病，如单纯性阑尾
炎、顺产、剖宫产等，实行单病种限价管理，纳入单病种限价的病种不少
于5种。

2008年，吉林省参合农民平均报销补偿比例达到38.01%，比试点初期
提高了10.61%。2008年，吉林省在省、市新型农村合作医疗定点医疗机
构率先推行"即时结算报销"模式。当参合的农民出院时，医院首先结算
并垫付报销资金，以确保农民"在哪住院，在哪报销，当天出院，当天报
销"。之后，医院和参合患者所在的县（市、区）合管办定期进行结算。
2008年以来，住院补偿最低支付线进一步降低，最高限额统一提高到3万
元，已超过吉林省农民人均纯收入的6倍。

2003年至2008年，吉林省参合区域由6个增加到65个。2007年，新农
合制度实现了全覆盖。随着吉林省行政区域数量的增加，覆盖率保持在
100.0%。截至2014年，吉林省已有68个县（市、区）实行了新农合制度。
吉林省农业人口参合率从82.1%上升到2012年的最高水平99.4%，2013年为

99.3%，2014年为94.3%。见表6-1。

表6-1　2009—2017年吉林省新型农村合作医疗情况

年份	参加新农合人数（万人）	人均筹资（元）	本年度筹资总额（亿元）	补偿受益人次（万人次）
2009	1251.50	101.79	12.74	691.68
2010	1252.54	150.37	18.83	627.88
2011	1302.05	231.10	30.09	709.40
2012	1328.20	290.62	38.60	977.80
2013	1344.28	362.80	48.77	664.95
2014	1321.30	414.59	54.78	674.20
2015	1327.00	472.34	62.68	688.55
2016	1280.90	577.17	73.93	820.61
2017	1240.85	651.41	80.83	889.88

（三）稳步推进新农合发展

2009年，吉林省将新农合筹资标准调整为100元，其中农民本人20元，各级财政补助80元。吉林省筹集新农合基金127390万元，总支出117616万元，基金使用率达到92.33%。692.32万人受益，覆盖率达到55.32%。2010年，吉林省将筹资标准提高到150元，其中农民个人30元，各级财政补贴120元。2011年和2013年，筹资额增加了10多亿元。2014年，吉林省新农合年度筹资总额达到51.77亿元，比2013年增加3亿元，是2007年（5.96亿元）的7.7倍。

新农合的资金来源，2007至2014年筹集资金大幅增加。中央财政补贴从2007年的2.2亿元增加到2014年的22.49亿元，增长了9.2倍，地方财政补贴从2.57亿元增长到17.24亿元，个人缴费从1.16亿元增长至11.77亿元。新农合筹资额度占比情况，以中央财政补助所占比例最高，其次为地方财政，个人缴纳所占比例较低，除此之外，还包括小部分利息及其他来源的资金。人均筹资标准由2007年的人均50元增至2014年的人均390元，人均财政补助由40元增至300元，个人缴纳费用由2007年人均10元增至2014年人均90元。2013年之前，个人缴纳费用保持在总筹资额的20.0%以下，2014年超过20.0%。到2017年，农民个人参合缴费提高到每人每年180元。其中，农村特困人员（含农村孤儿）每人补贴180元，农村低保对象、建档立卡贫困人口每人补贴100元。

2009年之前，吉林省新农合基金以统筹基金和门诊家庭账户基金的形式分配，主要以统筹基金的形式。2009年之后，所有筹集的资金都以统筹基金的形式分配，取消了家庭账户基金的分配。筹资总额逐年增加，从2007年的5.96亿元增加到2014年的51.77亿元。2007年至2012年，基金总支出、门诊支出、住院支出、慢性病、二次补偿和体检支出均呈增长趋势。2007年至2009年期间，门诊支出的比例逐年上升，而住院支出的比例则逐年下降。2010年以后，门诊支出占比逐年下降，住院支出占比则逐年上升。除了2012年支出总额高于筹资总额外，其他年份的经费数额均高于支出数额，2009年资金使用率最低，仅为70.7%。2007年至2014年，吉林省参加新农合的农民门诊量先增后减，2009年达到47.6%的最高水平，之后逐渐下降。2014年，门诊率降至29.0%，住院率呈上升趋势，从2007年的4.1%上升到2014年的10.7%。2009年至2014年，吉林省新农合门诊费用和补偿费用总额先增后减，住院费用和补偿费总额逐年上升。在人均费用和补偿方面，2011年人均门诊费用最高，随后逐年下降，而人均补偿费用逐年上升。2011年补偿比例最低，为25.8%，2014年最高，为54.4%；人均住院费用和人均补偿费用逐年增加。补偿率在2012年达到最高水平，达到52.5%，然后在2014年降至48.2%。

2007年到2011年，吉林省新农合参合率一直低于全国平均水平。2012年，参与率比2011年增长了9.0%，超过了全国平均水平。这与政府不断增加财政补贴是分不开的。在参与人口中，民政部门资助的贫困人口实现了全员参合，参合贫困人口比例保持在6.0%左右。吉林省在全覆盖和参合率方面都取得了突出成绩。

二、城镇居民医疗保障制度从有到优

2006年10月，党的十六届六中全会明确提出"完善城镇职工基本医疗保险，建立以大病统筹为主的城镇居民医疗保险，发展社会医疗救助，加快推进新型农村合作医疗"，勾画了我国基本医疗保障体系由职工医保、城居医保、新农合和社会医疗救助四项制度构成的总体框架。当年12月召开的中央经济工作会议，具体部署了2007年"启动以大病统筹为主的城镇居民医疗保险试点"的任务。试点工作会议召开后，国务院正式印发了《关于开展城镇居民基本医疗保险试点的指导意见》，把城居医保试点节奏和目标确定为"三年试点、第四年普及"，探索和完善城居医保的政策体系，形成合理的筹资机制、健全的管理体制和规范的运作机制。

（一）从试点到全面推进时期

2006年12月，吉林省出台了《关于加快推进城镇居民基本医疗保险制度建设的指导意见》，提出从2006年起初步建立覆盖吉林省城镇居民的基本医疗保险制度。2006年末，在试点的基础上，吉林省各统筹地区出台城镇居民基本医疗保险实施办法，2007年初开始全面启动实施，并在实施过程中不断完善制度，扩大覆盖范围，逐步提高保障水平。

城镇居民基本医疗保险制度的覆盖范围包括：未纳入城镇职工基本医疗保险制度覆盖范围内的非从业城镇居民和学生儿童；灵活就业人员、进城务工人员以及经审核暂时没有能力参加城镇职工基本医疗保险的困难企业职工。城镇居民基本医疗保险与城镇职工基本医疗保险的统筹层次一致，以县（市）为统筹单位，设区的市在全市范围内（不含所辖市、县）实行统筹。吉林省城镇居民基本医疗保险的缴费标准统一暂定为3个标准（每人每年200元、150元、120元），市（州）一级统筹地区可在200元或150元中选择一个缴费标准，县（市）一级统筹地区可在150元或120元中选择一个缴费标准。在校城镇中小学生每人每年的缴费标准不超过50元，具体标准由统筹地区确定。实行重点保障住院医疗、兼顾门诊医疗的统账结合模式。对未参加城镇职工基本医疗保险的低保家庭成员和持证的贫困残疾人参保，由统筹地区政府给予不低于当地缴费标准80%的缴费补贴。

自2004年下半年以来，吉林省开始探索建立城镇居民医疗保险制度。2005年，对试点项目进行了研究和设计。2006年，组织19个县市开展试点。2007年开始全面实施。经过三年多的探索和实践，该制度为城镇弱势群体提供基本医疗保障的功能已初步显现。[1]截至2007年年底，城镇居民基本医疗保险参保人数达到405万人。在参保人员中，有336.7万人获得了政府财政补贴，占参保人数的85%；共有4.3万人享受了城镇居民基本医疗保险待遇。

2008年底，吉林省城镇居民基本医疗保险参保人数为756.4万人，比2007年增长55.5%。2008年4月，吉林省发布《关于试点实施城镇居民基本医疗保险实施意见的通知》，调整统一相关政策，实施新的试点方案。调整后，新计划将覆盖城镇所有非就业居民，保险覆盖率达到80%以上；2009年，实现城镇居民基本医疗保险全覆盖，完善以大病统筹为重点的城镇居民基本医保制度。

吉林省城镇居民基本医疗保险工作动手早、效果好、居民受益多，2007年，全国先后有85个地区到吉林省学习考察城镇居民基本医疗保险工作。2007年7月23日，在国务院召开的全国城镇居民基本医疗保险试点工作

---

[1]张光辉：《为城镇弱势群体撑起生命的保护伞——吉林省城镇居民医疗保险工作侧记》，《劳动保障世界》2008年第1期，第4—5页。

会议期间，温家宝对长春市取得的成效和主要做法给予了充分肯定。

（二）城居保与新农合并行推进时期

2010年后，城居医保与新农合继续并行发展，工作重点从制度试点、扩大覆盖转入完善政策、规范管理、稳步提高保障水平并与医疗卫生和药品流通体制改革更紧密结合的新阶段。2009年至2015年，吉林省城镇居民医疗保险制度快速发展，参保人数逐年增加，由2009年的756.4万人，增长到2015年的804.7万人。2009—2020年的情况见表6-2。

表6-2　吉林省城镇居民基本医疗保险基本情况

年份	城镇居民（万人）
2009	756.4
2010	783.7
2011	793.4
2012	800.5
2013	803.7
2014	804.4
2015	804.7
2016	804.9
2017	804.9
2018	2031.4
2019	2022.2
2020	1932.1

2009年印发的《中共中央　国务院关于深化医药卫生体制改革的意

见》和国务院印发的《医药卫生体制改革近期重点实施方案（2009—2011年）》，都把加快推进基本医疗保障制度建设列在深化医改各项任务的首位，提出3年内使城镇职工医疗保险、城居医保和新农合参保率提高到90%以上，到2011年，基本医疗保障制度全面覆盖城乡居民。

2010年，国家对城镇居民医疗保险和新型农村合作医疗的财政补贴标准统一提高，由每人每年不低于80元提高到每人每年不低于120元。适当提高个人缴费标准，提高报销比例和支付限额。这一阶段，城镇医疗保险和新型农村合作医疗发展的新亮点如下：一是在各统筹地区政策范围内，住院费用比例提高到60%左右；二是基金的最高支付限额（封顶线），达到当地城镇居民家庭人均可支配收入的6倍和农村家庭人均纯收入的6倍；三是在保住院和保重大疾病的重点需求基础上，探索实施门诊统筹；四是推动参保居民医疗费用实时结算。城镇居民医保地区实现住院、门诊费用实时结算，新农合统筹地区实现住院医疗费用即时结报。新农合还选择了50种临床路径明确的疾病开展按病种付费试点。

2011年，城乡居民基本医保的财政补助标准再次大幅度提高，达到每人每年200元，同时在工作进度上规定了几组量化指标。随着各级政府对居民医保财政补助的大幅提高和普遍开展门诊统筹，城居医保和新农合的受益人数快速增长。同年，还以省为单位推行提高儿童白血病、先天性心脏病保障水平的试点，并鼓励优先将妇女乳腺癌、宫颈癌、重性精神病等疗效确切、费用较高、社会广泛关注的疾病纳入试点范围。

2012年，国务院印发《"十二五"期间深化医药卫生体制改革规划暨实施方案》，提出的主要目标之一是"以基本医疗保障为主体的多层次医疗保障体系进一步健全，通过支付制度等改革，明显提高保障能力和管理水平"。2015年职工医疗保险、城镇医疗保险和新农合三项基本医疗保险的参保率，较2010年提高了3个百分点。城镇医保和新农合政府补助标准提高到每人每年360元，个人缴费水平相应提高。在三项医疗保险政策范围内支付的住院费用比例已达到75%左右。城镇医保和新农合门诊已推广到所有统筹地区，支付比例提高到50%以上，积极推行医保就医"一卡通"，全面实现不同地区、不同省份的医疗费用实时结算。此次为首次制定的医改专项规划，也为完善医疗保障体系提出了多项新的改革任务。具体而言，一是针对城乡医保管理分离的弊端，加快建立统筹城乡的基本医疗保险管理制度，探索在有条件的地区建立统筹城乡居民基本医疗保险制度；二是针对部分重大疾病患者在享受基本医疗保险后仍无法支付高额医疗费用、陷入贫困的现象，提出探索建立重大疾病保障机制。

2015年，吉林省城镇居民医疗保险依据政府补助标准按人均不低于380元执行。其中：中央财政补助216元，省财政承担98.4元，市县财政承担65.6元（延边朝鲜族自治州地区享受国家西部大开发优惠政策，中央财政补助268元，省财政承担67.2元，市县财政承担44.8元）。成年人每人每年缴费标准统一提高到570元（其中个人缴费190元标准不变），大中小学生和儿童每人每年缴费标准统一提高到420元（其中个人缴费40元标准不变）。

（三）整合城乡居民医疗保障制度

基本医疗保障制度是社会保障体系的重要组成部分，2003年，我国针对农村人口、城镇非就业人口分别建立了新型农村合作医疗（以下简称"新农合"），2007年完善了城镇居民基本医疗保险（以下简称"城居保"）制度，加上职工医疗保险，一起组成了我国基本医疗保险体系。长期以来，这种"三足鼎立"的结构在居民基本医疗保障方面发挥了至关重要的作用。

职工基本医疗保险覆盖范围广，城镇所有用人单位及其职工都要参加基本医疗保险，包括企业、机关、事业单位、社会团体、民办非企业单位及其职工。新农合是由政府组织、指导、支持，农民自愿参与，个人、集体和政府出资的农民医疗互助共济制度。它侧重于重大疾病的统筹保障。农民以家庭为单位自愿参加新农合医疗，按时足额缴纳合作医疗基金。城镇居民医疗保险将个人缴费与政府补贴相结合。政府对享受最低生活保障的个人、丧失劳动能力的残疾人、60岁以上低收入家庭老年人和未成年人，在个人缴费部分给予补贴。

多年来，新农合、城镇居民基本医疗保险、城镇职工基本医疗保险"三保"都处于各自为政的管理体系。其中，人社部管理城镇职工和居民医疗保险，国家卫生健康委员会则负责新农合的管理，上述模式导致管理制度条块分割、管理成本高昂。然而，随着经济社会的发展，这两项制度城乡分割的弊端逐步显现。为深入推进医疗卫生体制改革、实现城乡居民公平享有基本医疗保险权益、促进社会公平正义和城乡经济社会协调发展，在总结城镇居民医保和新农合运行情况以及地方探索实践经验的基础上，党中央、国务院明确提出整合城镇居民医保和新农合两项制度，建立统一的城乡居民基本医疗保险制度。

2017年，吉林省深化医药卫生体制改革领导小组办公室、省人社厅、省卫计委、省财政厅联合下发《加快推进城乡居民基本医疗保险制度"六统一"的实施方案》，提出2018年12月底前，吉林将全面完成城乡居民基本医保制度整合，从2018年起，吉林省全面执行覆盖范围、筹资政策、保障待遇、医保目录、定点管理和基金管理"六统一"的城乡居民基本医疗保险制度，并且从2018年开始将新农合个人缴费标准提高到每年每人240元。通过整合城乡居民医疗保险制度。实现制度和政策的"六个统一"，整合管理资源，提高服务效率。城乡居民获得更多实惠。第一，制度更加公平。城乡居民医保制度整合后，城乡居民将不再受身份的限制，参加城乡居民医疗保险制度，按照统一政策参保缴费和享受待遇，城乡居民可以更公平地享有基本医疗保障权利。第二，确保更均衡的待遇保障。按照立足基本、确保公平的原则，充分考虑并逐步缩小城乡间、地区间差异，统一保障待遇、医保目录和医疗管理，适度提高群众保障待遇，使城乡居民和地区居民的医疗保险待遇更加均衡。第三，服务更加规范。通过统一定点管理、整合医保基金、整合经办资源、提高统筹水平等措施，参保人员可以享受城乡一体化的经办服务。同时，经过系统整合，实施了一体化经办和服务管理，消除了城乡体制分离、管理分割、资源分散等障碍，使城乡居民之间的医保关系转移和延续更加便利。

三、职工医疗保险制度从优到精

在新农合和城居医保先后试点、全面推进的同时，吉林省职工医保制度也得到长足发展。从改革职工医保起步，整合城居保和新农合，统一城乡居民医保制度，全面实施城乡居民大病保险，健全重特大疾病医疗保险和救助制度……基本医保和大病保险、医疗救助互补衔接，有效提高公平性、普惠性，切实维护人民群众"病有所医"的保障需求。

（一）持续扩大制度覆盖面

劳动保障部于2003年5月印发《关于城镇灵活就业人员参加基本医疗保险的指导意见》，着力解决国有企业下岗职工"并轨"和就业形式多样化背景下的医保问题。又于2004年5月印发《关于推进混合所有制企业和非公有制经济组织从业人员参加医疗保险的意见》，确定了三个重点，即以私营、民营等非公有制企业为重点，提高中小企业参保率；以与城镇用人单位建立了劳动关系的农村进城务工人员为重点，积极探索他们参加医疗保险的有效途径和办法；以大中城市为重点，加强工作指导，妥善处理各方面关系，梯次推进。2006年，结合贯彻《国务院关于解决农民工问题的若干意见》，部署开展了农民工参加医疗保险专项扩面行动。2011年，还进一步明确了失业人员在领取失业保险金期间参加职工医保的政策，核心是缴费基数可参照统筹地区上年度职工平均工资的一定比例（最低不低于60%）确定，并从失业保险基金中支付，个人不缴费，保障其合理的医疗待遇水平。

职工基本医疗保险制度按照1998年国务院44号文件进行改革后，到2003年，吉林省参保人数已达230多万。此后，扩大制度覆盖面，将更多群体纳入制度保障一直是职工医保制度建设的重要任务。到2020年年底，吉林省参加职工医保的人数达到2461万，比20年前增长9倍，其中2009年至2013年是增长势头最猛的时段，平均每年增加近50万人，见表6-3。2020年基金收入增长近18倍，基金支出增长近21倍，见表6-4。

表6-3　吉林省城镇职工基本医疗保险基本情况

单位：万人

年份	年末参保人数合计	城镇职工	在岗职工	退休人员
2003	230.8	175.4	120.1	55.3
2004	270.0	202.4	134.9	67.5
2005	283.0	209.1	135.2	73.9
2006	376.3	275.1	173.9	101.2
2007	427.8	309.6	191.5	118.2
2008	450.9	319.1	187.3	131.8
2009	1242.8	486.4	339.0	147.4
2010	1333.8	550.1	370.3	179.9
2011	1350.6	557.2	369.0	188.2
2012	1370.0	569.5	375.6	194.0
2013	1378.6	574.9	377.4	197.5
2014	1380	575.6	378.1	197.5
2015	1380.6	575.9	376.2	199.7
2016	1380.9	576	371.1	204.8
2017	1380.9	576	368.3	204.6
2018	2607.3	576	366.1	209.9
2019	2548.1	525.9	333.7	192.3
2020	2461.9	529.8	329.5	200.3

表6-4　城镇职工基本医疗保险基金收支情况

单位：亿元

年份	基金收入	基金支出	累计结余
2003	9.9	7.1	7.9
2004	14.8	10.2	12.5
2005	18.0	13.4	17.1
2006	24.3	16.2	25.2
2007	30.7	21.5	34.4
2008	46.0	27.8	57.3
2009	63.6	38.0	82.8
2010	52.9	45.4	90.3
2011	72.6	57.9	105.1
2012	89.8	71.9	128.8
2013	102.7	89.7	141.8
2014	118.3	95.8	164.4
2015	135.5	117.1	179.2
2016	163.7	123.1	219.7
2017	161.7	143.4	238.0
2018	175.5	148.5	237.0
2019	205.3	166.0	326.32
2020	193.2	156.2	363.4

（二）集中解决历史遗留问题

职工医保在快速发展中也存在着"死角"，最突出的问题就是关闭破产国有企业有数百万退休人员缺乏基本医疗保险。2007年10月，国务院决定逐步解决这个突出矛盾，首先将地方政策性关闭破产国有企业尚未参保的退休人员纳入当地职工医保，筹资确有困难的地区，可以采取不建个人账户、只享受统筹基金支付范围待遇的办法。2008年7月，财政部、人力资源和社会保障部、国务院国资委印发通知，明确了对中西部地区和老工业基地的地方政策性关闭破产国有企业退休人员的补助标准，中央财政按照未参加医疗保险的每人6300元、已参加医疗保险的每人1260元的标准安排补助，对东部地区的补助标准减半。

2008年，按照国家三部委文件精神，吉林省已将16万地方政策性关闭破产国有企业退休人员纳入了城镇职工基本医疗保险。[①]所需资金采取多渠道方式筹集。首先，从破产企业资产中一次性提取退休人员医疗保险费，不足的由企业主管部门（或企业集团）统筹调剂。其次，再不足的，经同级政府批准，通过土地出让所得，在年度预算或超收中安排财政补助。最后，中央财政在超收预算中安排资金给予相关地区专项补助。为保证此项工作顺利完成和基金平稳运行，省里规定市（州）级统筹地区单建统筹标准不低于人均1.2万元，县（市）级统筹地区不低于1万元，其中，中央财政每人补助6300元，省财政每人补助1700元，其余部分由地方自筹解决。中央补助和省补助资金2008年底已预拨各地，2009年将根据各地实际参保人数进行资金结算，其中，中央补助资金一次性结算完毕；省补助资金2009年到位60%，其余部分2010年补助各地。市县配套补助资金，原则上应与省补助资金到位比例一致。

2009年，根据国家四部委文件要求，吉林省经省政府常务会议通过，

①韩雪洁：《吉林省关闭破产国企退休人员参加医疗保险工作启动》，《劳动保障世界》2009年第12期，第3页。

省政府办公厅发布《关于妥善解决关闭破产国有企业退休人员医疗保险问题的实施意见》，将中央和中央下放政策性关闭破产国有企业、地方依法破产国有企业和并轨困难改制国有企业的已参加养老保险尚未参加医疗保险的35万退休人员，全部纳入城镇职工医保。截至2009年7月底，吉林省有50多万关闭破产国有企业退休人员享受到城镇职工基本医疗保险待遇。

四、医疗保障管理得到改善

吉林省各地、各有关部门认真贯彻落实党中央、国务院和省委、吉林省政府的决策部署，攻坚克难，创造性推动各项工作落实，深化医药卫生体制改革工作取得新的进展和明显成效。全民医疗保障体系不断健全和完善，基本医疗保险参保率稳定在98%左右，城乡居民基本医保制度整合取得实质性进展。城乡居民大病保险制度进一步完善，倾斜性支付政策惠及城乡困难群体，医疗救助、社会慈善救助和疾病应急救助制度保障能力和服务水平不断提升。基层医疗卫生服务体系不断健全，基层人才队伍建设全面加强，3000个村级"一站式"服务平台建设完成。公立医院综合改革持续深化，县级公立医院综合改革实现100%覆盖，城市公立医院改革覆盖面达到4.4%，财政补偿、价格调整、医保支付、人事编制、薪酬绩效、医院管理等配套改革同步推进。分级诊疗制度建设全面推开，吉林省基层医疗卫生机构诊疗量占比达到43.1%。组建政府主导的多层次医疗联合体，实现城市优质医疗资源有序下沉，家庭医生签约服务扩展到健康扶贫工程。全面实行国家基本药物制度，药品供应保障机制不断完善，药品生产流通秩序进一步规范。基本公共卫生服务项目和标准得到全面落实，保障能力和群众满意度进一步提升，12类46项基本医疗卫生服务项目覆盖居民生命全过程。健康扶贫取得明显成效，贫困人口精准医疗保障覆盖吉林省70万建档立卡贫困人口和160万民政救助对象。中医药建设取得长足进步，中医医疗和养生保健服务、中医药继承创新、人才队伍建设、弘扬中医药文化等方面全面加强。"十三五"期末，吉林省人均预期寿命达到78岁以上，吉林省孕产妇死亡率下降到10.75/10万，婴儿死亡率、5岁以下儿童死亡率分别下降到2.74‰、3.60‰，均好于同期全国平均水平。政府卫生投入不断增加，吉林省卫生与健康事业快速发展，群众就医费用负担明显减轻，人民健康权益得到有效保障。

在吉林省委、吉林省政府的高度重视和正确领导下，吉林省医疗保障事业取得了长足发展。特别是新一轮机构改革以来，医保职能有效整合，管理体制逐步理顺，基本制度政策进一步完善，经办服务管理持续优化，重点领域改革有序推进，参保人员就医负担明显缓解，医疗保障权益得到有效维护，人民群众获得感、幸福感、安全感不断提升。

医保基本制度政策进一步完善。统筹城乡、覆盖全民的基本医疗保险制度不断健全完善，基本医保参保率稳定在常住人口应保尽保水平，政策范围内住院费用基金支付比例分别保持在80%和70%以上。吉林省实现生育保险和职工基本医疗保险合并实施，统一使用吉林省全口径城镇单位就业人员平均工资核定职工医保缴费基数。吉林省居民医保市级统筹进一步做实，实现待遇政策统一、经办管理一致、基金市级统收统支，同步推进医疗救助管理层次与居民医保统筹层次相一致。建立居民高血压、糖尿病"两病"门诊用药保障机制、门诊特殊疾病保障机制和特药保障机制，长期护理保险和舒缓疗护制度试点稳步推进。

医保经办管理服务能力进一步提升。吉林省全面推行医疗保障部门政务服务事项清单管理，"放管服""最多跑一次"改革任务全面落实，85%以上医保服务实现线上办理。在全国率先建立96618吉林省医保咨询服务热线平台和"吉林智慧医保服务平台"，打造"一码一平台"服务模式。跨省异地就医住院费用直接结算和省内异地就医急诊费用直接结算全面推开，出台实施优化异地就医服务十六条举措，异地就医备案服务更加便捷。吉林省医保业务经办规程得到统一和规范，推行吉林省统一的医保定点机构协议范本。开展医保业务编码标准化建设，规范医保药品、诊疗及医疗服务设施项目和医用耗材目录管理，建立动态调整机制，在全国率先统一规范基本医保医疗机构制剂目录。国家和省级按疾病诊断相关分组（DRG）付费及区域点数法总额预算和按病种分值（DIP）付费试点取得积极进展。

吉林省完成了两轮流程优化再造，全面梳理了所有医保经办流程，明确和规范了各项操作环节和岗位工作要求，在全国率先形成了医疗工伤和生育保险业务流程地方标准和操作规范。启动综合柜员制改革，改造经办信息系统，支持"前端综合受理、后端分类审批、统一窗口送达"的经办服务模式，经验得到国家人力资源和社会保障部转发。

医保基金安全得到进一步保障。深入贯彻实施《医疗保障基金使用监督管理条例》，持续开展打击欺诈骗保专项治理行动，完善追回医保基金合理返还机制，全面建立飞行检查、专项检查、抽查复查和"回头看"常态化基金监管机制。建立多部门协同工作机制，成立了由医保、卫健、审计、公安、药监等多部门组成的打击欺诈骗取医保基金专项治理领导小组，同时畅通群众监督渠道，建立了社会监督员队伍，形成了医保基金监管合力。建立欺诈骗取医疗保障基金行为举报奖励制度，设立了省级举报奖励资金并纳入财政预算管理。

医疗服务价格和招标采购管理进一步规范。推行医疗服务价格规范化管理和动态调整机制，落实国家医疗服务价格相关政策，开展增补修订部（省）属公立医疗机构医疗服务价格工作，有效助力公立医疗机构理顺补偿机制。建立健全药品耗材集中采购组织机构，完善医保部门与公共资源交易管理部门协调联动机制。落实国产抗癌药品降税降价和抗癌药医保支付政策，组织开展国家组织药品集中采购和使用试点扩围工作，推动国家和省级联盟组织药品、高值耗材集中采购和使用落地，开展高值医用耗材专项治理，实行医疗机构体外诊断试剂阳光挂网采购。

医保脱贫攻坚任务圆满完成。全面落实《医疗保障扶贫三年行动实施方案》，实行建档立卡农村贫困人口精准识别、动态管理，持续实现贫困人口全员参保、全员享有分类参保资助。建立医保部门与卫健、民政、扶贫、税务等部门信息共享机制，开展贫困人口参保和就医保障动态监测。吉林省全面推行基本医保、大病保险、医疗救助和兜底保障有序衔接的贫困人口就医倾斜性保障政策，乡村医疗卫生机构全面实现医保联网即时结报，贫困人口县域内就医实现"一站式、一窗口、一单制"结算。

吉林省已在全国所有的省份和上万家医疗保险定点机构开展了跨省异地就医直接结算服务。直接结算费率、费用结算和预付金结算工作均走在全国前列。吉林省继续推进医保异地就医直接结算。将转诊转院申请改为院端申请，医院将转诊信息上传备案，实现转诊"不见面"。吉林省多个统筹区已开通长期异地就医备案服务。

积极推进"智慧医保"公共服务平台建设。作为国家医保局首批挂牌的信息化建设试点省份之一，吉林省既是东北地区唯一的试点省份，也是全程参与顶层设计的七个省份之一。吉林省医保局以"智能医保精准服务"为目标，在吉林省范围内打造了"以信息技术为支撑、服务方式多样化、办管一体化"的医保经办服务新格局，更多地让数据跑腿，让群众少跑乃至不跑腿。24小时在线服务大厅已覆盖吉林省13个市级统筹区域。手机应用和微信公众平台涵盖信息查询、手机备案、手机支付等功能。预约挂号、处方查询、移动支付、导航等功能已上线运行。吉林省白城地区通过微信公众平台实现了28项业务"零跑腿"。积极推进所有公共服务事项限时办结和即时办结，所有材料、手续完备齐全，确保一到即办，单笔业务平均办理时间从20分钟减少到6分钟。

随着新时代吉林全面振兴、全方位振兴新征程的开启，医疗保障事业迎来重大发展机遇，也面临着前所未有的严峻挑战。当前，劳动力外流，常住人口低增长、净减少，老龄化趋势明显；医保筹资能力不足，统筹层次不高，基金中长期平衡压力较大；城乡、区域、群体之间待遇差异不尽合理；医保公共服务能力同群众需求还存在一定差距；一些深层次的矛盾和问题日益显现，医保重点领域和关键环节改革任务仍然十分艰巨。同时，我们更应看到，我国制度优势显著，治理效能提升，发展韧劲强劲，社会大局稳定；更应看到党中央、国务院深化医疗保障制度改革的重大决策部署和我国"十四五"全民医疗保障规划的顶层设计引领，以及吉林正处于振兴发展重大机遇期等前所未有的加快推动吉林省医疗保障高质量发展的有利条件。

第二节　持续做好基本养老保障体系建设

吉林省老龄事业发展和养老体系建设取得显著成效，尊老敬老助老社会氛围日益浓厚，老年人的获得感和幸福感显著增强。吉林省深入贯彻习近平总书记关于东北振兴、调研吉林工作时重要讲话重要指示精神，认真落实党中央、国务院和省委、吉林省政府积极应对人口老龄化的决策部署，积极探索实践，推动改革创新，抓好政策落实，吉林省老龄事业和养老服务工作得到全面发展，基本实现主要发展指标。"十四五"时期是党中央把积极应对人口老龄化上升为国家战略后的第一个五年，老龄事业和养老服务体系发展既面临严峻挑战，也蕴含着重大机遇。在国家振兴东北老工业基地政策支持下，吉林省全面实施"一主、六双"高质量发展战略，带来生产要素和需求聚集效应，将为老龄事业和产业提供更广阔的发展空间。庞大的老年群体蕴含着潜力巨大的消费需求，为经济发展与转型提供了有利机遇，将成为推动老龄产业发展的强劲动力。以老龄产业为核心的供给侧结构性改革、人口老龄化与老年群体需求结构的升级，将提供巨大消费市场，推动老龄社会条件下经济发展走出新路子、形成新业态，成为新的经济增长点。

一、职工养老保障制度不断完善

在世纪之交建立起来的企业职工基本养老保险制度，经历了"两个确保"洗礼磨砺，又在辽宁进行了完善政策的探索，在东北战略振兴实施后迈出了新步伐。先是将完善社会保障体系试点扩大到吉林、黑龙江两省。2003—2012这十年，制度覆盖面快速扩大，待遇水平持续提高，制度的可及性和公平性更加彰显。这十年，集中解决了未参保集体企业退休人员纳入养老保险等突出历史遗留问题，实施养老保险关系跨地区转移接续政策，规范了企业年金制度，还尝试改革机关事业单位养老保险制度，多层次养老保障体系初现端倪。

（一）吉林省试点完善社会保障体系

2003年1月底，国务院完善城镇社会保障体系试点工作小组向国务院呈报请示，建议将在辽宁进行的试点扩大到吉林、黑龙江两省，以在更大范围内探索和总结经验。国务院原则同意扩大试点地区范围，但鉴于当时已临近政府换届，各项工作宜保持稳定，对辽宁试点的情况也需进一步认真总结，决定暂不明确扩大试点的具体时间，待方案成熟后再作决定。

当年全国两会闭幕后，试点工作小组专赴吉林、黑龙江两省了解情况，听取意见，对有关数据进行初步测算，同时委托专家组对辽宁省的试点工作进行了初步总结评估。根据调研评估情况，试点工作小组认为，辽宁的试点，在"并轨"和"做实"个人账户两个重点上取得突破，试点的主要任务基本完成，取得了明显成效，但同时也出现了一些新情况、新问题，需要认真研究解决。吉林和黑龙江两省都已成立了高规格的试点工作领导机构，组织了大规模普查工作，了解掌握了基本情况和基本数据，着手研究论证试点相关政策，各项准备工作是积极、扎实的。

这一年，国家决策实施东北振兴战略，成为推动扩大完善社会保障体系试点的又一动因。10月1日，中共中央、国务院印发《关于实施东北地区等老工业基地振兴战略的若干意见》，提出12条重大举措，其中包括"精心组织实施完善社会保障体系试点，在总结辽宁省社会保障体系试点经验的基础上，明年将试点范围扩大到吉林、黑龙江两省，并适时推广"。

2003年，十六届三中全会对加快建设与经济发展水平相适应的社会保障体系作出全面部署。这是继1993年党的十四届三中全会后，又一个有关社会主义市场经济体制的重要文件，其中有关社会保障的论述涉及养老、失业、医疗、低保等制度和扩面、筹资、监管、多层次等方面共11项任务，是在总结经验基础上对党的十四届三中全会《决定》的发展和深化，为完善社会保障体系指明了方向，实际上也规定出下一步扩大试点的重点任务。

为了把扩大试点工作做扎实，不仅复制辽宁经验，而且解决新矛盾、创造新经验。党的十六届三中全会后，国务院有关领导同志亲赴吉林、黑龙江两省，就下岗职工基本生活保障向失业保险并轨、做实养老保险个人账户、分离企业办社会职能、厂办集体企业混岗工、主辅分离辅业改制、关闭破产企业六个专题进行实地调研。

2003年11月召开的中央经济工作会议，肯定"在辽宁省进行的完善社会保障体系试点工作，总体上看是成功的"，正式部署"在总结经验的基础上，明年把具有普遍推广意义的内容和做法扩大到黑龙江和吉林两省试点"。2003年年初提出的扩大完善社会保障体系试点动议，终于在此时作出决策，虽然延后了一年，但对各种情况了解得更全面，对试点的方向把握得更清晰，对突出矛盾分析得更深入，对预置的政策措施也更有底数。

2004年1月14日，国务院专题研究在吉林、黑龙江两省进行扩大试点问题，重点仍放在"并轨"和"做实"上，议定三条原则意见。两省试点要在认真总结辽宁试点经验的基础上进行，同时对一些政策作适当调整，要特别注重试点方案的全国普遍推广意义，适应我国现阶段经济发展水平和人口众多的实际情况，充分考虑财政的承受能力。"并轨"政策措施要立足于促进就业和再就业，控制失业率过快增长，国有企业要运用主辅分离、辅业改制等措施尽可能多安排企业富余人员，减轻对社会的压力。试点要充分发挥中央、地方和企业等多方面积极性，防止形成地方依赖中央、企业依赖政府的倾向，中央财政试点资金安排要从严审核。

2004年2月1日，国务院办公厅向吉林、黑龙江两省政府下发了《关于在吉林和黑龙江进行完善城镇社会保障体系试点工作的通知》，明确了两省试点的指导思想和试点内容，在时间安排上确定从2004年年初启动，至2005年年底基本结束，即用两年左右时间完成试点任务。按照这一部署，吉林、黑龙江两省政府分别向国务院呈报了开展试点的请示，国务院于2004年5月13日分别作出批复。

吉林、黑龙江两省完善社会保障体系试点方案总体上与辽宁试点是一致的，但在"并轨"和"做实"两方面都有政策调整。在"并轨"方面，更加强调与再就业工作紧密结合，避免辽宁试点中一度出现的失业率过高、一些并轨人员灵活就业或失业后中断缴费的问题。两省提出的实施城镇集体企业下岗职工整合、促进再就业、分离企业社会职能等问题，应与试点工作分开明确处理，并在老工业基地调整改造中逐步解决。在"做实"方面，政策调整更加明显，与辽宁试点一样，将个人账户规模由11%调整为8%，全部由个人缴费构成，但把个人账户8%一步做实调整为分步做实，即从2004年起先按5%起步做实而对做实后当期支付所需资金仍按75：25的比例，由中央财政补助3.75个百分点，地方财政补助1.25个百分点。这一调整是总结辽宁试点经验，看到一步做实对资金需求要求过高，改为分步做实降低筹资难度，更具有全国推广价值。与此相关的另一项政策调整是，做实后的个人账户基金由智服社保机构统一管理，但其中央财政补助部分三省委托全国社会保障基金理事会投资运营并承请一定的收益率：地方财政补助部分三省按国家规定投资运营，并负责保值增值。这与辽宁试点中全部由本省投资运营有很大区别，主要是鉴于地方投资手段有限，而全国社会保障基金理事会有国家特许的投资渠道，近年来实际收益率可观，更有利于积累资金、保值增值。

吉林、黑龙江两省试点方案还在完善基本养老金计发办法方面进行了新探索，基本架构借鉴了辽宁试点的经验，如基础养老金与个人缴费年限适度挂钩，"老人老办法、新人新制度、中人逐步过渡"等。同时作出两点改进。第一，辽宁试点规定，缴费满15年者的基础养老金从社会平均工资的20%起步，每多缴费一年"增加一定比例"（如0.6个百分点），"总体水平控制在30%左右"。吉林、黑龙江两省试点方案调整为，缴费满15年者的基础养老金以社会平均工资和本人指数化月平均缴费工资的平均值为基数，缴费每满1年发给1%。这里有两个变化：一是基础养老金基数由单纯的社会平均工资变为社会平均工资与本人指数化缴费工资的平均值，从而使养老金待遇计发更有激励性，即多缴多得。二是计发最高值"上不封顶"，使养老金待遇更能激励长缴多得。第二，个人账户养老金的计发，由试点统一采用个人账户累计储存额除以120的标准，吉林、黑龙江两省试点方案修改为按不同退休年龄分别规定除数，即退休越晚、除数越小、待遇水平越高，也强化了激励机制。

2004年5月19日和21日，黑龙江、吉林分别召开试点工作动员大会，两省扩大试点正式启动。8月，按试点方案规定核定的中央财政对吉林省补助的7.7亿元和对黑龙江省补助的10.5亿元到位，并分别委托全国社会保障基金理事会投资运营。

吉林、黑龙江两省试点从2004年开始，到2005年年底试点任务基本完成。从2005年年底到2006年4月，国务院试点工作小组指派专家组对两省试点情况进行了评估。专家组于2006年6月5日作出评估报告，总体判断是两省试点的各项工作进展平稳，取得了明显成效，不仅为当地经济发展、社会稳定、国有企业改革、结构调整提供了支持，而且检验了一些新的政策措施，为全国完善社会保障体系积累了宝贵经验。在"并轨"方面，为保证有计划、有步骤地推进、把失业率控制在合理的范围内，采取了多项积极举措，如对"4050"（女职工超过40岁、男职工超过50岁）且灵活就业的并轨人员，按不超过其上年实际缴纳基本养老保险费数额的30%给予就业补贴。在大中型企业中，鼓励通过主辅分离的方式安置一些剩余员工，而不是将他们推向社会。离法定退休年龄不足5年或服务满30年、再就业困难的下岗职工，原则上不再实行并轨，而是采取内部退休措施。在"做实"方面，两省都落实了将养老保险个人账户调整为8%的政策，2004年从5%起步"做实"，又从2005年起将"做实"比例提高到6%。吉林省两年累计做实27.3亿元，其中，中央财政补助15.4亿元，地方财政补助6.2亿元，养老保险基金补助5.7亿元。黑龙江省两年累计做实32.4亿元，其中，中央财政补助21亿元，地方财政补助7.54亿元，通过当期征收基金解决8.75亿元。两省按照试点计划改革了基本养老金的计算和支付方式，加强了职工参保的激励和约束机制，两年共有30多万名新退休人员按新办法计发了养老金，黑龙江省还将国有企业中20万名集体混岗职工全部纳入职工养老保险。吉林省巩固了基本养老保险省级统筹制度；黑龙江省也通过预算管理、定额补助、自求平衡、财政兜底的办法建立了省级统筹，分清各级政府责任，并实行了吉林省养老保险经办机构垂直管理。专家组认为，这些新经验可在完善全国社会保障体系中加以借鉴。评估报告也反映了试点面临的新矛盾，特别是"做实"方面，工资基数年年上涨，而中央财政是定额补助，这中间存在的资金缺口将逐渐扩大，可能导致部分个人账户无法做实，建议通过深化改革逐步加以解决。

从2001年下半年开始，先在辽宁，后来扩大到吉林、黑龙江两省的完善社会保障体系试点，持续了近五年时间，有几十个相关部门、数百个地方各级政府共同参与，涉及上万家企业的兴衰和上千万职工及退休人员的切身利益，是一次有计划、有设计的大规模实验。试点既有彼此衔接的连续性，又有调整和创新，在不断探究、论证、磨合中，政策渐趋成熟，措施经受检验，总体达到了为完善全国社会保障体系先行探索、积累经验的预定目标。

（二）完成城镇职工养老保险省级统筹

2018年5月30日，国务院发布《关于建立企业职工基本养老保险基金中央调剂制度的通知》。总体思路是，立足基本国情和养老保险制度建设实际，围绕建立和完善更加公平、可持续的养老保险制度这一目标，遵循社会保险大数法则，建立养老保险基金中央调剂制度。作为实现养老保险全国统筹的第一步，将于2018年7月1日起实施。通知强调，中央财政发放中央财政补贴资金、拨付中央调剂资金后，各省养老保险资金缺口由地方政府承担；省级政府要切实承担起确保基本养老金按时足额发放、弥补养老保险基金缺口的主体责任[①]。2020年1月11日，吉林省人民政府发布了《关于建立省级企业职工基本养老保险基金统收统支一体化制度的实施意见》。核心内容是实现基本养老保险制度、缴费政策、待遇政策、基金使用、基金预算和经办管理的"六统一"，以省级资金统收统支为核心，以基金预算管理为约束，依托信息系统和经办管理、基金监管为保障。2020年底，实现企业职工基本养老保险省级统筹，达到基金统收统支水平，促进基金长期稳定运行，为全国统筹养老保险奠定坚实基础。到2020年底，吉林省城镇职工基本养老保险参保人数已经达到8998.2亿人，基金收入达到957.3亿元，支出12663.2亿元，累计结余341.2亿元。

---

①蔡向东、李彦蒙：《吉林省城镇职工基本养老保险资金安全运行及其影响因素研究》，《税务与经济》2022年第4期，第106—112页。

表6-5　城镇职工基本养老保险情况

年度	年末参加养老保险人数（万人）	职工（万人）	年末离休、退休、退职人员人数（万人）	基金收支情况（亿元）		
				基金收入	基金支出	累计结余
2003	426.98	311.49	115.49	92.34	81.11	25.90
2004	439.00	315.91	123.09	119.99	89.24	56.64
2005	455.94	324.96	130.98	148.04	100.78	103.90
2006	480.24	341.38	138.86	158.05	111.04	150.92
2007	501.71	353.95	147.77	207.67	143.27	215.51
2008	525.26	369.88	155.39	225.39	175.25	265.65
2009	554.26	383.16	171.10	254.25	205.06	314.84
2010	599.50	392.86	206.64	289.78	252.78	351.79
2011	617.47	396.40	221.06	350.40	308.12	394.08
2012	632.18	397.59	234.59	390.58	377.60	407.06
2013	655.19	406.83	248.36	462.75	448.18	421.64
2014	676.70	415.60	261.10	519.20	516.90	423.90
2015	693.60	420.00	273.70	569.20	609.90	383.10
2016	706.80	420.10	286.70	636.00	676.30	342.80
2017	814.50	482.30	332.20	764.10	767.00	340.00
2018	862.40	505.80	356.60	1055.40	940.30	504.20
2019	882.10	506.20	375.90	1142.80	1263.60	501.90
2020	898.20	512.40	385.80	957.30	1263.20	341.20

二、新农保和城居保制度统筹推进

2009年9月1日，《国务院关于开展新型农村社会养老保险试点的指导意见》发布，新型农村社会养老金保险（简称"新农保"）试点在全国启动；2011年7月1日，城镇居民社会养老保险试点启动。2014年2月起，新农保和城镇居民社会养老保险合并为城乡居民基本养老保险。新农保深入推动了农村养老模式的转变，促进了农村社会保险制度的不断发展和完善。

（一）启动新农保首批试点

新农保以及整合后发展的城乡居民基本养老保险，对完善我国农村社会保障制度具有划时代的历史意义。在新农保诞生之前，我国农村主要依靠家庭为基础的"养儿防老"和亲友邻居互助养老，事实上造成部分无子女与亲友等支持的老人没有经济来源、生活缺乏依靠。新农保探索建立个人缴费、集体补贴和政府补贴相结合的养老保险制度。与新农合、最低生活保障制度一起，为农村社会保障体系奠定了基础框架，是一个具有基本性、公平性和普惠性的框架。新农保试点后建立的城乡居民基本养老保险制度也是完善养老保险制度的关键步骤和重要内容。2009年开始，吉林省先后有19个县（市、区）列入国家第一、二批新农保试点，为进一步扩大试点积累了宝贵经验，创造了有利条件。

（二）新农保逐步扩大试点，实现制度全覆盖

2011年，吉林省城镇居民社会养老保险试点暨第三批新农保试点工作启动。吉林省51个县（市、区）列入城居保试点，34个县（市、区）列入第三批新农保试点，新农保和城居保试点覆盖范围分别达到88.3%和85%，超过全国平均水平28.3和25个百分点，标志着吉林省城乡社会养老保险从制度层面上实现了"全覆盖"。[①]

---

①韩雪洁：《吉林省城乡社保制度迈向"全覆盖"城镇居民社会养老保险暨第三批新农保试点启动》，《劳动保障世界》2011年第11期，第4页。

（三）城居保建立并全覆盖

根据《国务院关于建立统一的城乡居民基本养老保险制度的意见》要求，在认真总结新型农村社会养老保险和城镇居民社会养老保险试点经验的基础上，将新农保和城居保两项制度合并实施，建立统一的城乡居民基本养老保险制度。2014年，按照全覆盖、保基本、有弹性、可持续的政策，以增强公平性、适应流动性、确保可持续性为重点，全面推进并不断完善覆盖全省城乡居民的基本养老保险制度，充分发挥社会保险在保障人民基本生活、调整社会收入分配、促进城乡经济社会协调发展方面的重要作用。吉林省出台了《关于开展城镇居民社会养老保险试点的实施意见》，"建立个人缴费与政府补贴相结合的城镇居民养老保险制度，实行社会统筹与个人账户相结合，支持家庭养老、社会救助、社会福利等其他社会保障政策，保障城镇居民的基本养老生活"。"坚持和完善社会统筹与个人账户相结合的制度模式，巩固和拓展个人缴费、集体补贴、政府补贴相结合的资金渠道，完善基础养老金与个人账户养老金相结合的待遇和支付政策，强化长缴多得、多缴多得的激励机制，完善服务网络，提高管理水平，为参保居民提供方便快捷的服务"。

2014年2月，新农保和城镇居民社会养老保险制度合并实施，建立了统一的城乡居民基本养老保险制度。自制度建立以来，出现了一些重要的新变化。一是，参保人数大幅增加，实际领取待遇的人数也同比增加。二是扩大基础养老金统筹范围，逐步由县级统筹向市、省级统筹转变，最终实现省级统筹。三是建立城乡居民基本养老保险待遇确定和基础养老金正常调整机制，基础养老金逐步增加。城乡居民养老保险最低标准由每月70元调整为2020年的93元。四是进一步强化基本养老金激励机制。五是基本养老保险基金跨地区划转接续服务将更加完善和便利。经过10多年的发展，城乡居民社会养老保险制度逐步完善，取得了显著成效。见表6-6。

表6-6　农村社会养老保险情况及城市居民医疗保险情况

单位：万人

年份	项目	年末参加农村社会养老保险人数	本年参保人数	本年乡镇企业参保人数	领取养老金人数	
					本年领取养老金农民人数	本年退保转移死亡人数
2006	农村社会养老保险人数	8.6	0.1	–	0.2	0.2
2007		7.5	0.1	–	0.1	0.1
2008		7.4	–	–	0.2	0.5
2009		7.6	0.0	–	0.2	0.1
2010	新农保	86.7	32.2	2.4	1.2	1.4
2011		389.5	264.2	10.2	6.1	5.6
2012		561.3	198.1	24.3	12.5	20.6
2014		654.8	233.4	21.6	16.1	35.5
2015	城居保	662.7	218	29.6	25	40.1
2016		667.2	244.7	29.7	26.4	43.4
2017		668.4	245.7	38.3	26.8	54.8
2018		684.3	251.7	41.6	34.1	62.3
2019		702.1	264.4	47.3	37.1	72.5
2020		723.8	261.9	51.8	38.6	85.7

三、基本养老金待遇得到提升

保障水平高低是评价一项社会保障制度绩效的基本指标之一。2000年制定了完善社会保障体系总体方案后，2001年和2002年，在"逐步建立养老金待遇正常调整机制"的指导思想下，国务院两次统一调整全国企业退休人员养老金标准，在规范性上比前几年更进了一步。但总体来看，这8年的6次调整是间断的，相关参数的设定也带有尝试性。经过2003年的间歇，从2004年开始，连年进行养老金待遇调整（以下简称"调待"），迄今再无中断。最初几年的调待探索了如何科学设置参数、合理把握幅度、恰当安排时间以及中央和地方财政资金配置结构等问题，后几年又实行了向重点群体倾斜的政策。

（一）连年调整基本养老金待遇的开端

统一安排提高企业退休人员基本养老金是国务院作出的重要决定。2004年9月30日，劳动保障部、财政部联合印发通知，确定从当年7月1日起，对2003年年底前已按规定办理退休手续的企业退休人员增加基本养老金，调整水平按当地企业在岗职工平均工资增长率的45%左右确定，具体办法由各省级政府制定，调待所需资金从养老保险基金中支付，文件还要求各地注意继续向退休早、养老金偏低的人员适当倾斜。

2004年，吉林省人民政府发布《关于调整和完善城镇企业职工基本养老金计发办法有关问题的通知》，从2004年1月1日起，企业缴费全部纳入社会统筹基金，不再划入个人账户；参保人员个人按本人缴费工资的8%缴纳基本养老保险费，并全部记入个人账户。个人账户规模由本人缴费工资的11%调整为8%。2004年1月1日起，按5%做实个人账户。2003年12月31日前个人账户累计储存额及2004年1月1日后未做实的个人账户储存额，每年按省政府批准公布的记账利率计息；2004年1月1日后做实的个人账户储存额，按综合运营收益率计息，综合运营收益率每年根据实际投资运营情况确定，由省社会保险经办机构每年公布1次。采取老人老办法、新人新办法、中人过渡办法，在建立基本养老保险个人账户制度前参加工作、本办法实施后退休的人员，在发给基础养老金和个人账户养老金的基础上，再发给过渡性养老金及调节金。基础养老金、过渡性养老金及调节金，由社会统筹基金支付；2004年1月1日以后退休人员个人账户养老金由个人账户基金支付。个人账户基金不足以支付时，由社会统筹基金支付。

参保人员达到法定退休（养老）年龄时累计缴费年限不满15年的，不发给基础养老金，个人账户储存额一次支付给本人，其中，建立个人账户制度前视同缴费年限每满1年再发给2个月的指数化月平均缴费工资，由社会统筹基金支付，同时终止基本养老关系。参保人员除国家有特殊规定者外，未达法定退休年龄提前办理退休或退职，按国家和省有关规定相应减发待遇。个体工商户业主、自由职业者、灵活就业人员，男年满60周岁、女年满55周岁时，累计缴费年限满15年的，可按规定办理领取养老保险待遇手续，按月领取基本养老金。基本养老金水平的调整，由省政府按国务院规定组织实施。除国家另有规定外，不再以增加补贴的形式调整离退休人员基本养老金。在当年省统计部门尚未公布上一年度职工月平均工资之前达到法定退休年龄的参保人员，有关部门应及时为其办理退休手续。社会保险经办机构待统计部门正式公布上一年度职工平均工资后，再为其核定基本养老金标准并相应补发。2004年1月1日后，基本养老金领取者死亡的，其遗属按国家有关规定领取的丧葬补助金（丧葬费和一次救助金），由社会统筹基金支付。

从2004年起，将城镇个体工商户业主、自由职业者和灵活就业人员缴费基数统一为当地职工平均工资，缴费比例统一为20%，由本人直接向登记参保所在地的社会保险经办机构缴纳，其中8%记入个人账户。个体工商户雇工按本人缴费基数的8%缴纳基本养老保险费，全部记入个人账户；个体工商户业主按全部雇工缴费基数的12%为其雇工缴纳基本养老保险费，划入社会统筹基金。个体工商户雇工个人缴费由其业主代扣缴。

在完善集体企业养老保险市（州）统筹的基础上，完善城镇社会保障体系试点期间逐步将参保的集体企业纳入省级统筹管理。对未参加过基本养老保险统筹，经当地政府认定，已经没有生产经营能力、无力缴纳基本养老保险费的城镇集体企业，不再纳入养老保险范围。其中没有达到退休年龄且有参保要求的职工，可按个体劳动者基本养老保险有关规定参加基本养老保险，按规定缴纳基本养老保险费，并最迟从建立基本养老保险个人账户制度时补缴基本养老保险费，原符合国家规定的连续工龄视同缴费年限。按照国家和省有关规定，有条件的企业可为职工建立企业年金，并实行市场化运营和管理，费用可由企业和职工个人共同缴纳，企业缴费在工资总额4%以内的部分，可从成本中列支。同时，鼓励开展个人储蓄性养老保险。

（二）第一轮"三年连调"

2004年首度统一调待后，2005年国家开始深入研究有关企业退休人员基本养老金调整的原则和机制。2005年，国务院集中研究完善企业职工基本养老保险制度。2006年5月26日，中共中央政治局会议专题研究改革收入分配制度和规范收入分配秩序问题。按照中央要求、国务院决定，2005年至2007年对企业退休人员基本养老金进行连续三年调整。2006年6月，劳动保障部、财政部印发《关于调整企业退休人员基本养老金的通知》。文件强调此次连续调待要注意向具有高级职称的退休科技人员（后统称为"企业退休高工"）和退休早、养老金相对偏低的人员等适当倾斜。

2005年和2006年两年的调待工作是在2006年合并实施的。吉林省发布《调整企业离退休人员离退休金的通知》，调整基本养老金范围为参加基本养老保险社会统筹（含参加养老保险社会统筹的事业单位）的退休、退职人员。2005年调整基本养老金的人员范围为：2004年12月31日前已按规定办理退休、退职手续的人员。2006年调整基本养老金的人员范围为：2005年12月31日前已按规定办理退休、退职手续的人员。中华人民共和国成立前参加革命工作的退休人员，2005年每月增加70元，2006年每月增加

130元；1957年12月31日前参加工作的退休人员，2005年每月增加55元，2006年每月增加120元；不属于上述范围退休人员，按退休时间确定调整标准。

2005—2007年的这一轮调待政策，显示出五个特点。其一，连续三年提高企业退休人员养老金，对当时社会反响强烈的"待遇差"矛盾是个积极的回应，给企业退休人员吃了"定心丸"。其二，调整的时间和对象明确并且固定，有利于避免临时决策的政策不确定性，可以给群众稳定的预期，也有利于地方和相关部门统筹安排各年的待遇调整。其三，重点倾斜对象由原来退休早、待遇低的群体扩大到企业退休高工，有利于缓解当时反映突出的社会矛盾。其四，各年调整水平经过精心测算，有高有低。制度覆盖面进一步扩大，基金收入将继续快速增加，因此，有能力安排2006年养老金调整增幅更高一些，使企业退休人员待遇提高更快一些，缩小"待遇差"。其五，因应企业离休人员的强烈要求，明确将其待遇调整与企业退休人员分开，而与机关事业单位离休人员基本同步、同水平调整。由于对机关事业单位离休人员只安排在2006年随同工资改革调整离休金，所以没有像企业退休人员那样安排2005年和2007年的待遇调整。

调整退休人员基本养老金所需资金，参加基本养老保险社会统筹的，由基本养老保险基金承担。对确有困难的市、县，由省根据扩面征缴目标完成情况、基金支撑能力、上解调剂金、中央运行缺口补助资金以及中央对本次补助资金等综合因素，通过专项转移支付方式予以适当补助。各级财政部门要进一步调整财政支出结构，加大对养老保险社会统筹基金运行支持力度。未参加我省基本养老保险社会统筹的，调整基本养老金所需资金按原资金渠道解决。两年调整退休人员基本养老金一次性审批，参加基本养老保险社会统筹的，由用人单位或退休人员档案管理机构填写省统一制定的审批表，经当地社会保险经办机构审核，报同级劳动保障部门审批后，由社会保险经办机构或退休人员管理机构负责按时足额发放。

经过第一轮"三年连调"，退休人员基本养老金按上述标准两年调整后，仍低于400元的补到400元；退职人员月基本养老金按上述标准两年调整后仍低于300元的补到300元，总体实现了普遍提高待遇水平、向特定群体适度倾斜的政策设计初衷，使企业退休人员分享到了改革发展的成果，在一定程度上缓解了"待遇差"矛盾，也为以后继续规范调待政策积累了更多经验。

（三）第二轮"三年连调"

为进一步保障和改善企业退休人员生活，缩小群体差别，2007年下半年国务院决定，2008年至2010年再次连续三年调待，人均增加的养老金要超过前三年连调的水平，并继续向企业退休高工以及退休早、基本养老金相对偏低的人员倾斜。

2008年，吉林省发布《关于2008年调整企业退休人员基本养老金的通知》，从2008年1月1日起，为2007年12月31日前已按规定办理退休、退职手续的企业（含参加基本养老保险社会统筹的事业单位）人员增加基本养老金。中华人民共和国成立前参加革命工作的退休人员，每月增加85元；1957年12月31日前参加工作的退休人员，每月增加75元，退职人员每月增加35元。按照上述标准调整后，2007年12月31日前，已满70—79周岁退休、退职人员每月再增加10元，已满80周岁及以上退休退职人员每月再增加30元。

2009年采取普遍调整和特殊调整同步进行，普遍调整每人每月增加65元；累计缴费年限（含视同缴费年限，不含特殊工种折算年限）每满一年，每月再增加1元，不足·年的按·年计算；2008年12月31日前，70—74周岁的每月再增加10元，75—79周岁的每月再增加20元，80周岁及以上的每月再增加30元。①特殊调整向中华人民共和国成立前参加革命工作、1953年底前参加工作、具有高级职称、原工商业者、艰苦边远地区、退休

①艾灵：《吉林省企业退休人员养老金人均涨152元 春节前已发放到位》，《劳动保障世界》2011年第3期，第4页。

军转干部倾斜。

2008年的调待政策较之前有三方面改进。一是起始时间确定为1月1日，比以往提前了半年。这样安排，有利于排除上半年办理退休手续的人员"赶不上"当年调待而觉得"吃亏了"的误解，也与财政预算年度相契合，便于提前进行预算安排。中央财政在2007年年底就提前下拨了对地方的专项补助资金。二是调整水平按照2007年企业退休人员月人均基本养老金的10%确定，而不再按职工上年度工资增长幅度的一定比例执行。这一变化主要出于技术性原因——每年职工工资的统计指标发布较晚，改为1月1日调整养老金后，上年度职工工资增长幅度无法作为调整依据，而人均养老金水平数据能够及时汇总，便于作为基础参数。三是调整方法采取普遍调整与特殊调整相结合。"普调"也要与退休人员的缴费年限、缴费水平和年龄挂钩，增强政策的激励、保障功能，防止一概平均"加钱"。"特调"是指向退休早、基本养老金相对偏低的人员倾斜，除了继续向企业退休高工重点倾斜外，根据各地反映的突出矛盾，新列入的中华人民共和国成立前的老工人、1953年年底前参加工作的人员、原工商业者等倾斜对象，由各地依据实际把握。

调整退休人员基本养老金所需资金，参加基本养老保险社会统筹的，由基本养老保险基金承担。未参加基本养老保险社会统筹的，调整基本养老金所需资金按原资金渠道解决。参加基本养老保险社会统筹的，由用人单位或退休人员档案管理机构填写省统一制定的审批表，经当地社会保险局审核，报同级劳动保障局审批后，由社会保险局或退休人员管理机构负责按时足额发放。

2010年的调待政策和实施要求与前两年基本一致，只是将"特调"平均额度提高到50元，同时强调加大对"文化大革命"前大学毕业、20世纪末之前退休的企业退休高工的倾斜力度。

（四）加大对特定群体的倾斜力度

2005年至2010年，连续6年提高企业退休人员基本养老金，全国企业退休人员的整体待遇明显提高。吉林省企业退休人员人均月养老金也从2004年的601元提高到2010年1126元，增长了近一倍。2011年，国务院决定再次提高企业退休人员基本养老金，以平抑物价上涨带来的生活成本增加，确保退休人员的生活质量不受影响，进一步缩小机关事业单位与企业退休人员养老金差距，维护社会和谐稳定，都具有十分重要的意义。[①]2010年到2012年，继续逐年提高企业退休人员基本养老金水平，但不再采取"三年连调"的方式，调待工作的重点是进一步加大对特定群体的倾斜力度，同时完善相关规则、程序。

省委九届十次全会通过了《吉林省委省政府关于实施富民工程的若干意见》，将调整退休人员基本养老金作为提高全社会保障水平、提高城镇居民收入的重要措施，确定了我省2011年按照不低于13%的增幅提高企业退休人员基本养老金。此次调整正是按照"富民工程"的要求，从解决群众最关心、最直接、最现实的收入问题入手，努力让人民多得实惠，同时也承载着"富民工程"提出的"努力使全省城乡居民收入增长幅度高于全国平均水平"这个目标的重任。

从2008年开始，吉林省在调整养老金过程中引入了"工龄"因素。这是在调待过程中进一步体现基本养老保险"公平与效率兼顾"基本原则的创新，效果很好，得到了广大退休人员的认可和国家人社部门的肯定。2011年的调整政策，是对"普遍调整、工龄调整和特殊对象倾斜"办法的进一步强化，将对我省正常养老金调整机制的建立和实施产生长远的影响。此次调整企业退休人员基本养老金的政策一是坚持了改善民生、增加居民收入的基本方针，全面落实了"富民工程"确定的调待目标；二是全

---

①艾灵：《吉林省企业退休人员养老金人均涨152元 春节前已发放到位》，《劳动保障世界》2011年第3期，第4页。

面落实了国家政策，普调与特调相结合，普调注重公平，特调重在理顺关系，公平为主，对国家政策规定的倾斜对象，政策中都有体现。

2011年，吉林省企业对退休人员养老金作出了调整，主要是对水平问题、普遍调整问题以及调待资金问题的调整。这一次调整不仅提高了退休人员的生活水平，也进一步促进了养老金正常调整机制的建立，有利于养老保险制度体系的进一步完善。2011年的调待水平继续维持在13.5%，调待政策如前，只做了一个微调——倾斜群体集中在企业退休高工和高龄人员，而没有再强调"中华人民共和国成立前的老工人、1953年年底前参加工作的人员和原工商业者"。因为经过多年倾斜，后几个群体养老金水平已明显提高。

2012年，普遍调整每人每月增加125元。累计缴费年限每满一年，每月增加1.5元，不足一年的按一年计算。按照"五七家属工"政策参加基本养老保险的，不参与缴费年限调整。普遍调整基础上，再适当增加基本养老金。①这年养老金增加额大大高于以往各年，是因为明显加大了对企业退休高工的倾斜力度。吉林省从2010年到2012年，连续三年较大幅度超过国家标准提高养老金，三年的调整幅度分别达到13.3%、13.5%、15.6%，累计超出全国平均水平12.4个百分点，逐步缩小了金额与全国平均水平的差距。②

企业退休高工在社会舆论热议的"待遇差"矛盾中最具典型性。因为他们大都与机关事业单位同类人员有同等学力、相似经历，可比性较其他群体更强。在历次调待中都对企业退休高工实行了倾斜政策，使其养老金有较多增长，但与机关事业单位同类人员相比仍有差距，特别是事业单位实行绩效工资制后，其退休人员也随之增加退休生活补贴，还拉大了差距。产生这一矛盾的根本原因是企业与机关事业单位执行不同的养老保障制度，前者实行社会统筹并按照基础养老金、个人账户养老金的结构计发

---

①刘颖、孙丹：《养老金十年连调 退休老人喜开怀》，《劳动保障世界》2014年第5期，第7页。

②昕门：《吉林省调整企业退休人员基本养老金 人均每月上调115元 增幅略高于10%》，《劳动保障世界》2013年第6期，第16页。

和提高待遇，后者则实行单位退休并按照在职人员工资标准计发和提高退休费。所以，长远的解决办法是将被社会称为"双轨制"的制度安排进行统一改革，2008年国务院就制定了事业单位养老保险制度改革方案，这一阶段的措施更大力度地提高了企业退休高工的待遇水平。为此，国务院决定，在2012年和2013年的调待中，继续对企业退休高工适当加大倾斜力度，力争用两年左右时间明显缩小"待遇差"。

（五）实现调整常态化

2013年，吉林省的企业退休人员基本养老金调整工作方案，对企业退休人员和2012年12月31日前已参加基本养老保险并按规定办理退休、离职手续的退休人员，提高基本养老金，按月领取基本养老金。一般调整为每人每月增加115元。累计缴费年限（含视同缴费年限，不含特殊工种转换年限）每满一年每月增加1.5元。如果缴费年限小于一年，则按一年计算。普遍调整注重公平，确保全体退休人员待遇普遍提高，包括不参与工龄项目调整的"五七家属工"等群体，体现了二次分配过程中公平优先的基本原则；同时，努力兼顾效率，持续调整退休人员缴费年限相关因素，努力营造"多缴费、多得待遇"的政策导向。继续适当向高龄老年人倾斜，主要考虑到吉林省年龄较大、提前退休的企业退休人员养老金仍较低的情况；继续优待在企业转业的退役军人，以及优待在企业具有高级职称的退休科技人员。

2014年吉林省调整企业退休人员基本养老金工作，按照国家统一确定10%的调整幅度，人均月增加养老金157元。本次调整企业退休人员基本养老金，惠及全省247万企业退休人员。[1]

2015年，企业退休人员基本养老金调整是自2005年以来的第11次连续调整。此次，企业退休人员基本养老金调整惠及全省260多万企业退休人

---

[1] 刘颖、孙丹：《养老金十年连调 退休老人喜开怀》，《劳动保障世界》2014年第5期，第7页。

员，采取"定额调整、挂钩调整与适当倾斜相结合"的方式，调整水平略高于按2014年企业退休人员月人均基本养老金10%的全国平均调整水平。在本次调整中，定额调整每人每月增加80元，比2014年提高15元。挂钩调整，与缴费年限挂钩部分，档次划分与2014年一致，此外，挂钩调整首次增加了与本人月基本养老金挂钩。倾斜调整部分，对高龄退休人员各档次倾斜调整均比上年标准高10元；对因工负伤，完全丧失劳动能力的退休职工，继续给予倾斜并适当提高倾斜标准。

2016年调整退休人员基本养老金采取定额调整、挂钩调整与适当倾斜相结合的办法。定额调整，每人每月增加80元。挂钩调整与缴费年限挂钩。特殊调整向高龄退休人员、企业退休军转干部、机关事业单位艰苦边远地区津贴的县（市、区）企业退休人员、工伤退休人员倾斜。

2017年，提高了企事业单位退休人员的基本养老金。总体调整水平为2016年退休人员月人均基本养老金的5.5%左右，月人均增长约132元。全省退休人员工资调整惠及企业退休人员285.7万人、机关事业单位退休人员45.6万人，共惠及330万人。这是2016年以来，国家首次统一调整企业和机关事业单位退休人员基本养老金。还同步调整了退休人员的养老金水平，进一步体现了机关事业单位和企业职工养老保险制度的"并轨"方向。

自2018年1月1日起，对按规定办理退休手续并在2017年年底前按月领取基本养老金的企业、机关、事业单位退休人员，提高基本养老基金水平。总体调整水平为2017年退休人员月人均基本养老金的5%左右，继续采取定额调整、挂钩调整、适当倾斜相结合的调整方式。

2019年养老金上调幅度总体为全省退休人员2019年底养老金平均水平的5%左右。退休人员每人每月增加39元。机关事业单位养老保险制度改革（2014年10月1日）后退休人员，暂按临时核定待遇为基数确定基本养老金水平挂钩调整标准，待按改革后的办法重新核定基本养老金后，已领取的待遇多退少补。

2020年调整办法采取定额调整、挂钩调整与适当倾斜相结合的方式。

定额调整体现社会公平，各类退休人员调整标准一致，每人每月增加39元。挂钩调整体现"多缴多得""长缴多得"的激励机制，使在职时多缴费、长缴费的人员多得养老金，一是与本人缴费年限挂钩，继续采取阶梯累加的办法确定标准；二是与本人基本养老金水平挂钩，企业和机关事业单位的挂钩比例一致，为1%。倾斜调整按国家政策确定倾斜群体，主要向高龄人员、艰苦边远地区退休人员及企业退休军队转业干部、工伤退休人员进行适当倾斜。为纾解企业困难，吉林省实施"减免返缓降"社会保险费一揽子政策举措，在基金减收、财政收支压力加大的情况下，继续提高养老金的意义重大，充分体现了政府的责任和担当。

2021年，吉林省养老金总体涨幅为4.5%，每人每月增加36元。养老金调整方案的特点主要表现为"三低两高"。"三低"，指定额调整的标准、与养老金水平挂钩调整的标准、向艰苦边远地区退休人员倾斜的标准，和其他多数省市相比水平比较低。所谓"两高"，指与缴费年限挂钩调整的标准、向高龄老人倾斜的标准，和全国多数地区相比水平比较高。和2020年的方案进行对比，2021年的调整方案体现出了"两降三持平"。"两降"，指每人定额调整的标准、与缴费年限挂钩调整的标准，同比均有所降低。"三持平"，指与养老金水平挂钩调整的比例、向高龄老人倾斜的标准，及向艰苦边远地区退休人员倾斜的标准均和2020年持平。2021年养老金调整最受益的群体有三类：第一类是工龄长的人，他们是与缴费年限挂钩调整的最大受益者。尤其是拥有36年及以上缴费年限的退休人员工龄单价高达4.8元。在已公布养老金调整方案的16个地区中排在第一名。第二类是调整前养老金水平基数高的人，他们是与养老金水平挂钩调整的最大受益者。养老金水平每比别人高1000元钱，就能多涨10元。更利于机关事业单位退休人员。第三类是高龄老人，他们是倾斜调整的最大受益者。年满70岁、75岁和80岁的高龄老人。高龄倾斜标准每档分别为40元、50元、60元。

2022年，养老金调整方案和2021年相比，有三项标准下降，一项标准上升。2022年定额调整部分是每人每月增加36元，后变为了30元。与缴费年限挂钩调整标准下降，高龄倾斜标准下降。按养老金水平挂钩调整标准大幅上升。2022年是根据本人上年度月基本养老金的1%进行增加，后提升为了1.33%。2022年增加的这一比例，大约相当于全部养老金调整金额的1/3。在养老金调整的时候，更加注重多缴多得、长缴多得的激励。2022年养老金上调的总体幅度是4%，比前一年下降了0.5个百分点，但是吉林省由于加大了挂钩调整所占比重，会出现新的养老金方案增加的养老金标准比前一年还多的情况。

四、长期照顾在吉林省全面推广

党的十八届五中全会决定中，有关社会保险领域的一个新突破是在积极开展应对人口老龄化行动的总部署下，提出"探索建立长期护理保险制度"。探索建立长期护理保险制度，是应对人口老龄化、健全社会保障体系的一项重要部署。这超越了社会保险法规定五个险种的框架，在国际社会保障机构对社会保障的九项分类中也没有这一专项，却是我国应对老龄化挑战必要且急迫的举措，对长期照顾护理的需求十分旺盛。满足这方面需求需要多方面资源——养老照护机构、专用设备设施、专业服务人员等，而这些都离不开财务资源的配置。既有的五大险种中与老年人直接相关的养老保险，着眼于化解因年老退出劳动领域产生的收入损失风险，医疗保险虽有化解支出风险的功能，但限于医疗费支出。面对众多老年人长期照顾护理的经济支出，需要新的制度安排。青岛、南通等城市率先开展探索，利用医保基金结余，尝试通过社会统筹、购买服务方式解决失能老年人长期照护需求问题。

按照中央决策部署，总结局部地区初步经验，2016年6月，人力资源和社会保障部印发《关于开展长期护理保险制度试点的指导意见》，确定在吉林省长春市等15个城市开展试点。试点的主要任务是四个探索——探索保障范围、参保缴费、待遇支付等政策体系，探索护理需求认定和等级评定等标准体系和管理办法，探索各类服务机构和护理人员服务质量评价、协议管理和费用结算等办法，探索管理服务的规范和运行机制。

作为国家确定的两个长期护理保险制度重点联系省份之一，吉林省自2015年以来探索开展了长期护理保险体系试点工作，并取得了积极成效。2020年，为进一步推进长期护理保险制度试点工作，吉林省人民政府办公厅转发了《关于进一步推进长期照护保险制度试点实施的通知》，并起草了《吉林省进一步推进长期护理保险制度试点工作实施方案》。在以人为本、基本保障、责任共担、因地制宜、制度创新的原则下，统筹协调，明确了试点期间的基本政策保障范围：长期处于失能状态的职工基本医保参保人群，重点解决重度失能人员基本生活照料和与基本生活密切相关的医疗护理等所需费用筹资标准。在试点阶段，可以通过优化职工医保统筹结构、划转职工医保统筹基金余额、调整职工医保费率等方式筹集资金。支付范围是护理服务机构和护理人员，为参保人员提供符合条件的护理服务所发生的费用。基金支付的总体水平控制在70%左右。可以根据护理水平、服务提供方式等制定不同支付比例的差别待遇和保障政策；基金管理实行单独预算，专款专用；对护理服务机构和从业人员实施协议管理、监督审计等制度，可以借鉴大病保险居民办理制度的经验，探索护理服务和护理产品的委托管理、购买、定制等多种实施路径和方法，积极发挥符合条件的商业保险机构等各种社会力量的作用。①

为贯彻落实《国家医保局 财政部关于扩大长期护理保险制度试点的指导意见》和《中共吉林省委 吉林省人民政府关于加强新时代老龄工作的实施意见》等精神，促进和规范长期护理保险（以下简称"长护险"）居家照护服务，2022年吉林省出台《关于开展长期护理保险居家照护服务的指导意见》。积极应对人口老龄化，补齐民生短板，建立长期护理保险制度，将通过保险方式解决失能人员照护问题作为重点工作予以推进。长春市、吉林市、松原市、通化市、梅河口市、珲春市和省直开展了长护险试

---

① 闻健：《开展长期护理保险制度试点的有关规定》，《老同志之友》2016年第10期，第18页。

点。试点阶段，长护险主要解决了重度失能人员在定点机构的照护问题。2022年以来，长春市等部分试点地区开始探索将长护险服务保障范围延伸至居家照护。

第三节　加强社会救助体系建设

　　社会救助事关困难群众基本生活和衣食冷暖，关系民生、连着民心，是社会建设的兜底性、基础性工作。经过二十年发展，吉林省社会救助事业取得显著成效，困难群众的获得感、幸福感、安全感进一步增强。一是社会救助制度体系全面建立。二是困难群众基本生活保障水平大幅提升。三是脱贫攻坚兜底保障圆满完成。2020年，吉林省出台《关于改革完善社会救助制度的实施意见》，目标是到2025年，建立健全以基本生活救助、专项社会救助、急难社会救助为主体，社会力量参与、分层分类、城乡统筹的社会救助制度体系，形成政府主导、社会参与、制度健全、政策衔接的综合救助格局，推动实现精准救助、高效救助、温暖救助、智慧救助，让城乡困难群众都能得到及时救助。[①]到2035年，实现社会救助事业高质量发展，改革发展成果更多更公平惠及困难群众，民生兜底保障安全网更加密实牢靠。

一、城乡医疗救助不断完善

　　2002年10月印发的《中共中央　国务院关于进一步加强农村卫生工作的决定》，在提出建立新农合制度的同时，要求对农村贫困家庭实行医疗教育，并明确了基本政策框架，包括医疗救助对象是农村五保户和实困农

民家庭，医疗救助的形式可以是对救助对象患大病给予一定的医疗费用补贴，也可以是资助其参加当地合作医疗救助。资金通过政府投入和社会各界自愿捐助等多渠道筹集；中央财政通过专项转移支付对贫困地区农村医疗救助给予适当支持。

2003年11月，民政部会同卫生部、财政部联合印发《关于实施农村医疗救助的意见》，将这项制度定义为"政府拨款和社会各界自愿捐助等多渠道筹资，对患大病农村五保户和贫困农民家庭实行医疗救助的制度"，推进目标是"力争到2005年，在全国基本建立起规范、完善的农村医疗救助制度"。三部门文件的制发，标志着我国农村医疗救助制度正式建立。

2005年3月，国务院办公厅发布《关于建立城市医疗救助制度试点工作的意见》。农村和城镇医疗救助制度普遍建立，对于缓解城乡居民因病致贫、返贫问题发挥了积极作用，但实践中也存在着运行不够规范、审批程序过于复杂等问题，致使一些地区医疗救助资金结存较多而部分患大病贫困群众却未得到及时救助。

2005年，吉林省发布了《关于推进城乡综合社会救助体系建设的指导意见》。为推动全省城乡综合社会救助体系建设，切实保障城乡贫困人口基本生活，建立城镇医疗救助体系，完善农村贫困家庭医疗救助体系。加强城乡社会救助体系建设，是实现城乡统筹发展、振兴吉林老工业基地的重要组成部分。在树立和贯彻科学发展观、加快全面建成小康社会、构建社会主义和谐社会的新形势下，推进城乡综合社会救助体系建设具有十分重要的现实意义和作用。推进城乡综合社会救助体系建设的总体思路是，以制度化建设为核心，政府救助为主导，社会互助为补充，完善政策法规，增加政府投入，整合救助资源，加大救助力度，并提高援助水平。到2007年底，建立以医疗救助、教育救助、住房救助、法律救助为主的城乡居民最低生活保障体系，建立以应急救助、社会救助等制度为支撑的多层次、宽领域的城乡社会救助体系，切实保障城乡困难群众的基本生活，维护社会稳定，促进经济社会协调发展，为振兴吉林老工业基地创造良好的社会环境。

推进城乡社会综合救助体系建设应坚持以下原则：一是政府主导、社会参与的原则。二是城乡统筹、协调发展的原则。三是依法救助、规范管理的原则。四是突出重点、分类救助的原则。五是公开、公正、公平的原则。六是资金专列、分级负担的原则。认真贯彻落实《吉林省人民政府办公厅转发省民政厅等部门关于建立城市医疗救助制度试点工作指导意见的通知》要求，从2005年开始，用两年时间完成城市医疗救助制度试点工作，再用2—3年时间在全省建立管理制度化、运行规范化的城市医疗救助体系。要按照《吉林省农村贫困家庭医疗救助实施办法（试行）》的要求，结合推进新型农村合作医疗试点工作，进一步提高农村医疗救助整体水平。

城乡医疗救助工作作为省政府的重点民生实事之一，关系到贫困群众的切身利益，任务艰巨，责任重大。为全面落实吉林省政府要求，推动城乡医疗救助制度在吉林省全面启动实施，2008年，吉林省发布《吉林省城乡医疗救助指导意见（试行）》，省民政厅、财政厅、卫生厅、人力资源和社会保障厅决定在全省开展城乡医疗救助示范活动。此次示范活动省重点抓珲春市等7个县市，各市、州要至少抓一个区或县（市），未列入示范点的县（市、区）也要按照示范活动方案要求，积极开展医疗救助工作。把城乡医疗救助示范工作摆上重要议程，纳入政府重点工作目标考核体系。从困难群众救助需求出发，结合本地实际，完善制度，规范管理，确保医疗救助制度真正落到实处，有效解决困难群众医疗难题。

自2008年吉林省《城乡医疗救助指导意见》实施以来，全省城乡医疗救助政策日益完善，管理运行逐步规范，制度衔接不断加强，救助水平明显提升。在全面实施城乡居民大病保险基础上，吉林省健全重特大疾病保障机制，先后出台《吉林省城乡居民大病保险实施办法（试行）》《吉林省城乡居民大病救治体系建设实施方案》《吉林省关于建立疾病应急救助制度的实施意见》等政策。目标是到2009年年底，在全省初步建立起覆盖城乡、管理健全、运行规范，与城镇居民基本医疗保险和新型农村合作医疗制度相衔接的城乡医疗救助制度，使城乡困难群众医疗难的问题得到有效缓解。一是启动基线调查，对本县（市、区）内困难群众患病情况进行摸底排查，有详细的数据分析和资金测算方案。二是要明确救助范围，要确保将省《指导意见》规定的四类救助对象全部纳入救助范围，同时对第四类救助对象重病重残及因突发事件医疗费用支出较大造成特殊困难的其他低收入家庭人员认定标准进一步明确。在低收入家庭认定办法出台前，要由审批评议小组对低收入家庭人员进行评议认定。三是要合理确定救助方式。救助方式不应少于住院、日常、临时三种，在省规定标准区间内要进一步明确具体标准，对不同救助对象按不同标准实施分类施救。对"三无"、五保等特殊困难群体在标准上适当提高；对未参保参合低保对象要参照已参保低保对象的救助比例、封顶线进行救助，属于分类施保对象的要相应提高救助标准；有条件的要提高对未参保人员的救助比例和封顶线。①

2012年12月，吉林省出台了《吉林省城乡困难群体重特大疾病医疗救助方案（试行）》，在全省正式启动困难群体重特大疾病医疗救助制度。这是吉林省有效解决困难群众因病致贫、因病返贫的又一重大制度性安排。重特大疾病根据个人年度内累计负担的政策范围内医疗费用认定。个人负担的政策范围内医疗费用指医保（农合）目录内费用扣除医保（农合）报销额后剩余的医疗费用。重特大疾病的确定标准为个人年度内累计负担的政策范围内医疗费用超过5000元。重特大疾病救助对象包括：参保（参合）的农村五保供养对象、城市"三无人员"、城乡低保对象、重点优抚对象（不含1—6级伤残军人）。

2015年，吉林省发布了《吉林省医疗救助实施意见》，救助对象范围进一步扩大，突出重点援助对象和重特大疾病医疗援助，加强和提高医疗救助资金使用效率，规范医疗救助办理。核心内容包括五个方面：明确救助对象范围，包括四类人员，即特困供养人员、农村五保供养人员、城市三无对象和城乡孤儿；城乡最低生活保障目标；低收入家庭中的老年

①赵延芳、景然：《关于吉林省城市医疗救助状况的调查与思考》，《长春市委党校学报》2010年第5期，第89—93页。

人、未成年人、重度残疾人和重症患者；家庭中因疾病而变得贫穷的重症患者。明确了纳入医疗救助的费用范围，包括：参加城镇居民基本医疗保险或新农合的个人缴费部分；住院（大病门诊）政策范围内的自费医疗费用——救助对象参加的基本医疗保险，以及大病保险支付范围内的医疗费用，剩余部分从基本医疗保险和大病保险的报销金额中扣除；符合当地政策的基本医疗门诊费用。定义了六种类型的缓解方法：参保参合资助；基本医疗住院救助；基本医疗门诊救助；大病住院救助；特殊疾病救助；危重症门诊的援助。明确了救助标准，突出了救困、救难，并根据分类救助的原则确定标准。规范医疗救助管理。对医疗救助工作的重点环节进行了相应规范。《实施意见》对医疗救助工作的关键环节进行了规范。经过多年的发展和实践，吉林省医疗救助水平不断提高，如表6-7所示。

表6-7 吉林省医疗救助情况

时间	资助参加医疗保险人数（万人）	资助参加合作医疗人数（万人）	直接医疗救助人数（万人次）	资助参加医疗保险支出（万元）	资助参加合作医疗支出（万元）	直接医疗救助支出（万元）
2012	61.1	58.7	32371.7	28267.2	—	—
2013	77.1	83.4	75.7	4107.5	8726.9	47027.8
2014	89.3	96.2	78.6	1820.7	4089.1	20493.9
2015	70.7	81.5	80.8	4294.5	7673.9	60547.7
2016	63.1	—	48.6	10179.4	—	51296.4
2017	79.8	—	54.3	16097.2	—	55407.4
2018	161.1	—	63.7	17415.9	—	52581.1
2019	136.1	—	65.9	21316.3	—	46321.4
2020	137.7	—	78.2	20795.0	—	31011.7

2016年7月，吉林省政府办公厅印发《关于进一步完善城乡居民大病保险制度的实施意见》，对相关政策进行补充完善。继续实施降低起付线、提高报销比例、合理确定医疗费用范围，对贫困人口、低保对象等贫困群众实行"五提高、一降低、一增加、三减免"倾斜性政策，适度扩大医疗救助范围，积极引导社会力量参与，推动基本医保、大病保险、医疗救助、疾病应急救助、商业健康保险有效衔接。

医疗救助制度进一步完善，全面落实重特大疾病保障制度。城乡居民大病保险业务全部交由商业保险机构承办，筹资标准由每人每年30元提高到50元。截至2018年9月，吉林省共支出大病保险补偿资金2.24亿元，38936人次受益。同时，疾病应急救助制度实现常态运行，疾病应急救助累计救助1.65万人次。民政部门开展直接医疗救助31.1万人次。

2020年健全医疗救助托底保障机制，截至2020年年底，医疗救助共资助困难群众参保126万人，支出基金2亿元；直接救助78万人次，支出基金3亿元。2022年，吉林省聚焦减轻困难群众重特大疾病医疗费用负担，建立健全防范和化解因病致贫返贫长效机制，发布了《关于健全重特大疾病医疗保险和救助制度的实施意见》。增强基本医保、大病保险、医疗救助综合保障能力，充分发挥医疗救助托底保障作用，切实巩固医疗保障脱贫攻坚成果，实事求是确定困难群众医疗保障待遇标准，确保困难群众基本医疗有保障，不因罹患重特大疾病影响基本生活，同时避免过度保障。促进三重制度综合保障与慈善救助、商业健康保险等协同发展、有效衔接，构建政府主导、多方参与的多层次医疗保障体系。明确救助对象范围。医疗救助公平覆盖医疗费用负担较重的吉林省困难职工和城乡居民，根据救助对象类别实施分类救助。具有多重身份的救助对象，按照就高不就低原则实施救助。各统筹地区要按上述救助对象类别统一统筹区内医疗救助对象范围。对统筹区内其他属于上述救助对象的特殊困难人员，按相应类别给予救助。巩固拓展医疗保障脱贫攻坚成果有效衔接乡村振兴战略过渡期，对脱贫人口按照有关政策规定给予医疗救助托底保障。

确保困难群众应保尽保。困难群众依法参加基本医保，按规定享有三重制度保障权益。全面落实城乡居民基本医保参保财政补助政策，对个人缴费确有困难的群众给予分类资助。其中，一类人员给予全额资助；二类人员给予定额资助。定额资助标准全省按照居民医保个人缴费标准的一定比例统一设定。适应人口流动和参保需求变化，灵活调整救助对象参保缴费方式，确保其及时参保、应保尽保。

促进三重制度互补衔接。发挥基本医保主体保障功能，严格执行基本医保支付范围和标准，实施公平适度保障；增强大病保险减负功能，过渡期内对一类人员、二类人员实施大病保险倾斜支付政策，发挥补充保障作用；夯实医疗救助托底保障功能，按照"先保险后救助"的原则，对基本医保、大病保险等支付后个人医疗费用负担仍然较重的救助对象按规定实施救助，合力防范因病致贫返贫风险。

二、城乡低保水平不断提升

自东北振兴战略实施以来，吉林省在规范管理方面主要做了四项工作：一是制定了具体实施办法和操作规程，推动政策法规体系建设和完善，使城市最低生活保障制度建设朝着法制化、科学化建设的方向发展；二是规范资格申请审批流程，加大外部监督力度，在城市最低生活保障制度实施中充分体现公开、公平、公正的原则；三是建立健全职能机构设置、队伍建设和资金保障机制；四是不断探索分类保险的适用方法，显著提高城市最低生活保障制度的科学性和准确性。[①]

2005年，吉林省出台《关于推进城乡社会综合救助体系建设的指导意见》，进一步完善城市低保制度。进一步加强城市低保制度的动态管理，坚持做好分类施保工作，科学合理确定保障对象、保障标准，认真核算家

[①]周敬彤：《吉林省城市低保制度实施现状与完善策略研究》，硕士学位论文，东北师范大学社会保障系，2020，第14页。

庭收入，做到动态管理下的应保尽保。完善低保制度的法规体系建设，使低保工作的每一个环节都有法可依，对农村困难家庭实行制度化保障。同时，对主要劳动力残疾或长期患病、无力保证子女享受义务教育以及收养或领养孤儿的困难家庭实施重点保障。

2009年，吉林省放宽了城市低保范围，城市低保制度的救济性得以体现，城市低保对象达到近年来的最高水平。2012年开发并运行的信息查询系统取代了手工收集和调查低保信息的传统方法。城市低保家庭和个人的详细经济条件得到了全面和长期的保存。低保的纳入和退出以及退出后重新申请低保的情况都记录在系统中。因此，自2012年以来，随着经济的发展，城市最低生活保障基金的金额一直在增加。由于中等收入财产信息类型的扩大，城市低收入群体的识别越来越详细，识别的准确性显著提高，城市低保人数趋于稳定。

2014年，吉林省民政厅印发了《吉林省最低生活保障工作条例（暂行）》，现已成为吉林省行政区域内最低生活保障待遇申请、审核、审批和日常管理的政策性文件。经过20多年的探索、学习和总结，吉林省逐步建立了更加科学合理的城市最低生活保障制度。工作机制的逐步完善，保障了吉林省弱势群体的基本生活权益，为维护经济社会和谐稳定、建设幸福吉林作出了突出贡献。吉林省城市最低生活保障制度建立以来，不断建立健全体制机制，加强规范管理，实现动态管理下的制度保障。随着信息核查等审批方式的不断发展，确保了低收入群体身份识别的准确性。

2019年，城镇最低生活保障月补贴水平和月人均最低生活保障水平分别比上年增长4.96%和21.8%，分别达到508元和486元。农村最低生活标准和人均年补贴分别提高3.7%和33.3%，达到3872元和2448元，为全省低收入人口的生活水平提供了基本保障。

2022年，吉林省城乡低保城市分别为每月650元、600元和550元，农村分别为每月415元、410元和405元。城乡特困居民基本生活标准不低于上一年度当地城乡居民最低生活标准的1.3倍；对特困人员实行全护理、半护理、全自理的城乡居民的照顾标准，不得低于当地上一年度最低工资标准的30%、20%和10%。

东北振兴二十年来，吉林省社会救助事业取得显著成效，困难群众的获得感、幸福感、安全感进一步增强。一是社会救助制度体系全面建立。建成最低生活保障、特困人员救助供养、受灾人员救助、医疗救助、教育救助、住房救助、就业救助、临时救助以及社会力量参与的"8+1"的社会救助制度体系，在保障公民基本生活、促进社会公平、维护社会和谐稳定方面发挥了重要作用。二是困难群众基本生活保障水平大幅提升。"十三五"末期城乡最低生活保障年保障标准分别达到6552元、4372元，困难群众基本生活得到有效保障。三是脱贫攻坚兜底保障圆满完成。全面落实《中共中央 国务院关于打赢脱贫攻坚战的决定》，深入推进农村最低生活保障兜底一批的脱贫方略，到2020年全省所有县（市、区）农村最低生活保障标准均达到国家扶贫标准（年人均4000元）以上，对21.5万建档立卡贫困人口实现了兜住收入水平、兜准救助对象、兜实保障待遇、兜牢民生底线的"四兜"目标。未来到2025年，吉林省要建立健全以基本生活救助、专项社会救助、急难社会救助为主体，社会力量参与为补充，分层分类、城乡统筹的社会救助制度体系，形成政府主导、社会参与、制度健全、政策衔接、兜底有力的综合救助格局，推动实现精准救助、高效救助、温暖救助、智慧救助，保证城乡困难群众都能得到及时救助。

随着新时代吉林全面振兴、全方位振兴新征程的开启，医疗保障事业迎来重大发展机遇，也面临着前所未有的严峻挑战。当前，外部环境存在诸多不确定性，经济恢复基础尚不牢固；劳动力外流，常住人口低增长、净减少，老龄化趋势明显；医保筹资能力不足，统筹层次不高，基金中长期平衡压力较大；城乡、区域、群体之间待遇差异不尽合理；医保公共服务能力同群众需求还存在一定差距；一些深层次的矛盾和问题日益显现，医保重点领域和关键环节改革任务仍然十分艰巨。同时，我们更应看到，我国制度优势显著，治理效能提升，发展韧劲强劲，社会大局稳定；更应看到党中央、国务院深化医疗保障制度改革的重大决策部署和我国"十四五"全民医疗保障规划的顶层设计引领，以及吉林正处于振兴发展重大机遇期等前所未有的加快推动全省医疗保障高质量发展的有利条件。

第七章

民生建设与住房保障

　　棚户区改造是我省一项重要的民生保障工程。加快棚户区改造对有效解决低收入群体住房困难、完善城市配套基础设施、加快商品房去库存、解决棚户区居民就业问题、促进经济社会可持续发展具有重要作用。吉林省实施城市棚户区改造是一项"德政工程"和"民心工程"。在推进老工业基地振兴中，吉林省委、省政府结合实际，作出了实施城市棚户区改造的重大决策，切实解决人民群众实际生活中的住房困难。

　　自2006年以来，吉林省先后实施了城市棚户区、煤矿棚户区、林业棚户区、国有工矿棚户区、农村泥草房（危房）、国有垦区改造，以及廉租住房和公共租赁住房建设。全省保障性安居工程由"一路"拓展到"八路"，实现了从城市到农村，从矿区、林区到垦区的全覆盖。该项目涉及面广，建设量大，受益人数居全国前列。保障性工程的实施，使全省城乡住房困难群众直接受益，实现了住有所居的梦想。

第一节　保障性安居工程持续推进

吉林省委、省政府高度重视棚户区改造工作。为确保城市棚户区改造工作顺利实施，省委、省政府召开了动员会，成立了专门的领导小组和管理机构，并加强了组织协调。各市（州）党委、政府主要领导亲自负责并组织实施。同时，制定并颁布了一系列配套政策和相关规定，包括规划设计、房屋拆迁、土地使用、税费减免、资金筹集、社会保障、纪检监察等具体措施和实施细则。在全省棚户区改造工程实施过程中，各地各部门坚持统一领导、统一组织、加强协调；坚持属地化实施；坚持以市场化运作为主与政府组织相结合；坚持依法经营，阳光拆迁，公开、公平、公正；坚持以全面规划、合理布局、因地制宜、综合开发、配套建设、改造提升相结合的原则进行建设，使棚户区改造得到群众的支持。为了突破资金"瓶颈"，棚户区改造采取了政府组织、市场运作、招商引资等多种方式。主要方法是提供银行贷款、财政支持、政策优惠、群众自筹和市场开发来补充建设资金。①

一、吉林省棚户区的历史遗留问题

吉林省棚户区是一个历史遗留问题。中华人民共和国成立后，"一五"期间，吉林省根据国家工业的总体布局，实施了11个国家重点项目，开始新建并扩建一批工厂，如一汽、三大化、热电厂、丰满水电厂等，由于工业发展比较早、城市发展较快。有的城市在建设国有老企业过程中，为了解决工人居住问题就建造了大批简易住房、土石房和小平房，

①刘长平：《棚户区改造惠及千家万户》，《新长征》2009年第9期，第15—16页。

造成大量棚户区存在。有的城市设市较晚，区域性中心城市规模小、功能弱、城市化水平低，原城镇居民大多居住在平房内，随着城市的发展壮大，城市人口快速增长和城市建设滞后的矛盾日益凸显，在大型企事业单位及城市边缘区域形成了大片的棚户区。

吉林省城市棚户区面广量大，仅9个市州政府所在地城市，3万平方米以上的集中连片棚户区就有1500万平方米，居住着37万户、100多万人口。这些棚户区房屋建成使用时间长、密度大，人均居住面积不足10平方米。呈现如下特点：房龄长，房屋陈旧，险房危房多。房龄基本在三五十年左右，房屋特别是平房区，年久失修，墙体破裂，地面下沉，房顶漏雨。配套设施缺乏，生活十分不便。区域内大多无排水、无暖气、无煤气，旱厕也十分紧张，一些地区的电线老化，存在水灾、火灾等安全隐患。地处偏僻，环境恶劣。位于城区边缘，房挨房，偏厦靠偏厦，垃圾乱倒，杂物随意堆放，晴天尘土飞扬，雨天泥泞遍地，环境脏、乱、差，居住难、出行难、购物难等问题尤为突出。弱势群体集中，既没有条件改造住房，也没有能力购买新房居住，环境长时间没有改变。公共秩序混乱，严重影响社会治安。区域内居民成分复杂，大都生活困难、无正当职业，由于地域偏僻，基础设施严重落后和缺乏，社会治安状况不好，很难吸引外来投资，地区经济社会发展长期滞后于社会整体发展水平。常年生活于这种相对封闭、恶劣的社会生活环境中的居民，思想意识、行为方式也很难与现代社会相融合，普遍依赖思想严重，主动创业进取意识淡薄。很多居民宁愿守着"低保"和救济，却对政府、街道、社区安排的就业岗位不感兴趣，行为取向更趋于千方百计争取享受政府的社会保障和救济政策。

党中央、国务院十分重视城市贫困人口的工作。中央领导同志多次作出重要指示，强调要特别关心低收入者集中的棚户区群众，通过多种途径帮助他们改善生活和居住条件。有关领导曾几次到煤矿区调研、考察，了解情况。2005年8月12日，有关部门专门召开一个中央下放地方煤矿棚户区改造座谈会，并作了重要指示，中央十分重视东北地区煤矿棚户区改造工作，中央支持，省级负责，主要依靠地方政府做好工作，统筹规划、分步实施，积极稳妥地推进棚户区改造，把棚户区改造这件好事办好。建设部为贯彻落实党中央、国务院关于振兴东北地区等老工业基地的战略部署，推进东北地区棚户区改造工作，2005年10月7日下发了《关于推进东北地区棚户区改造工作的指导意见》。吉林省为了认真准备和落实好中央布置棚户区改造工作精神，2005年9月5日至9日，由省建设厅秦福义副厅长带队，组织各市州建委主任，到辽宁省铁岭、本溪、丹东、抚顺四地学习考察棚户区改造开展情况，带回了有关棚户区改造的宝贵经验，为吉林省全面开展棚户区改造工作打下良好基础。2005年年底，省人民政府出台了《吉林省城市棚户区改造实施意见》等一系列关于城市棚户区改造的政策文件，就此拉开了吉林省棚户区改造攻坚战的序幕。

二、棚户区改造的启动

吉林省人民政府于2005年12月7日颁布《关于城市棚户区改造的实施意见》，12月23日，吉林省城市棚户区改造动员大会在长春市召开。省委书记王云坤主持会议并作重要讲话。省长在会上进行了工作动员和具体部署。总体任务和目标是，从2006年开始，用3年时间进行拆迁，用5年时间基本完成吉林省9个市州中心城市集中连片棚户区1500万平方米的改造任务。各种媒体以新闻视点、专题介绍、政策解答等多种形式，围绕棚户区改造的意义、内容和出台的政策进行广泛宣传、深入发动。2006年，吉林省完成城市棚户区改造950万平方米，回迁安置15万户、45万人。2006年在吉林省、市范围内开始实施的《关于城市棚户区改造的实施意见》，从2007年正式由市一级全面扩展到县（市）一级。

三、棚户区改造攻坚阶段

2007年起，吉林省依法组织实施阳光拆迁，合理安置补偿，确保及时回迁。我省成立了以省委书记、省长为组长，各厅局和各市州一把手为成员的吉林省城市棚户区改造领导小组，并出台了30多个棚户区改造配套政策和相关规定。各级政府和相关部门深入到拆迁现场第一线，逐家逐户宣传解释有关政策，解答群众提出的各种问题。为了尽快拆迁、回迁，尽快地安置百姓居住到新楼房，参加棚户区改造的广大党员干部，他们争分夺秒、没日没夜地奔忙在拆迁和建设现场，他们顶风雨、冒酷暑，披星戴月，毫无怨言地奋战在拆迁第一线，帮助群众解决拆迁、回迁中的实际困难。棚户区改造中对私有产权的原面积部分拆一还一，原地回迁对扩大面积部分按照成本价购买，对于城市低保户，扩大面积部分可确认为公有产权，实施廉租办法，无力承担租金的，由管理部门记账，代缴租金。①

加强建设监管，确保工程质量。各市州政府根据棚户区改造方案和建设计划，依法组织开发、设计、施工、监理单位的招投标，优中选优，吸引和鼓励有实力的施工单位参与改造，建设节能省地型住宅。居民回迁楼多为六层楼建筑，学校、医院、农贸市场、超市等配套设施齐全。棚户区改造在户型设计上最大限度满足回迁户的要求，以中小户型为主，面积为45、55、65、75平方米。回迁楼的室内设计具备卧室、厨房、卫生间等基本生活空间，安装必备的生活设施，并给予简易装修，达到基本居住条件，回迁房采用节能住宅设计，注重回迁房外墙保温材料的选用，使回迁楼达到适用、节能的效果。

2007年，吉林省政府决定在继续实施城市棚户区改造的同时，启动县（市）棚户区改造，9个市州和41个县（市）共改造棚户区1720万平方米，解决了27万户、85万人的住房问题。2008年，吉林省9个市州在完成省下达棚改指标后，根据当地实际情况自行组织开展改造工作，共完成900万平方米，使13万户、30万人告别棚户区。2006年至2008年，吉林省城市棚户区改造任务数量仅为面积，对户数没有要求。自2009年以来，改造任务量由两个指标组成：面积和户数。2006年，吉林省的改造仅限于地级市，任务

---

① 柳青：《改善民生 构建和谐 全省棚户区改造繁花似锦》，《新长征》2007年第15期，第18—21页。

量为750万平方米；2007年棚户区改造扩大到县级市时，改造面积近1000万平方米；由于政策变化，2008年吉林省的任务量降至270万平方米。此后，任务量连续三年增加，2009年、2010年到2011年三年间，从600万平方米、9万套的任务量大幅增至1000万平方米、15万套。2012年和2013年，持续回落到12万套和9.2万套。2014年，又增长到15万套。①

吉林省各地在棚户区改造规划设计上，考虑到北方冬季需要充足阳光的要求，为了避免挡光，规划回迁楼房间距一般都按1∶1.7设计，按标准留够绿化面积和小区公共空间，棚改后小区绿化率一般达到30%以上。在楼的外形设计上追求美观大方、线条简洁明快、色彩清新、风格多样化。室内设计具备卧室、厨房、卫生间等基本生活空间，安装必备的生活设施，并给予简易装修，达到基本居住条件。小区内设有休闲广场、健身设施、水洗公厕、农贸市场和商业步行街等配套设施，充分体现环境美和以人为本理念。吉林省改造后的棚户区中小户型占70%以上。人均住房使用面积达11.5平方米，人均净增加4.5平方米。昔日低矮、简陋、潮湿、脏乱的棚户区不见了，一幢幢高楼拔地而起，现代化的基础配套设施和道路交通组织发挥城市的整体功能，城市面貌和居民居住环境得到有效改善。

2006年投资332亿元，棚户区改造拉动吉林省GDP增长0.6个百分点。2006年吉林省建材工业总产值完成130亿元，实现增加值47亿元，实现利税13亿元，分别比上年增长49.75%、69.61%和38.74%。②其中生产水泥2525万吨，增幅居全国之首。根据相关规定，棚户区新建建筑改造必须全部建成节能建筑，并大量使用新型节能墙体材料。2006年，吉林省新型墙材生产比例达到51%，增幅居全国前列。棚户区改造不仅直接拉动了建筑业、建材业发展，还带动了运输业、金融业、服务业等30多个相关产业发展，

①王海莹：《吉林省城市棚户区改造问题研究》，硕士学位论文，吉林大学，2015，第9页。

②赵斌、左江：《吉林建设系统"铁肩"担重任》，《中国建设报》，2007-02-25（001）。

同时也为从事建筑施工、物业管理、社区服务等方面的人员提供了就业机会，扩大了就业范围。通过棚户区改造，城市基础设施也得到了改善，吸引了超过20亿元的投资，进一步增强了城市的综合承载力和辐射带动作用，为吸引外资创造了良好的环境，扩大了招商规模，加快了项目建设。

四、从"五路安居"到"八路安居"

棚户区改造工作的顺利完成，促进了吉林省保障性安居工程建设。2009年，吉林省整合各路安居工程，全面实施"五路安居"工程建设。2010年，按照国家统一部署，吉林省启动国有工矿棚户区改造，保障性安居工程从"五路安居"扩展到"六路安居"。2011年，吉林省正式启动公共租赁住房建设和国有垦区危房改造，安居工程扩展到"八路安居"。至2011年底，吉林省城市棚户区累计拆迁改造5884.2万平方米，使86.7万户、260万城市棚户区居民住上了新房，同时改造国有工矿棚户区2.9万套、140.9万平方米，有效增加了棚户区家庭的财产性收入。[①]截至2012年年底，全省共改造各类棚户区147.08万户、9434.8万平方米，完成投资1479.51亿元，并带动相关产业增加投资3000多亿元。

2009年，吉林省政府出台了支持棚户区改造的相关优惠政策，促进了地方政府和市场参与者的发展。棚户区改造面积增加到600多万平方米。[②]2009年至2010年，吉林省保障性安居工程的主要任务如下：一是在三年内，将34.4万户家庭实现廉租住房安置，30.9万户家庭获得租金补贴。到2011年，基本实现全省城镇低收入住房家庭全覆盖的目标；二是三年内完成1700万平方米城市棚户区（危旧房）改造；三是三年内完成637万平方米煤矿棚户区改造，新建居民点37个，安置居民104417人；四是在三年

①元舒：《广厦千万间 住者有其居》，《经济日报》2012年10月第2版。
②高歌：《积极发挥职能作用 助力"五路安居"工程——吉林省墙改建筑节能办采取有效措施全力协助省厅推进"五路安居"工程》，《墙材革新与建筑节能》2010年第6期，第18—19页。

内完成55.6万户农村泥草房改造；五是三年内完成700万平方米林业棚户区改造，安置居民14万户。通过安全安居工程建设，全省城乡困难居民的住房条件和居住环境普遍得到改善。为配合"五路保障房"项目建设，2009年，省墙改建筑节能办制定并完成了《吉林省新型墙体材料专项资金支持项目申请指南（试行）》的起草工作；编制了相关产品标准图集和新型墙体材料试验方法，编制了《烧结多孔保温砌块墙建筑结构》《GZL复合砌块墙节能结构》《异形混凝土小型空心砌块试验方法》；全面开展节能建筑验收认证，对118个建设单位1039个工程项目进行节能验收，总建筑面积515万平方米。同时，为了加快节能技术的推广和普及，引导企业采用先进的节能新工艺、新技术、新设备，在吉林省"全国节能减排技术应用与产品巡展"活动中，积极组织新型墙体材料企业参展，共推介了来自19家节能设备制造商的64款节能产品。省墙改建筑节能办还就新型墙体材料在全省的推广应用举办了四场讲座。2009年，在国务院召开的三次全国保障性安居工程工作会议上，吉林省是全国唯一作过典型发言的省份，得到了李克强和国家有关部委的充分肯定。[1]2009年10月26日，中央电视台《新闻联播》头条新闻以廉租住房"按份共有产权"和"棚改解决廉租住房"两项创新为重点，对吉林省保障性安居工程工作进行专题报道，并给予了高度评价。《人民日报》、新华社、中央电视台等七家中央媒体，对吉林省保障性安居工程建设工作进行了实地采访，进行了连续宣传报道，给予了高度评价。[2]

---

[1] 高歌：《积极发挥职能作用 助力"五路安居"工程——吉林省墙改建筑节能办采取有效措施全力协助省厅推进"五路安居"工程》，《墙材革新与建筑节能》2010年第6期，第18—19页。

[2] 舒佳乐、董爽：《吉林省保障性安居工程 "六路安居"筑和谐 "民生工程"立丰碑》，《吉林日报》，2010年10月28日第6版。

五、加快推进安居工程

为了解决棚改项目带来的资金困难，吉林省建立了包括"政策减免、财政补偿、市场融资、银行贷款、企业优惠、个人收购"在内的"六点"筹资长效机制。自2006年以来，各级政府已投入500多亿元用于城市棚户区改造。2013年10月，吉林省采取"统一审核、统一授信、分包签约、协同贷款"的模式，落实棚户区改造专项贷款300多亿元。此外，吉林省正在探索建立"腾一段、建一块、安置一块地"的滚动改造模式。政府首先从土地储备中拿出一块净地，用于安置上一年迁出的居民。腾出的土地随后用于为新一年搬离的居民建造建筑，这使棚改的总体建设速度翻了一番。

2013年7月，吉林省发布《加快推进城乡危房和棚户区改造实施方案》，2013年，吉林省城乡危房和各类棚户区改造任务总计34.81万户、2143.4万平方米。其中：D级城市危房3.54万户、194.4万平方米；农村危房11.9万户、714万平方米；各类棚户区共计19.37万户、1238万平方米，包括城市棚户区9.2万户、650万平方米，林业棚户区1万户、50万平方米，国有工矿棚户区2.85万户、165万平方米，国有垦区棚户区1.56万户、92万平方米，塌陷棚户区2万户、116万平方米，煤矿棚户区2.76万户、165万平方米（续建）。同时，建设廉租住房1万户，建设公共租赁住房0.5万户，发放住房租赁补贴25万户。到2013年底，吉林省棚户区改造达到了107.9万套、7423.4万平方米，完成投资1439.77亿元。

2014年，吉林省完成改造城市棚户区1200万平方米，实现直接完成投资480亿元，直接带动房地产业完成投资1200亿元，间接拉动相关产业完成投资2000余亿元。这不仅再次刷新了吉林"棚改速度"，而且加快拉动了经济增长。[1]2014年至2017年，吉林省计划改造城市棚户区503万户，基本完成6000平方米以上的集中连片棚户区改造。同时，稳步推进林业、国有

---

[1]曾毅、任爽：《吉林棚改：搬出忧居 圆梦乐居》，《光明日报》，2014年10月第3版。

工矿、垦区棚户区和农村危房改造，加快公共租赁住房建设。2017年，吉林省计划改造各类棚户区11.5万套，实际开工建设11.9万套，完成年度计划的103.4%；基本建成13.04万套，完成年度计划的124.2%；完成投资331亿元，完成年度计划的165.5%。吉林省棚改贷款授信（审批）338.27亿元，完成年度计划的151.4%，实际发放棚改贷款234.20亿元。吉林省各项目标任务完成情况均已通过审计部门确认。吉林省保障性安居工程在财政部的绩效考评中，被评为优秀档次，位居全国前列。

六、实施三年棚改攻坚计划

2018年，围绕吉林省政府提出的"新建项目开工率6月底达60%以上、9月底达100%"的节点目标任务，全面实施2018年至2020年三年棚改攻坚计划。2018年至2020年，吉林省计划改造各类棚户区（含城中村、危旧房）26.65万套。要求各地抢抓机遇，对现有棚户区进行全面系统排查，抓紧编制棚户区改造三年计划。力争到2020年底，基本完成城市和县（市）政府所在地城镇建成区范围内的现有棚户区改造任务。要求各地重点改造城市建成区范围内的棚户区（含城中村、危旧房），要将建成区内地块较小、零星分散、改造难度大的"夹馅"棚户区全部纳入改造范围。对商品住房库存不足、房价上涨压力较大的市县，要以新建棚改安置住房方式实施改造；对商品住房库存量较大的市县，原则上应当现房安置，不得购买未取得商品房预售许可证、当年不能竣工交付使用的期房。

2019年，吉林省计划改造各类棚户区3.47万套，实际开工3.61万套，完成计划的104.3%；计划基本建成2.26万套，实际建成3.82万套，完成年度计划的169%；计划发放公租房保障家庭住房租赁补贴8.65万户，实际发放9.83万户，完成年度计划的113.6%。[①]年度各项计划任务已通过审计部门确认，并在财政部的绩效考评中，被评为优秀档次。

---

① 聂芳芳：《我省今年计划改造1.8万套城市棚户区》，《吉林日报》，2020年6月第3版。

2020年，吉林省计划改造各类棚户区1.8万套，实际开工2.02万套，完成计划的112.7%；计划基本建成1.38万套，实际建成2.1万套，完成年度计划的152.1%；计划完成投资40亿元，实际完成69.4亿元，完成年度计划的173.6%；计划发放公租房保障家庭住房租赁补贴10.05万户，实际发放10.05万户，完成年度计划的100%；吉林省累计筹集公租房33.33万套，截至2020年年底，已分配32.1万套，分配率96.3%，超额完成国家公租房分配率90%以上的目标任务。

2006年至2020年，从城市到乡镇、从林场到垦区，吉林省270余万户住房困难群众喜迁新居，15年受益群众800余万人；改造完成投资3987亿元，带动相关联产业投资7500余亿元；吉林省约2万户中等偏下收入无房家庭和新市民群体的住房困难问题得到解决。[①]

七、统筹推进安居工程建设

吉林省将探索构建符合省情的住房保障体系，持续统筹推进吉林省棚户区改造工作，"十四五"期间计划改造各类棚户区7.36万套，其中，城市棚户区6.57万套，国有工矿棚户区0.79万套。2021年，吉林省1749个弃管小区（栋）实现动态清零；1623个城镇老旧小区改造全部开工，棚户区改造开工1.81万套。2021年已改造老旧小区58个，涉及住宅楼433栋、建筑面积267万平方米，惠及居民2.9万户，总投资约4.6亿元。2022年，改造1142个城镇老旧小区，实施17个城镇污水处理厂的新改扩建，新建和改造污水管网400公里。[②]2022年，全省24个市县计划改造各类棚户区2.04万套。截至2022年9月30日，完成年度计划的101.2%。实际完成投资79.7亿元，完成年度计划的159.4%，见表7-1。

据悉，吉林省曾于2020年发布《吉林省人民政府办公厅关于全面推

①聂芳芳：《从住房之变看幸福吉林》，《吉林日报》，2021年7月第3版。
②聂芳芳：《我省今年全面推进城市更新》，《吉林日报》，2022年7月第3版。

进城镇老旧小区改造工作的实施意见》。其中提出，到2025年年底，在确保完成2000年底前建成的城镇老旧小区改造的基础上，具备条件的市（州）、县（市、区）可将2005年年底前建成的城镇老旧小区纳入改造范围，力争基本完成2005年年底前建成的城镇老旧小区改造。

表7-1　2022年1—9月全省棚户区改造开工进展情况表

单位：套（户）

序号	市县名称	计划任务	完成情况			
			合计	完成比例	建设安置	货币化安置
全省合计		20445	20692	101.2%	14265	6427
1	伊通县	399	1349	338.1%	1349	0
2	长白县	93	138	148.4%	0	138
3	德惠市	1100	1146	104.2%	1146	0
4	舒兰市	316	322	101.9%	316	6
5	白城市	2000	2004	100.2%	2000	4
6	梅河口市	2320	2322	100.1%	280	2042
7	长春市	5749	5749	100.0%	2837	2912
8	双辽市	1642	1642	100.0%	1642	0
9	榆树市	1588	1588	100.0%	1588	0
10	通榆县	1506	1506	100.0%	1506	0
11	镇赉县	500	500	100.0%	0	500
12	龙井市	353	353	100.0%	287	66
13	辉南县	352	352	100.0%	352	0
14	延吉市	265	265	100.0%	249	16
15	汪清县	187	187	100.0%	187	0
16	吉林市	155	155	100.0%	155	0

序号	市县名称	计划任务	完成情况			
			合计	完成比例	建设安置	货币化安置
17	蛟河市	120	120	100.0%	0	120
18	桦甸市	65	65	100.0%	0	65
19	安图县	50	50	100.0%	0	50
20	大安市	29	29	100.0%	0	29
21	敦化市	20	20	100.0%	9	11
22	抚松县	12	12	100.0%	12	0
23	靖宇县	448	265	59.2%	0	265
24	梨树县	1176	553	47.0%	350	203

第二节　保障性住房建设持续拓展

为扩大保障性租赁住房供应，解决弱势群体和新市民的住房问题，吉林省因地制宜、分区施策，大力推进保障性租赁房建设，建立供应主体多元、多渠道保障、租购并举的住房体系，努力解决新市民和年轻人的住房问题，努力提高新城居民住房的幸福感。自2005年以来，国家出台了一系列宏观经济调控政策，以解决房地产开发投资过多、房价高、投资结构不合理等问题。在住房政策方面，调整了市场化住房供应方向，加强住房保障体系建设，初步形成了以廉租住房、经济适用住房、公共租赁住房为主要形式，"低端保障、中端支持"的住房保障政策框架体系。吉林省进一步加大政策支持力度，继续实施保障性安居工程建设、棚户区改造步伐、城市廉租住房和公共租赁住房建设，实施农村危房改造试点，基本满足城乡低收入人群和中低收入人群的住房需求。同时，加快推进暖房项目，逐步扩大其范围，并将其推广到县市区。积极实施供暖计量收费改革，以困难群众供暖保障为重点，建立覆盖全体居民的供暖保障机制。2022年1月19日，吉林省人民政府办公厅正式印发了《关于加快发展保障性租赁住房的实施意见》。

一、廉租房建设不断加强

廉租住房是政府和单位在住房领域实施的一项社会保障功能，为城镇户口低收入家庭提供相对廉价的保障性住房；廉租住房制度是我国住房保障体系的重要组成部分，也是社会救助体系的重要内容。吉林省政府先后出台了《关于解决城市低收入家庭住房困难的实施意见》《吉林省城镇低收入住房困难家庭廉租住房保障办法》《吉林省廉租住房项目委托建设、购买招投标管理办法》《吉林省廉租住房配建暂行办法》《吉林省地方国营农林场廉租住房建设指导意见》等。①

吉林省在《吉林省城镇低收入住房困难家庭廉租住房保障办法》中做了明确的规定，即吉林省廉租住房保障对象是城市、县人民政府所在地的镇及林业、煤矿、农垦等独立工矿区内的低收入住房困难家庭。从保护范围来看，吉林省扩大了保护范围，包括地方国有农林农场和林业、煤矿等独立工矿区。在保障形式上，主要有两种形式：租金补贴和实物租金分配。吉林省的租房补贴发放标准比较简单，分为低保和低收入两个层次确定。低收入住房困难家庭原则上每月不低于110元，低收入住房难家庭每月不低于80元。全省廉租住房面积标准各不相同，人均保障性住房建筑面积在13—15平方米之间。具体保障面积标准是根据当地家庭人均住房水平、经济承受能力、住房状况、家庭结构等因素确定的。

吉林省在廉租住房建设方面，从2009年到2011这3年内，共新建廉租

①李影：《吉林省保障性住房问题研究》，硕士学位论文，东北师范大学，2012，第11页。

住房34.4万户，发放租赁补贴30.9万户。其中：2009年，新建廉租住房约9万户（建筑面积390万平方米，其中城市廉租住房125万平方米、地方国营农林场廉租住房54万平方米、棚户区改造解决廉租住房211万平方米），发放租赁补贴26.94万户。2010年新建廉租住房12万户，发放租赁29.3万户。2011年新建廉租住房10.4万户，发放租赁补贴24.9万户。

2022年，吉林省7个市县共建设保障性租赁住房1.26万套（间）。全省24个市县计划改造各类棚户区2.04万套，计划新建公租房500套，发放住房租赁补贴7.51万户。①

二、持续推进泥草房改造

泥草房改造是吉林省保障安居工程在2007年开始实施的试点工程。吉林省九次党代会提出，要用5年时间解决全省农村泥草房问题，②并在全国率先进行农村泥草房改造安居工程建设试点。2008年开始并为"五路安居"工程其中的一路。吉林省政府办公厅于2008年4月下发了《关于全面推进农村泥草房改造安居工程扶持政策的指导意见》，规定凡居住在吉林省农村，住户本人自愿并实施改造自住泥草房的农户，均享受扶持政策。在改造标准方面，新建住房要符合村镇规划，一般为砖瓦结构，鼓励采用就地取材和研发推广的新型节能保温建筑材料。户型提倡经济适用、功能齐全，户均建筑面积在60平方米左右。民政部门认定的困难户新建房屋建设面积原则上不超过40平方米，个别分散供养的五保户和2人以下的家庭，应通过联建的方式适当控制建筑面积。在补助标准方面，农村泥草房改造资金应以农户自筹为主，政府积极支持帮扶，实行多渠道筹措的原则。省级补助资金总体上按户均3000元安排，其中困难户原则上不低于6000元。

①吉祥：《吉林农村房屋安全隐患整治率将达90%以上》，《中国建设报》，2022年第3版。

②闻国志：《既是民生工程 更是发展工程——吉林省全力推进农村泥草房改造安居工程》，《中国经贸导刊》2009年第12期，第30—31页。

省级补助资金包干到各市、县（市、区）和各森工局、森林经营局，由各市、县（市）和各森工局、森林经营局根据本地实际和改造户的不同情况，自行确定不同的标准给予补助，不搞一刀切，也可以将实物发放给农户。2009—2011年，全省改造55.6万户农村泥草房，其中2009、2010年每年改造20万户，2011年改造15.6万户。2022年，全省24个市县计划改造各类棚户区2.04万套。全省17个市县存在64个棚改在建问题项目14383套，按照工作方案要求，全省2022年要完成50%以上（7200套以上）。

三、增加公共租赁住房

公共租赁住房和廉租住房是唯一的经济适用住房，只供出租，不可出售。公共租赁住房政策出台较晚。2007年，有关部门开展了一项调查，探讨解决大学毕业生等新就业人员住房问题的办法，并为这批在创业初期面临住房困难的人提出了租赁住房的建议。《关于加快发展公共租赁住房的指导意见》于2010年6月正式发布，公共租赁住房已成为住房保障体系的重要组成部分，是租购并举的住房制度。吉林省保障性安居工程是吉林省保障房工程的重要组成部分，该工程于2010年在"八路安居"项目中增加了公共租赁住房。2011年4月，吉林省政府颁布了《吉林省公共租赁住房管理暂行办法》。通过主动保障、重点保障、扩大保障等方式，解决城镇低收入住房困难家庭、农民工稳定就业、无房新就业人员等群体的住房问题，实现"应保尽保"。在公共租赁住房建设方面，吉林省长春市2011年启动建设1万套60万平方米公共租赁住房的计划。截至2011年6月，宽城区团山街道、绿园区雁鸣湖、绿园双凤、南部城市经济开发区一柳路四块地块已竣工，建成6900套公租房，总建筑面积达40万平方米。其他地块也将陆续建设，公租房月租金100元。吉林省公共租赁住房的主要目标群体包括刚毕业的大学生、农民工、棚户区居民等低收入人群。针对年轻员工的住房问题，长春一汽集团有限公司还将分别建设10万平方米的公共租赁住房。全省累计筹集公租房33.43万套，截至2022年9月30日，已分配32.19万套，分配率96.3%。2022年，长春市计划新建公租房500套，已全部开工建设。全省计划发放租赁补贴7.51万户，已完成发放6.93万户，完成年度计划的92.2%。见表7-2。

表7-2　2022年1—9月全省租赁补贴发放工作进展情况表

单位：户

序号	市县名称	计划任务	完成情况	完成比例	序号	市县名称	计划任务	完成情况	完成比例
	全省合计	75113	69287	92.2%					
1	集安市	600	1137	189.5%	17	和龙市	900	1043	115.9%
2	四平市	1150	1830	159.1%	18	梨树县	700	778	111.1%
3	磐石市	160	228	142.5%	19	吉林市	5400	5827	107.9%
4	敦化市	900	1256	139.6%	20	图们市	1000	1079	107.9%
5	长岭县	200	276	138.0%	21	公主岭市	450	483	107.3%
6	前郭县	500	660	132.0%	22	延吉市	1500	1596	106.4%
7	镇赉县	350	443	126.6%	23	抚松县	2500	2642	105.7%
8	汪清县	900	1139	126.6%	24	柳河县	1400	1469	104.9%
9	龙井市	550	691	125.6%	25	东丰县	350	365	104.3%
10	抉余市	160	200	125.0%	26	珲春市	310	323	104.2%
11	伊通县	220	269	122.3%	27	通化县	700	727	103.9%
12	松原市	2800	3415	122.0%	28	长白山管委会	190	197	103.7%
13	永吉县	300	363	121.0%	29	榆树市	1200	1242	103.5%
14	安图县	500	588	117.6%	30	双辽市	600	620	103.3%
15	辉南县	600	700	116.7%	31	白山市	4800	4932	102.8%
16	长春市	5500	6397	116.3%	32	梅河口市	1250	1280	102.4%

续表

序号	市县名称	计划任务	完成情况	完成比例	序号	市县名称	计划任务	完成情况	完成比例
33	德惠市	330	337	102.1%	38	通榆县	800	791	98.9%
34	舒兰市	2400	2438	101.6%	39	蛟河市	1000	940	94.0%
35	通化市	7585	7597	100.2%	40	江源区	5100	4552	89.3%
36	农安县	500	500	100.0%	41	东辽县	238	212	89.1%
37	白城市	2200	2190	99.5%					

四、深化保障性租赁住房改革

根据《国务院关于批转发展改革委关于2013年深化经济体制改革重点工作的意见的通知》《国务院办公厅关于保障性安居工程建设和管理的指导意见》等文件精神。从2014年开始，各地廉租住房建设计划进行了调整，并纳入公共租赁住房年度建设计划。2014年前几年纳入廉租住房年度建设计划的在建项目可以继续建设，建成后统一纳入公共租赁住房管理。廉租住房纳入公共租赁住房后，地方政府原用于廉租住房建设的资金来源已调整为用于公共租赁住房建设。原用于租赁补贴的资金继续用于补贴在市场上租赁住房的低收入住房保障对象。整合后的公共租赁住房保障对象包括原廉租住房保障对象和原公共租赁住房保障对象，即符合规定条件的城镇低收入住房困难家庭、中低收入住房困难户、符合规定条件的新就业无房工人，以及稳定就业的农民工。

2021年，吉林省发布《关于加快发展保障性租赁住房的实施意见》，"十四五"时期，全省计划发展保障性租赁住房不低于3万套（间），加快构建以公租房、保障性租赁住房和共有产权住房为主体的住房保障体系，努力实现新市民、青年人住有所居。2022年，吉林省加快发展保障性租赁住房。一是扩大住房保障范围。将符合规定条件的环卫工人、公交行业职工、60岁以上老年人、残疾人、优抚对象、青年医生、青年教师、进城落户农业转移人口、农民工、家政从业人员、消防救援人员、见义勇为家庭、省部级以上劳模家庭、困难儿童家庭、有未成年人的家庭、计划生育特殊困难家庭、"三孩"家庭、易地扶贫搬迁家庭等纳入住房保障范围。二是做好公租房分配。各地要按照深化"放管服"改革要求，建立随时受理、"一站式"服务的工作机制。积极推进"互联网+政务服务"，开通网上办事大厅、手机公租房应用程序、微信公众号等服务平台，让群众更方便、更快捷、更有效地享受到公租房保障。城镇户籍低保、低收入住房困难家庭要做到依申请应保尽保。其他家庭在合理轮候期内给予保障，轮候期不能超过3年。年底前，各地政府投资的公租房分配率要达到90%以上。三是做好公租房建设和租赁补贴发放。公租房继续执行现有土地、财税、金融等支持政策。长春市要加快500套公租房复工建设进度。其他城市结合实际，可采取新建、配建、购买方式筹集公租房。租赁补贴资金必须专款专用，各地要严格履行审核程序，精准比对个人信息，逐步提高补助标准，按月或按季度发放，11月30日前，完成年度租赁补贴发放任务。2022年，长春市、辽源市、长白山管委会、梅河口市、永吉县、蛟河市、辉南县7个市县计划发展保障性租赁住房12670套。

第八章

东北全方位振兴背景下吉林民生建设展望

　　自东北振兴战略实施以来，吉林省树牢以人民为中心的发展理念，加快推进各类民生实事项目，切实提升广大人民群众获得感、幸福感。不可否认的是，受到区位因素、政策倾斜、社会文化等方面的影响，吉林省在振兴中遇到了一些困难，包括经济发展无法与很多发达省份相比较、地区间经济发展不平衡、公共资源在城乡区域间配置还不均衡、服务水平差异比较大、信息化滞后制约了基本公共服务均等化发展、公共服务人才匮乏等。然而在民生建设上，吉林始终把解决好人民群众最关心、最直接、最现实的利益问题摆在最重要的位置，发展与民生指数排名长期高于人均GDP排名。进入经济新发展阶段之后，在财政收入减少的情况下，吉林省仍然坚持把改善民生作为财政支出的重点，全省每年坚持办好一批民生实事，涵盖就业、教育、医疗、养老、住房等方方面面，各级财政增加的收入80%以上用于保障和改善民生，全省数以百万计的居民迁入新居，义务教育基本均衡发展水平位列中西部第一。社会保障从制度全覆盖跨越到全民覆盖，人均预期寿命居全国第10位。实现东北全面振兴、全方位振兴战略，要做好在民生领域的多方面重点工作，更加关注补齐民生领域短板，推进全要素民生保障标准化，大力推进乡村建设行动，让人民群众共享东北振兴成果。

第一节　新时代吉林民生建设的方向

中国共产党领导人民打江山、守江山，守的是人民的心。治国有常，利民为本。为民造福是立党为公、执政为民的本质要求。党的二十大和东北全面振兴、全方位振兴给吉林民生建设指明了新的方向，我们必须坚持在发展中保障和改善民生，鼓励共同奋斗，创造美好生活，不断实现人民对美好生活的向往。要实现好、维护好、发展好最广大人民根本利益，紧紧抓住人民最关心、最直接、最现实的利益问题，坚持尽力而为、量力而行，深入群众、深入基层，采取更多惠民生、暖民心举措，着力解决好人民群众急难愁盼问题，健全基本公共服务体系，提高公共服务水平，增强均衡性和可及性，扎实推进共同富裕。

一、完善分配制度

党的二十大报告提出，分配制度是促进共同富裕的基础性制度。要坚持按劳分配为主体、多种分配方式并存，构建初次分配、再分配、第三次分配协调配套的制度体系。努力提高居民收入在国民收入分配中的比重，提高劳动报酬在初次分配中的比重。坚持多劳多得，鼓励勤劳致富，促进机会公平，增加低收入者收入，扩大中等收入群体。完善按要素分配政策制度，探索多种渠道增加中低收入群众要素收入，多渠道增加城乡居民财产性收入。加大税收、社会保障、转移支付等的调节力度。完善个人所得税制度，规范收入分配秩序，规范财富积累机制，保护合法收入，调节过高收入，取缔非法收入。引导、支持有意愿、有能力的企业、社会组织和个人积极参与公益慈善事业。

二、实施就业优先战略

党的二十大报告提出，就业是最基本的民生。强化就业优先政策，健全就业促进机制，促进高质量充分就业。健全就业公共服务体系，完善重点群体就业支持体系，加强困难群体就业兜底帮扶。统筹城乡就业政策体系，破除妨碍劳动力、人才流动的体制和政策弊端，消除影响平等就业的不合理限制和就业歧视，使人人都有通过勤奋劳动实现自身发展的机会。健全终身职业技能培训制度，推动解决结构性就业矛盾。完善促进创业带动就业的保障制度，支持和规范发展新就业形态。健全劳动法律法规，完善劳动关系协商协调机制，完善劳动者权益保障制度，加强灵活就业和新就业形态劳动者权益保障。

三、健全社会保障体系

党的二十大报告提出，社会保障体系是人民生活的安全网和社会运行的稳定器。健全覆盖全民、统筹城乡、公平统一、安全规范、可持续的多层次社会保障体系。完善基本养老保险全国统筹制度，发展多层次、多支柱养老保险体系。实施渐进式延迟法定退休年龄。扩大社会保险覆盖面，健全基本养老、基本医疗保险筹资和待遇调整机制，推动基本医疗保险、失业保险、工伤保险省级统筹。促进多层次医疗保障有序衔接，完善大病保险和医疗救助制度，落实异地就医结算，建立长期护理保险制度，积极发展商业医疗保险。加快完善社会保险公共服务平台。健全社保基金保值增值和安全监管体系。健全分层分类的社会救助体系。坚持男女平等基本国策，保障妇女儿童合法权益。完善残疾人社会保障制度和关爱服务体系，促进残疾人事业全面发展。坚持房子是用来住的、不是用来炒的这个定位，加快建立多主体供给、多渠道保障、租购并举的住房制度。

四、推进健康中国建设

党的二十大报告提出，人民健康是民族昌盛和国家强盛的重要标志。把保障人民健康放在优先发展的战略位置，完善人民健康促进政策。优化人口发展战略，建立生育支持政策体系，降低生育、养育、教育成本。实施积极应对人口老龄化国家战略，发展养老事业和养老产业，优化孤寡老人服务，推动实现全体老年人享有基本养老服务。深化医药卫生体制改革，促进医保、医疗、医药协同发展和治理。促进优质医疗资源扩容和区域均衡布局，坚持预防为主，加强重大慢性病健康管理，提高基层防病治病和健康管理能力。深化以公益性为导向的公立医院改革，规范民营医院发展。发展壮大医疗卫生队伍，把工作重点放在农村和社区。重视心理健康和精神卫生。促进中医药传承创新发展。创新医防协同、医防融合机制，健全公共卫生体系，提高重大疫情早发现能力，加强重大疫情防控救治体系和应急能力建设，有效遏制重大传染性疾病传播。深入开展健康中国行动和爱国卫生运动，倡导文明健康生活方式。

第二节　新时代吉林民生建设的要求

东北全面振兴、全方位振兴，为吉林省民生建设提出新的要求。未来，吉林省需要加强社会事业建设，推进公共服务均等化，促进人的全面发展。推进幼有所育、学有所教、病有所医、老有所养、弱有所扶等方面基本公共服务均等化发展，全面提升教育、医疗卫生、健康服务、体育运动、养老托育等领域服务供给水平，实现人的全面发展和社会全面进步。

一、进一步提升社区建设和服务水平

（一）加快推进社区服务数字化建设

推动政务服务平台向基层延伸。推动各级信息系统数据资源互联互通，逐步满足各类业务开展需要。加强社区公共服务综合信息平台建设，推进不同层级、不同部门分散孤立、用途单一的各类业务信息系统集成整合，推动社区公共服务"前台一窗受理、后台分类审批"模式逐步实现全覆盖。扩大政务服务事项网上受理业务种类，完善基层政务自助服务网络布局，构建实体受理窗口、网上办事大厅、移动客户端、自助终端多样化服务格局。有序推进智慧社区建设，不断完善基层地理信息等基础数据。鼓励运用现代信息技术，如互联网、物联网和区块链等，推动智慧社区和现代社区服务体系的发展。提升基层治理效能。鼓励社会资本投资建设智慧社区，运用5G（第五代移动通信技术）、物联网等现代信息技术推进智慧社区信息基础设施建设。推动社区养老、家政、医疗、安防等设施智能化改造升级。探索数字社区服务圈、智慧家庭建设，促进社区家庭联动智慧服务生活圈发展。

（二）不断提升城乡社区服务效能

优化服务设施布局。将城乡社区综合服务设施建设纳入国土空间规划，合理确定服务设施数量、规模和选址布局。规范城市社区设立和范围调整，确保规模适度、服务便捷、管理高效。合理布局社区卫生、医疗、养老、文体等基本公共服务设施，优先保障老年人、未成年人、残疾人等特殊群体服务需要。支持社区通过换购、划拨、租赁等方式，利用已有的房屋资源增设服务设施。加大综合服务设施的规模和数量，鼓励城市社区全面拓展便民利民服务的范畴。加快社区软硬件设施改造，满足老午人、少年儿童、残障人士等不同人群对于城乡社区建设与服务的需求。加大支持特殊困难老年人家庭适老化改造力度。支持各地合理布局、加快建设社区食堂。推进智能快件箱和邮政快递末端综合服务站等配套设施建设。

（三）持续加强城乡社区服务人才队伍建设

建强社区专职工作者队伍，加强社区服务队伍教育培训。推动城市社区工作者职业体系建设，配齐配强专职工作人员；健全落实社区专职工作人员岗位等级薪酬制度和"五险一金"等福利待遇，逐步完善薪酬动态调整及职业成长机制，畅通优秀城市社区工作者晋升通道。鼓励大学毕业生、退役军人到城乡社区就业创业，优化社区服务队伍结构，提高教育培训的系统性和针对性。铸牢中华民族共同体意识，加快培育发展社区社会工作人才，支持社区工作者参加全国社会工作职业资格评价，加强社区志愿者队伍建设和社会组织人才队伍建设，不断提升社会化服务能力和水平。结合农民工自身特点开展职业技能培训，引导农民工从事社区服务业。[①]

二、进一步突破民生建设制度困境

（一）合理构建制度变迁机制与制度格局

制度变迁机制主要包括制度变迁的路径依赖与变迁环境、主体的制度变迁意愿与能力。具体到社会保障制度，主要涵盖社会保障制度变迁的路径依赖，社会保障制度变迁的环境与外部因素，社会保障制度变迁意愿、能力、认知水平，各主体的谈判能力等四个方面。

在社会保障制度变迁的过程当中，吉林省地方政府发挥了积极的作用。一方面整合公众意见，另一方面向国家争取相关政策，在试点过程中基本避免了因自身偏好而出现的利益追求，形成了较好的诱致型制度变迁结果，承担了新制度的"发明者"和"创新者"的角色。但由于长期以来

---

① 吉林省人民政府办公厅，《吉林省"十四五"城乡社区服务体系建设规划》，2022年8月。

难以有效突破资金不足的瓶颈，吉林省社会保障制度变迁一直采取先易后难，先体制内、后体制外的推进办法，使得社会保障制度变迁带有明显的路径依赖特征。

作为经济欠发达地区，近十年来吉林省的社会保障制度建设速度很快，但地方自主筹集保障资金长期不足，社会保障制度的变迁始终需要中央政府扶持，其深度和广度更多取决于中央政府的决心和支持力度等外部环境与外部因素，社会保障制度建设具有明显的"跟着走"的特点。

（二）破解制度变迁引致的"碎片化"难题

自东北振兴战略实施以来，吉林省的各项社会保障制度框架与参数的改革与修正都是在国家要求下作出的，这正是我国社会保障制度渐进式改革的特色所在。"在中国的渐进改革路径中，每一个改革步骤，实质上都是社会经济运行遭遇'瓶颈'时的突破"，不例外的是，社会保障制度的"碎片化"状态也是"瓶颈突破"式改革的一个结果。①

这种外部驱动型的变迁路径有其现实合理性，但也使得社会保障的变迁缺乏统筹规划和综合设计，其理念与功能都存在模糊地带，造成了诸多问题。一是统筹层次低。由于不同地区各自为政，资金不能调剂使用，极大地限制了社会保障的社会共济作用，影响和制约了社会保障基金效用的发挥，导致基金使用效率低下，而且统筹层次越低意味着决策权越分散，基金的风险越高，当地政府对社保资金有很大的支配权，挤占、挪用等现象偶有发生。二是城乡社会保障制度的整合和衔接仍不到位。当居民在城乡之间流动时，其社会保障待遇未能得到自由、合理、有序的转续，身份资格认定、缴费年限认同、保障资金转移、待遇核定计发等政策都不尽合

---

① 朱玲：《中国社会保障体系的公平性与可持续性研究》，《中国社会科学》2010年第5期，第2—12页。

理，导致社会保障待遇的损失。①

三、补齐民生建设发展短板

（一）全力解决好人民群众关心的问题

1.保障人民全方位共享吉林振兴成果

要保障民生投入，确保民生链正常运转。聚焦老百姓的困难事、操心事、烦心事，包括就业、教育、收入、社保、医疗卫生、食品安全等问题，高度重视去产能化过程中的就业促进工作，加快构建完善的社会保障体系，建立普惠、均等、一体化的基本公共服务，使城乡居民普遍享受一致的义务教育、基本医疗卫生服务、社会保障和生态安全，合理分享东北全面振兴成果，实现共享式发展。

2.继续解决历史遗留问题

因地制宜加快推进棚户区、独立工矿区搬迁改造工程，尽快完成东北区采煤沉陷区治理任务。加强矿区生态和地质环境整治，开展露天矿坑、尾矿库等综合治理。落实老工业城市改造计划，注重推进城市基础设施的升级和更新，加强改造工程的力度，全面推进老工业区改造，优化城市功能，提高城市综合承载和辐射能力，促进重点城市群发展，提高城市居民生活质量和幸福指数。

3.促进城乡建设与基本服务一体化

推进城乡规划、建设和基本公共服务一体化，建设美丽宜居乡村。将资源型城市作为保障和改善民生的重点区域，支持资源枯竭城市、独立工矿区等加快解决社会民生和生态环境方面的历史遗留问题。完善资源型城市可持续发展的长效机制，促进资源产业与非资源产业、城区与矿区、经济与社会协调发展。牢固树立绿色发展理念，支持林区、草原、湿地、沙

---

①付诚，王一，《制度变迁理论视野下的社会保障制度改革——东北振兴过程中吉林省社会保障制度变迁的回顾与展望》，社会科学战线2013年第12期，第191—196页。

地等地区生态保护与经济转型，推进清洁生产，构建循环链接的产业体系，打造北方生态屏障和山青水绿的宜居家园。

（二）进一步通过法治建设保障民生

党的二十大报告首次单独把法治建设作为专章论述、专门部署，表明全面依法治国也将成为民生建设的重要背景。吉林省把法治政府建设放在党和国家事业发展全局中统筹谋划，扎实推进依法行政各项工作，法治政府建设取得积极成效。未来，应继续努力建设更高水平法治吉林，以良法善治保障高质量发展。

1.促进民生领域立法工作全面细致

全面贯彻习近平法治思想，深刻把握坚持以人民为中心的丰富理论内涵，努力把学习成效转化为推进全面依法治国、建设法治中国的生动实践。结合相关法律、法规和民政部规章的修订进展情况，适时推动省人大地方性法规、省政府规章的修订工作；积极研究制定和颁布实施《吉林省慈善条例》《吉林省养老服务条例》等地方性法规，推动全省慈善事业和养老服务事业蓬勃发展。

2.力争民生领域执法工作既有力度又有温度

在民生领域，深入实施《中华人民共和国民法典》《中华人民共和国慈善法》等法律、国务院法规、民政部规章以及省人大《吉林省实施〈中华人民共和国未成年人保护法〉办法》《吉林省残疾人保障条例》《吉林省老年人权益保障条例》《吉林省志愿服务条例》等地方性法规、省政府规章和规范性文件。着眼提高人民群众满意度，努力提高行政执法水平，确保人民群众能够在每一个执法行为中看到风清气正，每一个执法决策都能让人民群众感受到公平正义，做到执法既有力度又有温度。

3.保证民生领域司法工作公平公正公开

加强民生司法保障，妥善审结各类民事案件，对于群众关注和热议的法律问题，及时发布司法解释和司法政策，让人民群众切实感受到公平正义就在身边。更充分发挥审判职能作用，依法服务经济社会高质量发展，依法保护消费者权益；推进制定新就业形态司法政策，保护劳动者合法权益，促进平台经济健康、有序地发展。加强人格权益保护，加强隐私权和个人信息保护，依法惩治网络侵权行为。保护人民财产权益。依照民法典物权编司法解释，保护群众合法权益。加强产权司法保护，激发人民群众创新创业的活力，依法审理土地征收补偿等案件，保护进城落户农民的合法权益，助力乡村振兴和新型城镇化建设。促进家庭文明建设。按照民法典婚姻家庭编、继承编司法解释，严惩拐卖妇女儿童犯罪。坚决反对家庭暴力，继续推进家事审判改革，制定人身安全保护令司法解释，对人身安全保护令案件的证明标准等问题作出回应，切实保护妇女儿童和老年人的合法权益。弘扬社会主义核心价值观。弘扬真善美，鞭笞假恶丑，进一步推动社会主义核心价值观融入司法政策、融入司法裁判，以裁判引领规则，以规则引领风尚。

（三）进一步深化"放管服"改革

近年来，吉林省深化"放管服"改革、优化营商环境措施有力、效果明显。转变政府职能，深化简政放权，创新监管方式，增强政府公信力和执行力，建设人民满意的服务型政府。吉林省切实把省级以下政府需要的权力有效地放给省级以下政府，优化省级以下政府的权力结构和配置，推动政府权力协同化、集约化，促使政府审批监管服务更加贴近基层和群众。经过"放管服"改革，吉林省企业和广大群众获得感较强，[1]但横向比较，与南方发达省市相比仍有较大提升空间。为进一步激发活力和效力，促进全省经济社会健康快速发展，应进一步深化"放管服"改革。

---

[1]吉林省人民政府，《中共吉林省委吉林省政府关于深化"放管服"改革赋予省级以下政府更多自主权的意见》，http://zsj.jl.gov.cn/mobile/ywgz/fgfgg/zccs/202002/t20200219_81068.html，2020年2月，访问日期：2022年8月25日。

1.建立完善主动发现机制

探索建立社会性困境群众发现机制，鼓励所有国家公职人员、从事服务困难群众工作的企事业单位人员、基层群众性自治组织、社会组织、有余力的个人等承担此项工作，在工作和生活中发现群众生活困难且无法依靠亲友解决的，应当及时报告有关部门。

2.优化审核确认程序

符合条件的地区可以按照规定程序，将低保、特困等社会救助的审核和确认权限下放到乡镇（街道）层面，由县级民政部门进一步加强监督和指导。对于那些救助申请没有争议的家庭，可以不再进行民主评议。取消可以通过国家或地方政务服务平台查询的相关证明材料。健全社会救助家庭经济状况核对机制，发挥各级核对机构作用。全面推行"一门受理、协同办理"。乡镇（街道）经办机构统一受理社会救助申请，根据申请人困难情况、致贫原因，统筹考虑家庭人口结构、健康状况、劳动能力和劳动条件、刚性支出等因素，综合评估救助需求，提出综合实施社会救助措施的意见，并按照职责分工及时办理或转请县级相关职能部门办理。鼓励有条件的地方异地受理基本生活救助申请。

3.加快服务管理转型升级

加强社会救助信息化建设，推动互联网、大数据、人工智能、区块链、5G等现代信息技术在社会救助领域的应用。依托全国数据共享交换平台系统，完善社会救助资源库，统一共享政府部门、组织和其他团体提供的各类救助供养信息，为相关部门、单位和社会力量开展救助供养提供支持。推动社会救助服务向手机延伸，实现救助事项完成在"指掌之间"，为困难群众申请、办理、查询救助事项提供方便快捷的服务。

四、推进全要素民生保障标准化

2019年，吉林省率先提出了"全要素民生保障"的概念。通过出台政策，确立了全要素民生保障的指导思想、基本原则，明确了到2025年全面建立系统完善、衔接配套、科学合理的全要素民生保障标准体系的主要目标，到2035年基本实现全要素民生保障均等化的长期目标。全要素民生保障涵盖教育惠民、就业和收入、社会保障、脱贫攻坚、健康吉林、公共服务、交通出行、文体服务、社会治理9个领域，共有39项任务，具体如下。

1.教育惠民方面，要建立健全基本公共教育服务体系，促进教育优质公平发展。包括学前教育普惠发展、义务教育均衡发展、高中阶段教育普及、特殊教育融合发展、推进教育信息化、加强职业教育和培训、健全学生资助制度、加强师德师风建设8项重点任务。

2.就业和收入方面，要深入落实就业优先战略，推动更高质量更加充分就业，不断提高居民收入。包括鼓励创业促就业、促进重点群体就业、开展职业技能培训、加强公共就业服务、促进城乡居民增收5项重点任务。

3.社会保障方面，要健全完善基本社会保障制度，保障困难群众基本生活。包括完善基本养老保险制度、医疗保险制度、失业和工伤保险制度、社会救助制度、优抚安置制度、加强残疾康复服务、解决困难群众住房问题7项重点任务。

4.脱贫攻坚方面，要动员全省力量，坚决打赢脱贫攻坚战。包括深入实施精准扶贫精准脱贫1项重点任务，主要涵盖"两不愁三保障"，强化信息精准，严格执行退出标准和程序等内容。

5.健康吉林方面，要建立健全覆盖城乡居民的基本医疗卫生制度，为群众提供全方位、全周期健康服务。包括提升基层医疗卫生服务、健全药品供应保障、实施基本公共卫生服务、预防控制重大疾病、发展中医药事业、推进医养结合、加强养老服务7项重点任务。

6.公共服务方面，要改善公共服务设施条件，向薄弱环节倾斜，不断提高群众生活质量。包括改善城市供水供热供气、保障农村饮水安全、加强重点领域环境污染治理3项重点任务。

7.交通出行方面，要完善城乡公共交通管理体制机制，提升交通基础设施承载能力，满足城乡居民基本出行需要。包括发展城市公共交通、加强农村公路建设2项重点任务。

8.文体服务方面，要加强公共文体设施建设，构建现代公共文体服务体系，更好满足群众精神文化需要。包括加强公共文化服务、发展群众体育2项重点任务。

9.社会治理方面，要加强社会治理制度建设，构建城乡居民安全保障网，不断提升群众安全感。包括完善安全生产责任制、保障食品药品安全、加强社会治安防控、提升防灾减灾救灾能力4项重点任务。①

实现全要素民生保障，有2025年的主要目标和2035年的长期目标，而吉林省目前的民生状态，距离这两个目标还有一定差距。为确保目标实现，在今后的民生建设中要注意处理好以下三个关系。

第一，处理好政府和市场的关系。真正体现市场在资源配置中的决定性作用，同时更好地发挥政府的作用，实现市场机制和政府政策的协同配合。逐步将政府职能转向市场环境的构建、优化，吸引企业家们来东北地区投资、创业，引导产业、产品和要素按照市场需求的方向自由流动。同时，引导人口有序地从生态区和农业主产区流出，帮助困难地区和困难群众实现供需两侧的平衡，实现就业和人口发展的新动态。

第二，处理好中央和地方的关系。按照公共财政框架和基本公共服务均等化的要求，明确中央和地方事权，建立事权与支出责任相适应的财政制度，中央政府需要加快全国统一的基本社会保障制度的建立，并承担更重要的教育、医疗和社会保障等基本公共服务的支出责任。改变长期以来中央制定原则框架，地方根据财力制定实施标准的做法。提高社会保障的统筹层次，逐步建立全国范围内顺畅的社会保障体系，有效促进劳动力的有序流动。通过实现中央和地方财权、事权的明确划分，让中央和地方政府的积极性得以充分发挥。这将有助于引导东北地区的地方政府将工作的

---

① 吉林省人民政府新闻办公室，《吉林举行推进全要素民生保障标准化新闻发布会》，http://www.jl.gov.cn/szfzt/xwfb/xwfbh/2019/2016sejesschy_147082，2019年6月，访问日期：2022年7月13日。

重点由招商引资、争取优惠政策转移到营造良好的发展环境、保障和改善民生上来。

第三，妥善处理行政区和类型区之间的关系。针对吉林省社保欠账、结构调整难度大等共性问题，要进一步加大对就业、社保、教育、保障性住房等领域的支持力度，继续支持省级行政区加大解决难题的力度。同时，需要进一步提高民生工作的精准性和针对性，加大对于"老少边贫"、产业衰退、资源枯竭、生态严重退化等特殊困难地区和特殊困难群体的支持力度。对于困难地区，要突出防止返贫，培养和提高农村贫困人口的自我发展能力。对于边境地区，应该加快基础设施互联互通和对外开放平台建设，增强自我发展的能力。对于少数民族地区和革命老区，应根据扶贫政策实施有针对性的援助。对于产业衰退和资源枯竭地区，需要支持独立工矿区、老工业区等进行加快改造，培育新的主导产业，完善衰退产业转型政策，更加关注职工再就业问题。对于生态退化地区和粮食主产区，努力实现生态保护、粮食增产与居民增收和财力增强相结合。①

第三节　国内民生建设典型经验

长期以来，中国各地区忠实践行以人民为中心的发展思想，精准施策、攻城拔寨，完成了一个又一个改善民生的专项行动，用实践向"幼有所育、学有所教、劳有所得、病有所医、老有所养、住有所居、弱有所扶"的目标不断奋进。不仅是东部发达地区，中西部地区也有许多省份的民生建设典型经验，值得吉林省在新时代的民生建设中学习借鉴。

---

①周建平、程育、李天娇：《东北振兴战略总论》，辽宁人民出版社，2018，第150—153页。

一、做好民生建设机制体系保障

（一）上海做好民生制度与管理体系建设

1.建立与市场经济发展基本相适应的多元化收入分配制度

我国当今实行的是按劳分配为主体、多种分配方式并存的分配制度，其中多种分配方式包括劳动、资本、技术和管理等生产要素按贡献参与分配以及财产性收入等方式。除此之外，居民的收入还包括财政转移支付、税收等政府的再分配收入。

经过不断改革与发展，上海居民可支配性收入的来源主要包括劳动工资性收入、经营性收入、财产性收入和转移性收入等，这是与市场经济对收入分配方式的要求相适应的。具体而言，按劳分配方面主要体现在初次分配中劳动报酬性工资收入在整体国民收入中的比重逐步提高，如在1978年，上海国民收入初次分配中，营业盈余占56.7%，而劳动者报酬只占22.7%，由于改革初期企业多为国有，企业利润其实质是国家所得，职工与国家在国民收入中的比重相比显得过低。由于工资收入水平直接决定了职工收入水平，这一较低的占比影响了劳动者收入水平的提高。随着上海产业结构的调整和产业升级，"先进制造业"和"现代服务业"并重的产业结构导致就业人口结构中高学历人才向第三产业聚集的趋势明显，拉动了全市工资性收入增长。据统计，劳动者报酬比重的提高和产业结构的升级使上海城乡居民工资性收入增长超64倍。住户调查数据显示，1980年以来，上海城乡居民的工资性收入年均分别增长12.0%和12.1%。1980年，城乡居民人均工资性收入仅为551元和297元，到2017年，已达到35995元和20289元，劳动报酬在国民收入中的比重得以提高。

同时，其他收入，包括经营性收入、财产性收入和转移性收入等在居民收入分配中的比重逐年提高。随着政府财政支付能力的提高，再分配能力逐步增强。转移性收入和财产性收入在居民收入中比重的提高影响了工资性收入在整体收入中的比重，证券市场的发展和近些年上海房产市场的快速发展，证券投资、理财和房子投资以及房屋拆迁等，增加了居民的财产性收入。经营净收入和财产性收入继续保持增长，占可支配收入比重有所提高。[①]2011年，上海城市居民家庭人均经营净收入为1994元，比上年增长22.5%，拉动可支配收入增长1.1个百分点；占可支配收入的比重为5.5%，比上年提高0.4个百分点。2011年，上海城市居民家庭人均财产性收入为633元，比上年增长23.8%，拉动可支配收入增长0.4个百分点，占可支配收入的比重为1.7%，比上年提高0.1个百分点。[②]当然，由于证券市场和房产市场的波动，以及受宏观经济影响的政府财政收入的变动，这一比重呈现不稳定状态。不过，多元分配方式的存在丰富了居民获取收入的渠道，提高了居民的收入水平，且在这些分配方式中均有市场机制的作用，这是与市场经济发展相适应的。

2.建设社会保障组织管理体系

上海市社会保障事业的改革发展离不开相关组织管理体系的建设完善，多次重大改革都伴随有相关组织机构的重组和变迁，更加合理的配套机构建设是支撑上海社保改革的重要基础。上海社保人在"以人为本，追求卓越"的服务理念引导下，紧紧围绕"服务需求导向"这一主线，以破冰之势调整管理体制，以倒逼之势转变经办模式，经过不断探索，逐步建立起一套健全的管理体制和经办模式。

管理机构建设。为了进一步适应参保对象由"单位人"向社会人的转变，更好地顺应特大型城市公共服务的发展方向，配合社会保障业务改革发展，上海社保人审时度势，积极探索，社会保障管理体制不断发展完善，先后经历了三次蜕变，实现了由垂直化管理到扁平化管理，再到集约化管理的转变，经过一系列的改革调整，逐步建立起"市级管理，区级经办，街镇服务"的三级架构。1993年2月，上海市第九届人大会议审议通

---

① 杨莲秀：《当代上海的民生建设研究》，当代中国出版社，2021，第128—136页。

② 程顺森：《上海市城市居民家庭收入特点、问题和对策》，《统计科学与实践》2012年第6期，第25—28页。

过的《上海市城镇职工养老保险制度改革方案》要求成立市社会保险委员会，负责审议社会保险的规划和有关规定；成立社会保险管理局，负责编制社会保险的发展和改革规划，拟定社会保险的法规、规章草案等；组建市养老保险事业管理中心，统一经办基本养老保险业务，负责征集、管理和支付养老保险基金，管理个人养老账户，编制基本养老保险预决算等。2013年4月，按照《中华人民共和国社会保险法》有关规定，上海市社会保险事业基金结算管理中心正式更名为上海市社会保险事业管理中心。截至2018年年底，社保中心内设12个管理部门，拥有17个区（县）分支机构、26个服务网点，工作人员1400余名，承担全市约56万户机关企事业单位的日常结算管理，服务参保人群达1700万人。

经办服务机构建设。社会保险经办服务机构建设不断完善，建立了"三化一加强"的工作目标，要求业务经办信息化、管理服务规范化、基金征收法治化和加强干部队伍建设。经办服务建设连上三个新台阶，实现了从手工操作服务到区县局域网计算机服务，再到市级网络化信息系统服务的转变，形成了以服务促发展的良好局面，使社会保险经办管理走上了可持续发展之路。

1992年2月，上海市社会保障卡服务中心成立。1995年1月，上海市会深险事业基金结算管理中心组建，负责保险基金的收缴，筹划养老保险基金的保值、增值。同时，上海社会保险经办服务实现了12333电话咨询服务和社保网有主经办系统平台的搭建，进一步方便了参保户的业务操作和管理。2000年1月，上海市社会保障卡服务中心扩建为上海市社会保障和市民信息服务中心，主要负责建设和维护社会保障卡的个人化制作、发放等工作，很快实现了市民服务信息系统市级共享数据库，可存放4000万人口基础数据的B级数据库物理环境，市级信息交换实现19个区县政务信息的互通互联，建立了覆盖19个区县、291个街镇的社保卡服务网点。

1995年，为了进一步推动和实施医疗保险制度的改革，上海市医疗保险管理局成立，负责本市基本医疗保险费用的结算、拨付以及基本医疗保险个人账户的管理工作。随后各区县社会保险事业管理中心相继组建，负责本辖区内的基本医疗保险工作。1997年8月1日起，为了规范医疗保险管理，上海市城镇生产服务合作联社职工的医疗保险移交市医疗保险局管理，合作社职工的医疗费用由其结算单位至其所在区、县医疗保险办公室报销，仍采取按月结算的方式进行。2000年，上海市政府颁布的《上海市城镇职工基本医疗保险办法》规定，各区基本医疗保险办公室负责本辖区内的基本医疗保险工作；上海市医疗保险事务管理中心为本市医疗保险经办机构。2008年，为了进一步推动上海市医疗保险改革，上海市医疗保险办公室成立，统筹领导全市范围内的基本医疗保险事务。[①]

（二）重庆软硬件结合发展文化民生

1.以阵地建设为重点，推进公共文化设施建设

文化民生建设的设施建设是文化民生体系建设的重点。改革开放以后，重庆出台了大量与文化民生设施、场所等硬件建设相关的政策文件，有效执行推动重庆文化民生硬件设施建设取得了显著的成效。文化机构种类与数量的增加，使得民众多方面需求得以满足，保证了文化服务的多样化。2006年以来，重庆广播节目综合人口覆盖率、农村广播节目综合人口覆盖率、电视节目综合人口覆盖率始终保持增长态势，四者数值均超过了95%，说明广播电视"村村通"作为重庆较早规划并出台的文化民生建设工程之一，取得了较显著的成效。此外，有线广播电视用户数占家庭总户数比重、农村有线广播电视用户数占家庭总户数比重在2006年以后快速增长。重庆文化民生建设政策非常重视文化民生硬件设施的建设，并且成效显著，相关政策的实施有效增加了重庆基层文化民生建设的供给。

2.以实现公平正义为关键，追求文化民生建设均等化

渝北区文化委自2015年起，全面实施文化体育惠残服务行动计划，扩

[①] 杨莲秀：《当代上海的民生建设研究》，当代中国出版社，2021，第148—149页。

大了"文体进社区"的覆盖面。由渝北区残疾人联合会和渝北区体育事业发展中心选送的两名残疾人运动员在"全国残疾人特殊运动会"中，先后夺得3块金牌。渝北区全区公共文化服务设施一律对残疾人免费开放，并配备无障碍设施，为残疾人的安全行动提供了有力的保障，并在全区的公共图书馆内配备了盲文读物，设立了盲人有声读物图书室。同时，还开展了残疾人特殊艺术演出活动。渝北区文化馆每周为残疾群众免费开放服务累计超过40小时，全年共计接待残疾人500余人次。举办公益性群众文化活动5次、公益性展览展示活动11次、文艺演出160余场，接待残疾观众25万人次。这些活动极大地丰富了残疾人的业余精神文化生活，确保了残疾人平等享有文化成果的权利。

3.以标准化建设为途径，提升文化民生建设的科学化水平

在发展和建设文化民生体系的过程中，重庆政府日益认识到标准化的重要作用，尤其在"十二五"期间，不断出台相关政策、文件来促进文化民生建设标准化的发展。软件建设实现标准化。一是准确定位。依据文化站和文化室的主要职能开展内容建设。其中依托文化站的图书报刊借阅、公共文化资源配送流动服务、体育健身等功能和为青少年提供文艺演出活动校外活动平台等综合性职能，由各级文化部门配备图书、群文器材、共享工程设施、健身器材等资源；依据村文化室的图书借阅、组织群文活动、培训文艺骨干等职能，由各级文化部门负责群文器材、图书资源等配送，各级体育部门负责健身器材等配置。与此同时，还积极整合组织部的农村党员干部现代远程教育工程，宣传部的梦想课堂，文明办的道德讲堂，妇联的新家庭文化室、妇女之家、家长学校，团委的市民学校、青少年之家、微型青少年宫，科协的科普活动站（室）和科普画廊等公共文化资源，充实文化站、文化室内容，实现资源共建共享。二是制定标准。2010年，重庆市委宣传部、市财政局、原市文化广电局、原市新闻出版局联合印发《重庆市公共文化服务单位常规管理办法》，对文化站（室）服务项目和数量、服务时间等服务内容进行了明确，同时要求综合文化站每

站必须配备3—5个编制，每个村（社区）须配备1名兼职人员。

4.以创新发展为动力，构建文化民生建设新模式

在相同的指导思想、基本原则的指导下，全市各区县从不同的层面、角度开展文化民生建设的多样化实践探索。2015年，南川区在构建现代公共文化服务新模式方面进行了积极的探索，取得了良好效果。一是创新基层现代公共文化服务载体。以"馆站联建"为抓手，推进基层公共文化阵地标准化建设，重点打造水江、南平等5条示范线路。推行联系乡镇（街道）制度，区级文艺骨干深入基层，开展业务培训和辅导200余场次。全年开展送演出、图书下乡流动文化服务60场次。二是健全政府购买公共文化服务机制。出台《关于做好政府向社会力量购买公共文化服务工作的通知》，制定政府购买公共文化服务目录，建立公共文化服务物联网平台，创新打造"公共物联网+文化乡村"，全年配送文化服务47次。三是探索乡镇免费开放资金管理办法。坚持"绩效考核、奖补结合、注重实效"原则，建立"文化阵地标准化、乡镇文化特色化、文化服务民生化"三大考核导向，使财政资金在乡镇综合文化站免费开放，使其在村级文化建设等方面发挥更好的作用，取得更好的社会效益。文化民生建设的区域模式与区域特色，是在国家文化民生体系建设总体格局和基础上，紧密结合本地实际，实施文化创新的产物。①

二、脱贫攻坚衔接城乡居民收入提升

（一）四川打通深度贫困地区脱贫振兴之路

1.建立精准的贫困人口识别方式

四川省有大片面积地处山区，山路险峻、地形复杂，自古有"蜀道难"之说，向来是贫困易发地区。对于四川而言，脱贫攻坚实现全面小

---

① 罗锐华：《重庆文化民生建设研究》，西南师范大学出版社，2019，第97—134页。

康，是一场极其艰难的战役。为此，四川建立了一套上下联动且行之有效的反贫困作战体系和战术打法。

首先要识别需要扶贫的人口。以南部县八尔湖镇纯阳山村为例，帮扶干部为全村89户建档立卡贫困户立起了89块"帮扶责任牌"，从致贫原因、帮扶措施到帮扶责任，责任牌上写得清清楚楚，且年年更新。其次要树立清晰的扶贫标准。2014年，四川识别标准以省农村扶贫标准（2013年农民年人均纯收入2736元）为准绳，开展贫困户识别工作。不少地方同时按照"一看粮，二看房，三看劳力强不强，四看有没有读书郎，五看有无病人躺在床"等方法，逐一核实。接下来要实现"精准"，必须做到层层把关。一些地区举办了贫困对象精准识别村民大会，采取自己报名、村民提议、举手表决的方式精准识别。四川省通过农户申请、引入第三方监督、严格实行"两公示一公告"等工作流程，最终确定全部建档立卡贫困户名单。建档立卡也并非一建了之，之后还要在扶贫期间反复核验。

2.建立对症下药的反贫困体系

四川省政府编制印发的《四川省农村扶贫开发纲要（2011—2020年）》中，明确秦巴山片区、乌蒙山片区、大小凉山彝区和川西北高原地区等"四大片区"为扶贫攻坚主战场。针对这些地区，四川提出了易地扶贫搬迁、产业扶贫等10个专项方案，同时有配合专项方案的多个年度实施计划。

针对这些方案与计划，四川省建立了反贫困考评体系，每年都会对当年拟退出的贫困县开展验收评估；还启动多轮次全覆盖督导督查，督产业发展，督帮扶状态，督资金使用，强势推动脱贫攻坚。

3.确立清晰的扶贫攻坚战略目标

这一轮脱贫攻坚中，四川省在"收入"这个基础线上更进一步，始终不渝的目标是让贫困人口年人均纯收入稳定超过国家扶贫标准，且吃穿不愁，义务教育、基本医疗、住房安全有保障，这也是贫困户退出的标准。过去，脱贫与否只看收入和粮食产量，现在既看收入又看保障，还把与民生密不可分的教育、卫生、住房等因素也考虑进来；再加上四川地区多山的客观自然条件，还将出行和通信也纳入衡量范围，实现全方位的扶贫战略目标。

4.鏖战深度贫困地区

易地搬迁扶贫，是一次面向未来的探索。加强基层组织建设和社区治理，确保搬迁群众稳得住、能致富，是做好易地扶贫搬迁"后半篇"文章的要义。在凉山州越西县130个易地扶贫搬迁安置点中，有69个安置点涉及跨乡镇搬迁，形成一个个"镇中乡""村中村"。由于搬迁群众户口尚未迁移，安置点一时面临"两头管"，给群众日常生产生活带来不便。为此，越西县探索"联合组团"片区治理模式。按照安置点分布相对集中的原则，在迁入人口较多的乡镇，分别建立"联合组团"片区，成立临时党工委，明确片区主要负责人，牵头对安置点人员进行管理和服务。2020年11月17日，凉山贫困县"清零"，困扰千年的绝对贫困全面消除。

5.充分发掘产业扶贫内生动力

稳定脱贫要有长效机制，必须让脱贫群众意识到，脱贫还得靠自己。断掉"等、靠、要"的方法，党委政府和社会各界最终还是从奖惩机制入手。激发低收入群体脱贫奔康积极性，西南财大在五通桥区试点"劳动收入奖励计划"项目，对低收入家庭的劳动所得给予一定现金奖励，以奖代补，鼓励贫困户通过劳动增加收入。四川坚持出重拳与出长拳相结合，始终把发展产业当作实现脱贫的根本之策和根本出路，兼顾群众受益和持续稳定，处处产业兴旺，村活民富。

6.巩固脱贫攻坚成果衔接乡村振兴

早在2017年，四川就开展脱贫攻坚"回头看""回头帮"，对照"两不愁三保障""四个好"目标，重点核查已脱贫人口、已退出贫困村和已摘帽贫困县是否稳定巩固，进村入户核查甄别并建立台账，列出"回头帮"清单，及时对标补短。2020年，防止返贫监测帮扶机制在四川全省建立。同年底，全省重点监测的7.77万户已脱贫但不稳定户和收入略高于建档立卡贫困户的边缘易致贫户共25.59万人，全部落实帮扶措施。

动态管理帮。《四川省防止返贫监测和帮扶工作方案》明确，以脱贫不稳定户和边缘易致贫户为监测对象，通过"排、访、评、录、测、补、销"七个步骤，建立"从上到下、自下而上"的双向监测机制，对监测对象进行动态管理。及时预警帮。在四川省脱贫攻坚大数据平台上，贫困监测预警模块会重点关注因病因灾因意外事故等刚性支出较大，或收入大幅缩减导致基本生活出现严重困难户。村两委或驻村工作人员每月进行一次动态监测，对发现的新增监测对象按程序纳入监测范围，确保不落下"一户一人"。帮扶补短帮。四川出台《关于建立防止返贫监测和帮扶机制的实施意见》，制定产业帮扶、就业帮扶、综合保障、扶志扶智和其他帮扶等五大类帮扶举措。帮扶措施落实后，由县级脱贫攻坚办组织力量核实后才能销号。

接下来，四川将合理确定监测标准，严格识别程序，强化信息共享和数据比对，进一步健全精准帮扶机制，对脱贫不稳定户和边缘易致贫户及时发现、及时帮扶、及时消除风险。脱贫摘帽不是终点，而是新生活、新奋斗的起点。"民族要复兴，乡村必振兴"，进入"十四五"，"三农"工作重心实现从脱贫攻坚到全面推进乡村振兴的"历史性转移"。①

辨别新方位。起草《实施乡村振兴战略的意见》《乡村振兴战略规划》《乡村振兴考核办法》，续写新篇章。"过渡期内要保持主要帮扶政策总体稳定"，四川明确对现有帮扶政策逐项逐类进行优化调整，新政不出，旧政不退，力度不减，确保工作不留空当、政策不留空白。筑牢新起点。健全防止返贫监测帮扶机制、抓好低收入人口稳定增收、做好易地扶贫搬迁后续扶持工作、健全农村社会保障和救助制度……一系列措施，确保脱贫攻坚成果不褪色。绘制新蓝图。编制"十四五"巩固拓展脱贫攻坚

---

① 四川日报，《川越贫困 蜀写传奇——四川全面打赢脱贫攻坚战纪实》，https://www.sc.gov.cn/10462/12771/2021/4/22/d3b168ce98374a6ebd976141fa0a2721.shtml，2021年4月，访问日期：2023年4月10日。

成果同乡村振兴有效衔接规划，确保各规划相对接、相补充。

（二）陕西探索社会组织参与乡村振兴

陕西是中华民族文化的重要发祥地之一，延安是中国革命的圣地。党的十八大以来，陕西省把脱贫攻坚作为全省头等大事、第一民生工程和重要政治任务，坚持精准扶贫、精准脱贫方略，聚焦深度贫困地区脱贫攻坚，攻坚克难、尽锐出战，脱贫攻坚工作取得决定性进展。同为老区与内陆地区，陕西省的乡村振兴对吉林省有一定借鉴意义。

1.脱贫攻坚的奋进历程

陕西举全省之力、汇各方之能、集全民之智，把资源要素向扶贫领域倾斜，把精兵强将向扶贫领域集中，把社会力量向扶贫领域汇聚，形成五级书记抓扶贫、全省上下促攻坚的大扶贫格局。2019年初，陕西省剩余29个贫困县，全省上下团结一致，合力攻坚，剩余29个贫困县已于2019年年底全部脱贫摘帽。

精准举措助发展。紧扣目标标准，提升脱贫质量，强化到村到户到人精准帮扶举措，探索创新产业就业、扶贫扶志、社会帮扶等模式，夯实贫困人口稳定脱贫基础。产业就业扶持到户，打造千亿级果业产业、千亿级奶山羊产业、千亿级设施农业。建立了绥德县创新现代农业园区、延川县大棚果蔬基地、安康市汉滨区沈坝镇脱贫攻坚社区工厂、陇县东南镇绿能奶山羊养殖基地、永寿县底角沟村农民专业合作社等一系列扶贫产业。

扶贫扶志提振精神。陕西省全面推行扶志"六法"、安康新民风建设、铜川市耀州区"八星励志"等做法，持续激发贫困群众内生动力。具体来说，就是"教育引导"法正家风、"行为规范"法立正风、"村规民约"法改民风""文明创建"法树新风、"公益救助"法促和风、"司法保障"法倡清风。

"3+X"帮扶合力攻坚。实行校地结对"双百工程"，参与高校103

所，建成产学研一体化示范基地92个，举行各类教育培训800余场，7万余人次参加。组织国企合力团，参与企业99家，对接扶贫项目133个，投资146.2亿元。优质医疗资源下沉，111家三级医院结对帮扶101家贫困县医院，新建临床专科248个，远程会诊3.5万人。例如，陕西省国资委助力脱贫攻坚榆林合力团清涧县红枣深加工；陕西师范大学对口帮扶岚皋县，举办"名师送培"活动；等等。

在陕西省的丰富做法下，革命老区换新颜。注重加快老区基础设施和生态文明建设，助推脱贫攻坚。革命圣地延安、陕甘边革命根据地照金镇都有了新面貌。延安市累计退耕还林1077.47万亩，治沟造地50.96万亩，森林覆盖率由33.5%增加到52.5%。累计聘用建档立卡贫困户生态护林员7064人次，3.25万户、8.69万贫困人口享受生态效益补偿1.78亿元，全市80%以上的农民直接受益，实现了生态保护和脱贫攻坚一个战场、两场战役的双赢。延安市大力发展林果、棚栽、畜牧养殖和小杂粮等特色主导产业，建立了稳定可靠的带贫益贫机制。延安市大力实施水、电、路"三提升"行动。累计整合投入47.42亿元，新改建通村公路2014公里，整治通村公路"油返砂"1866.5公里；建设农村饮水工程3364处，693个贫困村安全饮水问题全面解决；电力入户和动力电通村、标准化卫生室和通信网络实现贫困村全覆盖。坚持自力更生、艰苦奋斗，把扶贫与扶志扶智扶德相结合，充分发挥群众的主体作用。地方文联联合各文艺家协会，到基层开展"到人民中去"文艺扶贫志愿服务活动。

基础设施补短板。全省农村公路总里程达15.7万公里，建制村全面实现通沥青（水泥）路。实施饮水安全巩固提升工程，农村安全饮水问题基本解决，197万贫困人口受益。加强贫困地区电力和网络建设，实施贫困地区农网改造升级，电力入户率和行政村通动力电均达到100%，所有贫困村实现了通动力电，生活用电和光纤全覆盖。住房安全有保障。扎实推进易地扶贫搬迁，统筹推进安置住房、基础设施和公共服务设施建设，坚持

"依托社区办工厂、办好工厂促就业"，强化搬迁人口后续扶持措施。住房安全有保障进入收尾阶段。教育扶贫斩"穷根"。实施对口帮扶贫困地区学校计划，严格落实控辍保学措施，健全精准资助体系，2016—2019年累计资助贫困家庭学生571.3万人次。健康扶贫全覆盖。在基本医疗有保障的基础上，一手抓精准施治减存量，一手抓疾病预防控增量，贫困人口参保率100%，所有贫困村建成标准化村卫生室，对25种大病贫困患者实行分类救治，对慢病贫困患者实行家庭医生签约服务，提升贫困人口医疗保障水平。兜底保障织密网，聚焦特殊困难群体，推行农村低保制度和扶贫开发政策"两项制度"有效衔接，做到应保尽保。

2.社会组织参与乡村振兴的探索

脱贫攻坚战中，陕西省把社会组织作为助推脱贫攻坚的重要力量，并在2019年组建12个省级社会组织扶贫合力团，以"多对一"方式助力深度贫困地区脱贫攻坚。进入乡村振兴新阶段后，陕西省在社会组织扶贫合力团的基础上，重新调整组合成立12个省级社会组织乡村振兴合力团，全面助力乡村振兴战略实施。组建市、县（区）级合力团178个，实施帮扶项目718个，初步形成"省、市、县"三级社会组织合力团助力乡村振兴的工作体系。

2022年，陕西5833家社会组织积极参与乡村振兴，投入帮扶资金3.57亿元，148万群众受益，取得了阶段性成果，形成了组织有力、参与广泛、点面结合、上下联动的社会组织助力乡村振兴新格局。2022年，陕西社会组织合力助力乡村振兴项目荣获"三秦慈善项目奖"。

陕西省不仅鼓励社会组织积极参与产业振兴，还鼓励公益慈善组织将公益慈善、志愿服务活动扎根乡村，参与农村社区服务体系建设。近年来，陕西省开展社区与社会组织、社会工作者、社区志愿者、社会慈善资源"五社联动"基层治理试点，实施培育发展社区社会组织三年专项行动，全省登记备案社区社会组织1.4万家，在丰富群众精神文化生活、改善社区环境、预防化解内部矛盾、促进社区邻里和谐等方面发挥了积极作用。[①]

第四节　新时代吉林民生建设的路径

一、以人民为中心做好公共服务

民生是头等大事，是政府对百姓的承诺和担当，各单位把责任压实、进度抓细、质量抓好，扎扎实实推进为民办实事的力度和深度，确保项目高质、高效建成，如期投入使用，把民生项目建成群众满意的工程。改善和保障民生必须扩大公共服务。

（一）公共服务与民生密切相关

民生问题在本质上是人的生存与发展问题，它存在于人类政治社会的始终。在社会主义社会，公共服务与民生密切相关，是相关部门必须履行的义务。

1.民生发展是公共利益的指向

现代社会中的民生，以社会权利为逻辑起点、以公共利益为实践指向。保障公民权利、改善基本民生，成为正义的国家行为的重要体现。也唯有如此，国家才能以政治均衡手段纠正经济社会发展的失衡问题，推动中国步入全面协调发展的轨道。民生发展是与国家政治建设相一致的，它蕴涵着对公民权利、社会公正的价值追求，蕴涵着对政治合法性、国家整

①澎湃新闻，《陕西：社会组织积极参与乡村振兴 初步形成省市县二级助力工作体系》，https://www.thepaper.cn/newsDetail_forward_23013779，2023年5月，访问日期：2023年6月12日。

合的现实关切，具有重要的政治社会意义。

2.公共服务普及普惠是共同富裕的重要方面

按照需求层次和供给职责不同，基本公共服务是政府主导、保障全民基本生存和发展需求的服务，并与社会经济发展水平相适应；可以发挥兜底和赋能的双重作用。基本公共服务可以看作保障和改善民生的一张基础安全网，在促进全体人民共同富裕中具有举足轻重的地位；[①]普惠性非基本公共服务则是指政府以外、市场和社会力量提供并满足特定需求的服务，或同样由政府提供，但保障的是较高层次需求，并且市场自发性供给不足的公共服务。

3.基本公共服务可以促进公平公正

现阶段民生发展的特殊意义在于，通过基本公共服务均等化，深度调整社会的利益格局，消解城乡居民收入差距、地区差距、城镇贫富财产差距这"三大差距"持续拉大的势能，修复现代化进程中出现的社会"裂痕"，促进公共政策和制度安排的合理设置，重构国家整合的驱动源和新路径。最为关键的是推动以改善民生为重点的社会建设，实现发展成果为全民共享，深度调整社会利益格局。适应包容性发展的需要，政府必须在价值目标、职能结构上作出全面改革，实现由"建设型"向"服务型"的根本转变。这样，伴随以公共服务为职能重心的政府发展，"惠及全民、公平公正、水平适度、可持续发展"的公共服务体系将会逐渐建立起来。[②]

4.基本公共服务均等化是实现共同富裕的关键环节

"全体人民共同富裕取得更为明显的实质性进展"是2035年国民经济和社会发展远景目标之一，"基本公共服务实现均等化"是远景目标的重要内容，促进基本公共服务均等化是扎实推动共同富裕的重要任务。基本公共服务被赋予了新的、更加重要的使命，对于促进全体人民共同富裕具

①刘旭，顾严，《发挥基本公共服务兜底和赋能双重作用》，http://theory.people. com.cn/n1/2021/1105/c40531-32274228.html，2021年11月，访问日期：2022年6月24日。

②曹爱军，《民生的逻辑：基本公共服务均等化研究》，南开大学，2014年，第182页。

有兜底和赋能的双重作用，基本公共服务均等化是实现共同富裕的坚实基础和关键环节。

（二）促进公共服务均等化的国家要求

促进城市与农村之间，以及不同区域之间基本公共服务均等化，是国家基本公共服务体系"十二五"规划的要求。具体包括以下内容。

1.加强城乡基本公共服务规划一体化

涉及公共服务的各类规划，要贯彻区域覆盖、制度统筹的原则要求，以服务半径、服务人口为基本依据，打破城乡界限，统筹空间布局，制定实施城乡统一的基本公共服务设施配置和建设标准。推进城乡基本公共服务制度衔接。以制度统一为切入点，抓紧制定和实施统筹城乡基本公共服务制度的工作目标和阶段任务。鼓励各地开展统筹城乡基本公共服务制度改革试点，有条件的可率先把农村居民纳入城镇基本公共服务保障范围；暂不具备条件的，要注重缩小城乡服务水平差距，预留制度对接空间。

2.加大农村基本公共服务支持力度

进一步加大公共资源向农村倾斜力度，新增预算内固定资产投资要优先投向农村基本公共服务项目。制定并推行各类机构服务项目及其规范标准，提高农村基层公共服务人员专业化水平。鼓励和引导城市优质公共服务资源向农村延伸，包括充分利用信息技术和流动服务等手段，促进农村共享城市优质公共服务资源。

3.基本公共服务向常住人口扩展

以输入地政府管理为主，加快建立农民工等流动人口基本公共服务制度，逐步实现基本公共服务由户籍人口向常住人口扩展。结合户籍管理制度改革和完善农村土地管理制度，逐步将基本公共服务领域各项法律法规和政策与户口性质相脱离，保障符合条件的外来人口与本地居民平等享有基本公共服务。积极探索多种有效方式，对符合条件的农民工及其子女，分阶段、有重点地纳入居住地基本公共服务保障范围等。

（三）吉林省基本公共服务均等化的建设基础

1.吉林省有重视公共服务的传统

吉林省早在2011年2月发布的"十二五"规划中就提出，要建立健全公共服务体系。逐步完善覆盖城乡的基本公共服务体系，推进城乡基本公共服务均等化。按照基本公共服务公益化、非基本公共服务市场化方向，加快面向民生领域的社会事业发展，采取政府采购、特殊经营、政策优惠等方式，鼓励、支持和引导社会力量参与公共服务，形成政府主导、市场引导和社会参与的公共服务供给机制，实现提供主体和提供方式多元化，满足群众多样化需求。

2.落实国家对基本公共服务供给的任务部署

中央高度重视基本公共服务，强调要保障基本公共服务有效供给，多次部署基本公共服务均等化有关工作。基本公共服务均等化是指政府要为所有社会成员提供基本的、与经济社会发展水平相适应的、能够体现公平正义原则的大致均等的公共产品和服务，是人们生存和发展最基本条件的均等。均等化的实现需要相应的制度安排和标准设计，以标准化促进均等化是保障民众享有公共服务的有效途径。从广泛的角度来看，有许多类型的公共服务，包括教育、健康、文化、就业、社会保障、生态环境、公共基础设施和法律与秩序。它的分类可以划分为四个方面：一是底线生存服务，包括公共就业服务、社会保障等；二是基本发展服务，包括教育、医疗卫生、文化体育、民政等社会事业中的公益性领域；三是基本环境服务，包括公共交通、公共通信、公用设施和环境保护等；四是基本安全服务，包括公共安全、消费安全和国防安全等。①

3.吉林公共服务均等化建设让群众比较满意

吉林省自公共服务均等化建设以来，致力于政府职能转变、强化服务

① 王雪：《吉林省基本公共教育服务均等化问题研究》，东北师范大学出版社，2013，第5—6页。

型政府理念，提高提供基本公共服务的水平。不断加大财政对公共服务的投入力度，重点向城乡基层和薄弱环节倾斜，持续改善各级各类公共服务设施，有力推动了全省基本公共服务项目和标准全面落实，保障能力进一步提升，群众对政府提供基本公共服务的满意度也不断提高。同时，吉林省还在不断调整投入结构、加大供给侧改革，重点解决不充分和不平衡的矛盾。基本公共服务的投入增长率要远远超过人均 GDP 和财政收入的增长率，凸显了吉林省政府对提高基本公共服务水平的高度重视，各级政府在为群众的基本公共服务需求提供更加充分、更加平衡、更加优质的公共服务方面作出了巨大的努力。[①]

（四）吉林省基本公共服务均等化发展方向

1.不断完善社会保障与公共服务体系

社会保障是国家为维护社会公平和促进社会稳定发展，对社会成员特别是生活困难群体生活权利给予基本保障的制度安排。目前，吉林省的社保与公共服务体系仍然存在城乡不均衡、低水平、"最后一公里"覆盖不够全面等问题。未来，吉林省应从解决人民群众最关心、最直接、最现实的利益问题入手，以普惠性、保基本、均等化、可持续为方向，健全基本公共服务制度，完善服务项目和基本标准，强化公共资源投入保障，提高共建能力和共享水平，努力提升人民群众的获得感、公平感、安全感和幸福感。

城乡统筹，均衡发展。立足基本省情，坚守底线，突出重点。针对人民群众最为关注的现实利益需求，量力而行，优先保障基本公共教育、劳动就业创业、社会保险、社会服务、医疗和公共卫生、住房保障、公共文化体育服务及残疾人基本公共服务等需求的提供，并随着经济社会发展逐步扩大范围，提高标准。

统筹运用各领域各层级公共资源，推进城乡均衡配置和优化整合。把社

---

①孙长智、吴宛航，《吉林省基本公共服务均等化进程中的问题及对策探析》，《长春理工大学学报（社会科学版）2018年第6期，第27—32页。

会事业发展重点放在农村和接纳农村转移人口较多的城镇，推动城乡公共服务协调发展，推进基本公共服务均等化。加大基本公共服务投入力度，重点向贫困地区、薄弱环节、特定人群倾斜，促进城乡区域人群协调发展。推进城乡基本公共服务均等化，促进城乡统筹发展。以接纳农村转移人口较多的城镇为重点，探索建立城乡统筹的教育、就业服务、保障性住房、医疗卫生和社会保障体系，推动城乡公共服务协调发展。推进社会救助制度城乡统筹，加快实现城乡救助服务均等化。顺应农业转移人口市民化趋势，及时帮助农业转移人口在居住地申请社会援助。增加农村社会援助投入，逐步缩小城乡差距。加强与乡村振兴战略衔接。推进城镇困难群众解困脱困。

健全完善社会保障体系。社会保障方面，着力完善基本养老、基本医疗、工伤和失业保险制度，逐步提高统筹层次和待遇水平，健全社会救助服务体系，扩大社会福利覆盖范围，随着农业转移人口市民化进程的推进，应为符合条件的农业转移人员提供及时帮助和援助。进一步改进省级统筹制度，推行全省企业职工基本养老保险基金统一收支模式，合理提高退休人员基本养老金待遇等级。在城乡居民基本医疗保险方面，通过深入整合城乡居民医保制度，合理平衡各个方面的保障待遇，确保城乡居民在门诊、住院、用药、异地就医、定点服务等各方面得到合理的保障，并稳步提高医保筹资水平。完善失业和工伤保险制度、社会救助体系、优抚安置制度，加强残疾康复服务，切实解决困难群众住房问题。推进幼有所育、学有所教、病有所医、老有所养、弱有所扶等方面基本公共服务均等化发展，全面提升教育、医疗卫生、健康服务、体育运动、养老托育等领域服务供给水平，实现人的全面发展和社会全面进步。

综合提升公共服务水平。不断改善供水、供热、供气等各级各类公共服务设施，加强环境治理工作，重点关注城乡基层和薄弱环节，致力于提高广大群众的生活质量。在水、热、气基础设施建设方面，完善规划布局，提前安排建设，增强保障能力。在农村饮水安全方面，通过新建、改造、配套、升级和联网等方式，推动农村集中供水率、自来水普及率、供水保障率和水质达标率的进一步提高。加强重点区域的环境治理，着力解决环境污染问题。应在全国范围畅通统一大市场建设，推进社保公积金转移接续、公共服务均等化覆盖非户籍人口，让吉林省的百姓，不管是留在吉林还是迁到南方，都能使自身效用最大化。

2.加强弱势群体救护保障工作

加强儿童福利保障提升工作，在制度层面细化，继续规范保护程序，确保所有孤儿得到保护、孤儿可以同等享受医疗与教育等相关民生领域的服务，同时拓宽慈善资助救助项目，以全面提高孤儿的生活水平。积极探索在孤儿成年后继续保护和融入社会的方法，如重新安置和住房，加强对成年孤儿职业培训和就业创业的政策支持，延伸孤儿保障服务。深入贯彻《儿童福利机构管理办法》，健全和规范收留抚养程序，及时接收服务对象，加强儿童福利机构档案管理工作，不断提高孤儿养育、医疗、教育、康复和社会工作服务水平，培育儿童福利机构高质量发展示范单位。加大支持儿童福利机构建设力度，稳步推进儿童福利机构优化提质工程，指导市（州）儿童福利机构全面承担起本行政区域内由民政部门长期监护的儿童集中养育职责。提高孤残儿童护理员队伍专业能力。进一步规范家庭寄养和机构内家庭式养育工作，加强监督管理，探索扩大机构养育儿童、家庭寄养和家庭式养育规模。深入学习和贯彻《民法典》，全面推进儿童收养登记规范化建设，提高收养评估水平，依法依规做好收养业务工作。

加强困境妇幼关爱服务工作。建立完善困境儿童和农村留守儿童信息台账，准确掌握底数，建立需求导向、问题导向的工作机制。加强困境儿童分类保障，统筹整合相关部门儿童救助帮扶政策，积极链接社会慈善资源，切实加大保障力度。推进农村留守儿童和困境儿童精准关爱工作，完善基层关爱服务体系，提升关爱服务能力和规范化建设水平。加强基层儿童督导员和儿童主任队伍建设，建立和完善日常工作制度，落实定期培训制度，健全完善考核奖惩机制。推进乡镇（街道）未成年人保护工作站建设，及时办理未成年人相关事务。将专业社工和志愿者纳入服务队伍，汇聚各方关爱保护资源，开展有益儿童身心健康发展的活动。积极推进农村留守妇女关爱服务工作，组织开展关爱服务活动，支持其在家庭建设中承担主体责任，鼓励其积极参与社会服务，帮助其提高创业就业能力，同时，协调配合相关部门加大维护农村留守妇女合法权益工作力度。

完善残疾人福利制度。完善社会保障制度和帮扶残疾人的社会福利制度，健全残疾人关爱服务体系，实现残疾人基本民生兜底保障。推动残疾人平等享受医疗、康复、教育、就业、文化、体育等基本公共服务，提高残疾人全面发展能力。推进无障碍设施建设，营造扶残助残社会环境。强化各类助残社会组织建设。针对残疾人康复服务基本需求，建立完善残疾人康复保障制度和服务体系，继续推进精准康复服务行动，逐步扩大基本辅具适配服务和康复服务的覆盖面积和人群。落实残疾人"两项补贴"动态管理机制，根据经济社会发展及残疾人实际需求，建立补贴制度调整机制，适时提高"两项补贴"标准和覆盖面。同时，开展困难重度残疾人托养和照护服务工作。

加强民政精神卫生福利机构建设。发挥吉林省每个市（州）都有1所精神卫生福利机构的优势，逐年对原民政精神卫生福利机构进行改（扩）建及设施更新改造。同时，在人口多、覆盖面广的县（市）建立民政精神福利机构。加强民政精神卫生机构医疗器械的投入和改造，提高医疗技术水平。深化体制改革和机制创新，加强精神卫生人才队伍建设培养，发挥民政精神卫生福利机构示范辐射作用。

推动康复辅助器具产业发展。加强省假肢康复中心建设，增强自主创新能力，继续实施"爱心助行"项目，努力为伤残军人和社会残疾人提供优质服务。加强康复辅助器具宣传推广，鼓励和引导社会力量兴办康复辅助器具企业和适配服务机构，争取国家康复辅助器具综合创新项目。开展康复辅助器具社区租赁服务，研究建立基本康复辅助器具配置服务模式和政府补贴制度，满足老年人、残疾人等特殊群体服务需求。引进域外大型知名康复辅助器具企业落户吉林。

3.引领基本公共服务实现信息共享

基本公共服务需要借助和运用信息平台来收集和传递信息，保证信息的真实全面。数据和信息的共享又可以让"数据多跑路、群众少跑腿"，一定程度上影响决策者的意志，节省政府成本，通过信息公开和交流来拉近地方政府和人民群众的关系，真正了解人民的需求。因此，政府有责任引领基本公共服务步入信息共享的新时代。

第一，建设基本公共服务信息平台和统一数据信息标准是基础任务。基本公共服务信息平台的建设可以深化政府大数据意识，让工作人员亲身体会数据信息的时效性、便捷性，尽快转变工作方式。同时，政府可以借用流行便民的微信公众号、微博等自媒体与手机应用程序、客户端等模式拉近与群众之间的距离，运用问卷形式直接调查群众需求，也可以通过大数据后台检索群众搜索和阅读类别的间接调查方式分析群众真实的需求，方便政府决策。统一数据信息标准的建设则可以为各个部门、各级政府应用数据提供便利，打破了部门之间、层级之间，甚至政府与群众之间的"墙壁"，是达成信息迅速传递与解读的重要步骤，有利于群众快速理解政府决策、支持政府政策，也方便群众及时根据自身情况为政府提出建设性的意见和建议。

第二，提升政府运用数据的主动性。大数据的环境为政府提供了新的思维方式和科学的统计方法，让工作"一针见血"，同时也对政府提出了更高要求，政府应采取相应的激励机制来调动起工作人员的积极性，例如，请专家对相关人员定期进行培训，通过奖惩机制来诱导工作人员接受大数据技术并结合自身的工作进行可行性创新，等等。另外，必须进一步规范工作人员的职能范围和责任，加强问责制度，将数据的共享成果作为绩效考核的指标来反向推动工作人员运用数据的主动性。[1]

第三，加强智能化社会治理。近年来，以大数据、物联网等为代表的

---

[1]孙长智、吴宛航，《吉林省基本公共服务均等化进程中的问题及对策探析》，《长春理工大学学报（社会科学版）2018年第6期，第27—32页。

智能化技术，正在成为推动社会进步的重要力量、增强国家竞争优势的核心要素以及引领时代发展的战略资源。智能化技术突飞猛进地发展带来了社会治理的变革与创新，社会治理智能化也将为实现国家治理现代化的目标注入新的动力。人工智能在基层有广泛的应用场景，影响着城市治理水平和治理效能。探索人工智能在城市基层的应用及产生的基层治理影响，有利于提升城市精细化管理水平，构建新时代城市规范高效的治理体系。在加快推进大数据、云计算与社区治理深度融合，实施数字生活新服务行动的同时，也需推出适应老年人、残疾人等特殊人群需求的智能化服务。

二、创新民生建设的机制保障

（一）创新公共服务供给机制满足人民多层次多样化需求

推进实名制就医和"互联网+医疗健康"便民惠民服务，是吉林省卫生健康部门的一大便民创新举措。通过推行统一标准的电子居民健康卡，居民可以在省内医院实现一码挂号就诊、自费和医保基金报销便捷支付以及全生命周期电子健康记录。吉林省将坚持关注生命全周期、健康全过程，完善国民健康政策，通过建立基本医疗卫生五项制度，逐步打破每个公民预防、保健、医疗、救治、养老等生命全周期的服务壁垒和障碍，让更多百姓感受健康优质服务全过程。[①]

（二）推广民生事业试点的经验机制

"十三五"期间，吉林省围绕社会救助、养老服务、儿童和残疾人福利、社区治理、社会组织发展、慈善事业、社会工作开展各类试点61项，取得重大改革成果10项，在全国率先开展社区民主协商、率先完善城市

---

① 新华社，《统筹城乡发展增进人民福祉——各地聚焦坚持和完善民生保障制度落实党的十九届四中全会精神》，https://www.gov.cn/xinwen/2019-11/13/content_5451732.htm，2019年11月，访问日期：2022年9月9日。

生活困难人口救助体系、率先将临时救助审批权限全部下放到乡镇（街道），脱贫攻坚"四兜"模式、"文养结合"幸福养老模式、吉林长春社区干部学院成为吉林民政事业高质量发展的"新名片"。未来，吉林省应充分利用民生事业试点的成效，将试点取得成效的经验机制灵活推广到全省。目标民政领域治理能力显著增强；基本民生保障更加有力，基层社会治理更加健全，城乡社区综合服务设施覆盖面持续扩展；基本社会服务更加有效，养老育幼扶弱等服务更加普惠均等、便捷高效、智能精准；群众获得感、幸福感、安全感切实提高。

（三）探索中国式现代化的民生保障机制

党的二十大提出了"中国式现代化"概念。中国式现代化是人口规模巨大的现代化，是全体人民共同富裕的现代化，是物质文明和精神文明相协调的现代化，是人与自然和谐共生的现代化。中国式现代化这些鲜明的特征，决定了未来中国的民生建设也不能走西方资本主义国家的老路，而是要探索一条符合本土发展道路的民生保障机制。曾经被推崇的西、北欧"福利国家"模式建立在殖民主义掠夺的基础上，过度的福利违背了按劳分配、鼓励劳动的规律，尽管短时间来看大幅提高了民生福祉，但随着积累的财富被消耗殆尽，最终将会落入高福利陷阱，反过来阻碍民生的发展。

中国式现代化也对民生建设提出了要求。吉林省作为老龄化形势严峻的老工业基地，在东北全面振兴、全方位振兴中，应主动探索符合中国式现代化道路的民生保障机制，实现民生建设生态的可持续、兼顾效率与公平。到2035年，吉林省要为建成教育强国、科技强国、人才强国、文化强国、体育强国、健康中国添砖加瓦，使全省居民的全面发展、共同富裕取得更为明显的实质性进展。

三、大力推进乡村建设行动

吉林省和全国一道打赢了脱贫攻坚收官战，但脱贫摘帽不是终点，而是新生活、新奋斗的起点。必须积极弘扬并传承脱贫攻坚的精神，内外团结一心，持续奋斗，顺利通过历史性的脱贫攻坚和乡村振兴过渡。我们既要通过乡村振兴巩固消除贫困的成果，也要在乡村振兴中借鉴脱贫攻坚的政策和机制，实现全面衔接和无缝对接。我们需要采取更加有力的举措和聚集更强大的力量，既立足当前，又兼顾长远，强化现代农业科技和物资装备支持，加强粮食综合生产能力建设，守住粮食安全底线，在新起点上开启新生活、新奋斗。

（一）坚持贯彻乡村绿色发展理念

1.充分学习体会生态文明重要意义

通过深入学习宣传贯彻习近平法治思想，让"绿水青山就是金山银山"理念更加入脑入心，并切实转化为推进吉林省人居环境建设的自觉行动。着力于贯彻乡村绿色发展理念，探索出一条人与自然和谐共生、绿色可持续的循环经济发展之路，综合整治乡村人居环境，以循环经济为核心纽带，重点是将资源可再生利用作为乡村发展的必要途径，有效促进节能减排和环境保护，进一步推进农村循环经济的发展。

2.人居环境科学规划与乡村文化振兴相结合

通过科学规划，可以有效规划农村地区的基础设施建设，确保设施的布局科学合理，充分利用当地的自然资源和社会资源，提高设施的利用率和经济效益。乡村专项治理规划与系统布局相结合，基层的差异化探索与高层的系统化布局良性互动、有机结合，农业绿色发展才能精准发力。这需要各方力量的密切配合和协调，把改善农村人居环境作为一项重大的民生工程，从污染治理、队伍建设、资金规划等各方面进行系统化、统筹化布局，并强化系统思维。从实际出发，注重实用性与艺术性相统一、历史性与前瞻性相协调。根据不同地形地貌，按照村庄功能定位、区位条件、产业特色、人文底蕴、资源禀赋，分类确定村庄的建设模式、发展方向，建设一批具有鲜明地域特色、人文特点的雪乡、渔乡、稻米之乡，构建"一村一品""一村一韵""一村一魂"的美丽乡村生动格局。

3.农村环保实用技术创新与资源利用相结合

应加强研发新农村环境保护实用技术和创新技术，以使农村人居环境整治更具科学性。灵活运用生态处理技术并因时制宜地选择合适的工艺，积极利用废弃地、滩涂、湿地等资源。这样不仅可以实现废水达标排放，达到农业回用标准，还可应用于农田灌溉和农村生活，充分发挥生态环境效益。密切关注农村建筑的用水、能耗和资源循环利用的理念，通过湿地设计收集和循环利用雨水，这是实现节能目标的重要体现，把减少和资源化排放废水的理念作为追求的目标，减轻污水处理系统负担。

（二）补齐农村人居环境治理短板

1.加快实施农村垃圾分类和减量，推进收运处置体系建设

农村生活垃圾处理得不彻底是导致农村人居环境"脏乱差"的最直接因素，科学有效地处理农村生活垃圾，对改善农村人居环境具有重要意义。

2.推进秸秆"五化"利用，加快制定秸秆综合治理的配套政策措施

秸秆综合利用的前景很广阔，随着人们对秸秆的了解，秸秆的利用价值也越来越显现出来。2014年，国家发改委和农业部编制的《秸秆综合利用技术目录》发布，提出了秸秆资源肥料化、燃料化、原料化、饲料化和基料化等"五化"利用途径。秸秆综合利用深刻影响着种养业特别是种植业的持续稳定和健康发展，对促进农民增收以及农村生产生活面貌改善，构建人口、环境和资源的协调与持续发展有着深远意义。

3.推动畜禽粪污无害化就地就近还田利用

同步推进禽畜粪便无害化处理与污水处理。粪污无害化处理要紧扣污水治理，加快乡镇污水处理站建设，着力修复农村水生态。农村住区比较

分散，村庄规模小，可以将人、畜粪便进行无公害处理后，就地资源利用，以乡镇为中心，分区进行收集和无害化处理。垃圾分类收集后，分为可堆肥的、不可堆肥的固体垃圾、有毒垃圾等，可堆肥的，引导农民就地堆肥还田，不可堆肥的和有毒的分类收集，集中清运。探索推广每人每天"5分钱"付费服务制度，让农民有偿使用，但收费标准低，不对农民造成负担。

4.厕所革命因地制宜，分类推进

吉林省各地基础条件差异较大，"厕所革命"推进的力度和要求各不相同。因此，在推进工作中不可能规定一个标准、一个模式，而是要从实际出发，根据当地的实际，合理确定目标和标准，分类推进普及不同类型的卫生厕所。

5.逐步消除农村黑臭水体，加强农村饮用水水源地保护

为了开展农村黑臭水体治理，中央农办等18个部门联合印发了《农村人居环境整治村庄清洁行动方案》，明确要求有条件的地方实施清淤疏浚，采取综合措施恢复水生态，逐步消除农村黑臭水体。通过制定具体的政策措施，甚至法律手段把环境保护的因素融入农业政策中，即人居环境治理中制定出奖罚措施。

（三）充分调动农民和市场的积极性

在强化政府主导作用的同时，通过建立有力的参与、激励与责任等机制，建立"政府主导、农民主体、企业参与、市场运作"的人居环境推进机制，共建美丽乡村。人居环境从室外向室内推进，其核心在于改变农民的生活习惯，塑造农民健康卫生环保的生活理念。发挥农民的主体作用将为农村人居环境整治工作提供强大的内生动力。

1.分类推进村庄规划建设

要充分尊重不同类型的乡村发展规律，分类规划乡村空间布局和村庄建设，遵循实际情况采取不同形式的规划留出空间。针对聚集和提升的村庄，要对原有规模进行改造升级，扩大中心村的规模，支持发展主导产业，如农业、工贸、休闲服务等，注重培育村庄的特色。对于城乡融合的村庄，应该发展都市农业、休闲农业、观光旅游和其他乡村旅游产业，打造城市后花园，并设立强大的食品加工基地。对于特色保护类的村庄，要坚持保护传统村落和乡村特色风貌，增强文化旅游的价值，积极发展乡村休闲观光业，实现特色资源保护与现代化建设的融合。针对搬迁和撤并类的村庄，应当根据实际情况合理规划，并修建新的村庄基础设施和公共服务设施，推动人口有序迁移。同时，要努力打造乡村振兴的示范区，实现乡镇成为服务农民的中心。

2.加强建设农村硬件设施

加快补齐吉林省农村的公共服务短板，建设美观的村容村貌，改善人居环境。坚持发展乡村特色产业和集体经济，加强乡村人才队伍建设和富民根基，发展乡村旅游和培育乡村产业新业态。为此，必须强化党建引领，健全农村地区社会治理的长效机制，推动乡风文明建设，形成新气象。要引导群众支持参与，形成比学赶超、竞相发展的生动局面，不断汇聚乡村建设强大合力。[①]保障农村公路交通的顺畅，提供可靠的供水，推进新型基础设施的建设，提高电网和电气化的水平等方面，应积极展开农村工程，其中包括加速实施"四好农村路"建设项目，改善村道和巷路情况。在供水方面，投资建设农村供水管网，以确保农村居民获得安全饮用水。在电网和电力方面，推进农村5G和广播电视基础设施建设，坚持推进农村电网改造升级，让边远地区也能维持全天候供电。向更大范围农村推广清洁气体、清洁燃料，逐步实现农村绿色能源目标，不断改善农村居民生活质量。

---

① 吉林日报，《聚力抓好乡村建设行动 加快推进乡村全面振兴》，http://zhengwu.cnjiwang.com/zwzwyw_1130/202107/3411029.html，2021年7月，访问日期：2022年3月28日。

（四）加快率先实现农业农村现代化步伐

1.构建现代乡村产业体系

加强农产品加工业和食品工业的产业链，努力增强县域内的农民在产业增值收益方面的参与度。促进现代农业经营体系发展，建设一批农业专业化、社会化服务组织，为农民提供更好的农业服务。实施现代种业提升工程，提升农业种业水平，以促进农业的持续发展。为提高农村基本公共服务水平，全面加强乡村公共基础设施建设和农村人居环境整治升级，以改善农村居民的生活环境和生活质量。

2.持续深化农村农业改革

持续深化农村改革和激发农村资源要素的活力。在这方面，我们应加大力度，重点推进农村承包地、集体建设用地、宅基地等改革，以全面推动农村改革发展进程。持续加强党对"三农"工作的全面领导，落实五级书记抓乡村振兴工作机制，加强党委农村工作领导小组和工作机构的建设，促进乡村治理和党的基层组织建设。

3.突出抓好粮食生产

吉林省已经出台《关于扛稳维护国家粮食安全责任，加强粮食生产的若干措施》，从保障种植面积、夯实基础、推广农业科技、提高品质等10个方面制定了30条具体措施。在正常年景下，确保将粮食产量稳定在760亿斤以上，争取向800亿斤迈进，为国家提供更多优质的粮食。

4.加强黑土地保护

着重保护好"耕地中的大熊猫"，实现黑土地的保护和可持续利用。设立黑土地保护专家委员会，并与中科院合作，共同实施"黑土粮仓"科技会战计划。增加保护性耕作面积，以保障农田的生态环境和土壤的肥力，确保黑土地生态系统的健康稳定。

5.推进现代种业发展

为加速现代种业的发展，应增加种业专项资金和发展基金，为"育繁推"一体化种业企业的发展提供充分支持。目标是在约五年的时间内，至少有一家种业企业进入全国综合实力前十名，同时有三到五家企业进入全国50强。这将有助于吉林省更快地打造现代种业创新高地。

6.推动农产品加工业加快发展

重点打造玉米水稻、杂粮杂豆、生猪、肉牛羊、禽蛋、乳品、人参、梅花鹿、果蔬、林特十大产业集群，推进全产业链发展，力争5—10年时间，使农业及农产品加工、食品产业接近万亿级规模。[①]

（五）以乡村建设巩固脱贫攻坚成果

毫不动摇地守住脱贫攻坚的成果，并努力实现与乡村振兴的有效衔接。确保脱贫人口不会返贫，采取措施保证工作不留一点儿空隙，政策不留一处漏洞。

1.建立动态监测和帮扶机制，防止返贫

为避免易于返贫人口再次陷入贫困，建立动态监测机制，常态化监测他们的收入水平和"两不愁三保障"政策的巩固情况，并采取有效的措施进行帮扶，以稳定和提高贫困人口的经济状况。继续巩固脱贫成果，加大对脱贫地区产业的扶持力度，包括加强仓储保鲜和冷链物流等基础设施建设，加强技术、设施和营销等方面的支持，提高产业的市场竞争力和抗风险能力。增强对于贫困人口的就业支持，保持他们的工作稳定，完善社会保障和救助办法，帮助脱贫人口获得更好的生活。健全易地搬迁后续支持政策，确保受搬迁影响的人群得到稳固住所，能够逐渐致富，切实实施"四个不摘"要求，坚定维持主要扶贫政策稳定。对现有的帮扶政策进行分类优化和调整，稳妥推进从集中资源脱贫向全面促进乡村振兴的逐步过渡，并选定若干脱贫县作为乡村振兴的重点援助县，提供集中援助。为了在吉林率先实现农业农村现代化，需要扎实推进示范镇和示范村的创建工

---

① 彩练新闻，《2021年吉林省委一号文件权威解读：立足新征程，全面推进乡村振兴》，http://www.cailianxinwen.com/manage/homePage/getNewsDetail?newsid=238435，2021年3月，访问日期：2022年5月18日。

作，并进一步集聚资源力量，补齐短板和弱项。加强吉林的农业农村发展，为实现乡村振兴作出重要贡献。

2.制定专项工作促进规划引领

村庄规划引领方面，省自然资源部门对应制定了专项工作方案，明确编制报批、布局优化、政策保障和规划监督等任务，整治提升农村人居环境。提升农村基础设施建设方面，省交通运输厅、省水利厅、省发展改革委、省能源局、省通信管理局、省林草局、省住建厅等部门分别对应制定了专项工作方案，明确了农村道路、农村供水、农村电网、新能源、5G建设、乡村绿化、农房建设等任务。农村公共服务水平提升方面，省教育厅、省卫生健康委、省医保局、省民政厅、省文旅厅等部门分别对应制定了专项工作方案，明确了乡村义务教育、基层医疗卫生机构服务、农村医保、农村养老、农村救助、乡村公共文化等任务。乡村建设示范方面，省住建厅、省乡村振兴局对应制定了专项工作方案，明确了示范镇建设、"千村示范"创建任务。

3.以"五化"工作法保障落实

专项工作牵头部门可以采用"五化"工作法，即清单化管理、图表化推进、手册化操作、模板化运行和机制化落实，对清单任务进行细化，制作操作手册、工作图表和推进模板，这样可以确保各项措施具有实效性，并得到有效的实施和管理。在推进村庄规范、人居环境整治提升、"四好农村路"高质量发展、农村生活用水供应保障、农村电网升级改造、新能源乡村振兴工程、乡村新型基础设施建设、乡村绿化建设、农房建设质量安全提升、乡村义务教育质量提升、基层医疗卫生服务能力提升、巩固拓展医疗保障提升行动、农村养老服务提升、农村社会救助、乡村公共文化建设、示范镇建设、"千村示范"创建等方面，共制作了任务清单3个、施工图表16张、报送模板1个。同时，制作了推进新能源乡村振兴工程、乡村新型基础设施建设、农村电网改造升级、农村供水保障、农房建设质量安全提升、"千村示范"创建等5张作战图，实现挂图指挥，重点推进。

4.及时总结推广经验做法

2021年以来，吉林省在乡村建设行动上完成投资70亿元，在村庄规划、乡村基础设施建设、基本公共服务、农村人居环境整治提升上实现了新的突破。①今后应继续完成农村厕所改造计划，并制定完善的厕所后续管理长效机制，确保广大农村地区的环境卫生得到有效改善。及时总结一批适用、可推广的实践经验，充分发挥典型示范引领作用。坚持"巩固一批、创建一批、提升一批"的总体思路，滚动打造宜居宜业的美丽示范乡村，以示范创建带动巩固和扩大扶贫成果，增强农村发展能力，提升乡村建设成效，提升乡村治理水平，提升农民精神风貌，既"富口袋"，又"富脑袋"，增强乡村文化吸引力，加快促进乡村全面振兴。

———————

①中国吉林网，《吉林出台乡村建设行动2.0版"五个突出"加快全面推进乡村振兴》，https://baijiahao.baidu.com/s?id=1733690134198480434，2022年5月，访问日期：2022年6月16日。

参考文献

［1］邓小平文选（第3卷）［M］.北京：人民出版社，1993：63.

［2］毛泽东文集（第七卷）［M］.北京：人民出版社，1999：228.

［3］毛泽东.毛泽东文集（第六卷）［M］.北京：人民出版社，1999：329.

［4］毛泽东.毛泽东文集（第四卷）［M］.北京：人民出版社，1991：1428.

［5］高举中国特色社会主义伟大旗帜　为全面建设社会主义现代化国家而团结奋斗——在中国共产党第二十次全国代表大会上的报告［R/OL］.（2022-10-16）.https：//www.12371.cn/2022/10/25/ARTI1666705047474465.shtml.

［6］加快东北老工业基地振兴发展［EB/OL］.（2015-07-19）.http://www.xinhuanet.com/politics/2015-07/19/c_1115970592.htm.

［7］促进我国社会保障事业高质量发展、可持续发展［EB/OL］（2022-04-15）.http：//www.gov.cn/xinwen/2022-04/15/content_5685399.htm.

［8］保障和改善民生没有终点［EB/OL］.（2017-09-28）.https://news.12371.cn/2017/09/28/ARTI1506599865959910.shtml.

［9］在全国教育工作会议上的讲话［EB/OL］.（2022-07-10）.http://news.cntv.cn/china/20100908/103894.shtml.

［10］2021年全省民生实事有关情况新闻发布会［EB/OL］.（2022-05-09）.http://www.jlio.gov.cn/c/www/szfxwfbh/47844.jhtml.

［11］2022年吉林省政府工作报告［R/OL］.（2022-02-09）.http：//jlpeace.gov.cn/jlscaw/yaowen/202202/d2703838af634e62b1b8bcb36a753662.shtml.

［12］吉林省改革开放辉煌30年民生篇：日日新又日新［EB/OL］.（2008-12-15）.http：//www.gov.cn/gzdt/2008-12/15/content_1178094.htm.

［13］沿着有中国特色的社会主义道路前进［EB/OL］.（1987-10-25）.http：//www.gov.cn/test/2008-07/01/content_1032279.htm.

［14］共和国的足迹 — 2003年：振兴东北老工业基地［EB/OL］.（2009-10-12）.http：//www.gov.cn/test/2009-10/12/content_1436712.htm.

［15］中共中央国务院关于全面振兴东北地区等老工业基地的若干意见［EB/OL］.（2016-04-26）.http://www.gov.cn/zhengce/2016-04-26/content_5068242.htm.

［16］国务院关于深入推进实施新一轮东北振兴战略加快推动东北地区经济企稳向好若干重要举措的意见［EB/OL］.（2016-11-30）.https://www.gov.cn/gongbao/content/2016/content_5139817.htm.

［17］吉林省财政大力支持城乡医疗救助［EB/OL］.（2014-08-25）.http://www.jl.gov.cn/zw/yw/zwlb/sz/201408/t20140825_6620187.html.

［18］王成金.东北地区全面振兴的重大问题研究［M］.北京：科学出版社，2021.

［19］周建平，程育，李天娇.东北振兴战略总论［M］.辽宁：辽宁人民出版社，2020.

［20］周建平.绸缪东北——新一轮东北振兴［M］.重庆：重庆大学出版社，2018.

［21］王颖.2021年吉林经济社会形势分析与预测［M］.北京：社会科学文献出版社，2020.

［22］王颖.2022年吉林经济社会形势分析与预测［M］.北京：社会科

学文献出版社，2021.

［23］丁晓燕等.吉林文旅绿皮书：吉林省文化和旅游发展报告2021［M］.北京：社科文献出版社，2021.

［24］陈姝宏.东北振兴二十年的吉林民生建设[N].就业时报，2022-05-19.

［25］中共中央文献研究室.十七大以来重要文献选编（下）［M］.北京：中央文献出版社，2011.

［26］中共吉林省委党史研究室.振兴东北老工业基地的理论与实践［M］.长春：吉林人民出版社，2008.

［27］巩其庄.新的增长极——东北振兴战略［M］.北京：中共中央党校出版社，2004.

［28］李逢春等.民生建设国际比较研究［M］.南京：南京大学出版社，2016.

［29］王美玉.中国民生建设研究（1949—1956）［M］.北京：知识产权出版社，2016.

［30］宁一，冬宁.东北咋整——东北问题报告［M］.北京：当代世界出版社，2004：46.

［31］北京师范大学管理学院，北京师范大学政府管理研究院.2011中国民生发展报告［R］.北京：北京师范大学出版社.

［32］丁建定.社会福利思想［M］.武汉：华中科技大学出版社，2009：7.

［33］索利.英国哲学史［M］.段德智，译.济南：山东人民出版社，1992：224—228.

［34］杨莲秀.当代上海的民生建设研究［M］.北京：当代中国出版社，2021.

［35］程顺森.上海市城市居民家庭收入特点、问题和对策［J］.统计科学与实践，2012（6）：25—28.

［36］罗锐华.重庆文化民生建设研究［M］.重庆：西南师范大学出版社，2019.

［37］马兵.中国共产党的民生观念研究［D］.四川：西南交通大学，2014.

［38］肖玉元.中国共产党民生话语演进研究［D］.贵阳：贵州师范大学，2021.

［39］马金保.中国特色社会主义民生理论研究［D］.陕西：西北大学，2019.

［40］杨渊浩.国家职能视角下民生建设的发展与创新研究［D］.长春：吉林大学，2015.

［41］林俊成.习近平新时代民生观研究［D］.成都：西南民族大学，2021.

［42］王茂林.以发展民生经济为目标促进经济发展方式转变［J］.中国井冈山干部学院学报，2012，5（02）：5—8.

［43］张向达，李宏.社会保障与经济发展关系的思考——基于社会保障扩大内需作用的角度［J］.江西财经大学学报，2010（01）：52—58.

［44］曹达全.民生保障：一种权利话语分析［J］.南京农业大学学报（社会科学版），2009（04）：84—90.

［45］赖金良.作为社会基础设施的民生保障体系建设［J］.浙江社会科学，2012（05）：65—72+156—157.

［46］蔡宜田.改善民生凝聚人心健全统筹城乡的社会保障体系［N］.西藏日报（汉），2017–01–19（006）.

［47］王世雪.改革开放以来党关于东北振兴战略实施的政策演变研究［D］.长春：东北师范大学，2021.

［48］刘金凤.东北振兴战略的政策效应评价［D］.陕西：西北大学，2018.

［49］付诚，干一.制度变迁理论视野下的社会保障制度改革——东北振兴过程中吉林省社会保障制度变迁的回顾与展望［J］.社会科学战线，2013（12）：191—196.

［50］孙亚静，吕佳慧.吉林省民生与经济发展定量分析［J］.合作经济与科技，2021（06）：25—28.

［51］王雪.吉林省基本公共教育服务均等化问题研究［D］.长春：东北师范大学，2013.

［52］顾昕.中国商业健康保险的现状与发展战略［J］.保险研究，2009（11）：26—33.

［53］中国人民政治协商会议长春市委员会课题组.吉林省推进基本公共服务均等化问题研究［J］.新气象　新担当　新作为：推进吉林高质量发展——吉林省2018年度“十三五”智库规划基金课题成果文萃，2019（06）：214—228.

［54］曹爱军.民生的逻辑：基本公共服务均等化研究［D］.天津：南开大学，2014.

［55］孙长智，吴宛航.吉林省基本公共服务均等化进程中的问题及对策探析［J］.长春理工大学学报（社会科学版），2018，31（06）：27—32.

［56］惠企惠民勇于担当失业保险这五年［J］.劳动保障世界，2019（01）：11.

［57］邱天平.初心不渝为民生——吉林省工伤保险事业改革发展综述［J］.劳动保障世界，2019（01）：8—9.

［58］宫晶瑛，李景生，殷俊峰.吉林省完善城镇职工生育保险制度［N］.中国人口报，2010-12-02（001）.

［59］毕天杨.吉林省体育公共服务均等化研究［D］.长春：吉林大学，2015.

［60］朱玲.中国社会保障体系的公平性与可持续性研究［J］.中国社会科学，2010（05）：2—12.

［61］傅殷才，文建东.凯恩斯主义复兴与克林顿经济学［J］.武汉大学学报，1994（1）：22—28.

［62］曹松豪.要市场经济，不要市场社会：若斯潘"现代社会主义"新理论［J］.当代世界，2000（10）：25—27.

［63］新时代保障和改善民生的理论创新与实践指引[EB/OL].（2020-08-18）.https：//baijiahao.baidu.com/s?id=1675321305677929105.

［64］吉林，高端人才一年净流入1万名的标志性意义［EB/OL］.（2022-10-14）.https：//baijiahao.baidu.com/s?id=1746633146979443007.

［65］全省"我为群众办实事"实践活动优秀案例展示［EB/OL］.（2022-01-27）.https://www.jllydj.gov.cn/szxw/22215.jhtml.

［66］吉林省20项举措全力保就业［EB/OL］.（2022-05-06）.http：//www.jl.gov.cn/zw/yw/jlyw/202205/t20220506_8442928.html.

［67］吉林省建立疾病应急救助制度先诊疗后结算[EB/OL].（2014-10-28）.http://www.chinadaily.com.cn/dfpd/jl/2014-10/28/content_18815414.htm.

［68］推进全要素民生保障标准化吉林省出台《指导意见》［EB/OL］.（2019-06-22）.http：//www.jl.gov.cn/zw/yw/zwlb/sz/201906/t20190624_6624407.html.

［69］2013年吉林省金融运行报告[R/OL］.（2014-03-21）.http://cn.chinagate.cn/reports/2014-08/15/content_33244745.htm.

［70］2013年中国卫生统计年鉴［EB/OL］.（2014-04-26）.http://www.nhc.gov.cn/htmlfiles/zwgkzt/ptjnj/year2013/index2013.htm.

［71］国家发展改革委有关负责同志就《东北全面振兴"十四五"实施方案》答记者问［EB/OL］.（2021-10-21）.https：//www.ndrc.gov.cn/xwdt/xwfb/202110/t20211021_1300463.html.

［72］美国健康管理公司值得学习的四种模式[EB/OL].（2014-02-01）.https://www.vhsinsurtech.com/news/shownews.php?id=374.

［73］发挥基本公共服务兜底和赋能双重作用[EB/OL].（2021-11-05）.http：//theory.people.com.cn/n1/2021/1105/c40531-32274228.html.

［74］川越贫困　蜀写传奇——四川全面打赢脱贫攻坚战纪实［EB/

OL〕.（2021-04-22）.https：//www.sc.gov.cn/10462/12771/2021/4/22/
d3b168ce98374a6e.

〔75〕铁岭市昌图县大兴镇：让农村人居环境整治"易实施受欢
迎"〔EB/OL〕.（2023-04-07）.http：//ln.wenming.cn/ncjs/202304/
t20230407_6586870.html.bd976141fa0a2721.shtml.

〔76〕打赢蓝天保卫战　交出亮丽"成绩单"——朔州.〔EB/OL〕.
（2023-02-27）.市三年蓝天保卫战工作纪实http：//hbj.shuozhou.gov.cn/
hbgz/hbdt/202302/t20230227_430609.html.

后　记

　　"民惟邦本，本固邦宁"。2023年，东北振兴即将迎来第二十个年头。二十年里，吉林省的经济发展日新月异，人民生活水平大幅提升，各类社会保障制度健全完善，社会事业建设大步迈进，民生建设不断踏上新台阶。

　　习近平总书记指出，为什么人的问题，是检验一个政党、一个政权性质的试金石。自东北振兴战略实施以来，吉林省委、省政府始终坚信做好经济社会发展工作，民生是"指南针"，把改善和保障人民生活作为一切工作的出发点、落脚点，坚持保基本、兜底线、广覆盖的理念，既尽力而为，又量力而行，切实把有限的资源用于最需要的地方，确保老百姓的生活质量稳步提升。同时，确保按时足额发放养老金，圆满完成脱贫任务，强化社会救助制度，切实保障城乡困难群众的基本生活，使人民共享东北振兴的成果。

　　习近平总书记强调，小康梦、强国梦、中国梦，归根到底是老百姓的"幸福梦"，中国共产党的一切奋斗都是为人民谋幸福。党的十八大以来，党中央、国务院在东北地区经济发展每况愈下的特殊时期提出新一轮东北振兴战略，这是对上一轮东北振兴战略的革新和完善。习近平总书记的亲切关怀和科学指引，早已化为白山松水间振兴发展的生动实践。黑吉辽三省在全国率先开展完善社会保障体系的试点工作，并轨和再就业工作取得较大进展。教育、文化、医疗等各项社会事业快速发展，基本公共服务保障能力大大增强。2021年10月，经国务院批复同意，国家发展改革委印发了《东北全面振兴"十四五"实施方案》，提出了六个方面的重点任务：一是深化国资国企改革；二是促进民营经济高质量发展；三是建设开放合作发展新高地；四是推动产业结构调整升级；五是构建高质量发展的区域动力系统；六是完善基础设施，补齐民生短板。党中央实施深入推进东北振兴战略，我们对新时代东北全面振兴充满信心，也充满期待，要在新时代东北振兴上展现更大担当和作为。①

国家支持东北振兴始于20世纪80年代，迄今为止，主要分三个阶段。第一阶段是20世纪八九十年代，以老工业基地调整改造为主；第二阶段是21世纪初十六大以后十年左右，以解决历史遗留问题、振兴东北经济为主；第三阶段是十八大以来的新一轮东北全面振兴。政策演变具有由表及里、由点到面的发展特点，坚持继承传统、推陈出新。每一个阶段，人民的获得感、幸福感、安全感都在变得更加充实、更有保障、更可持续。

吉林省第十二次党代会对未来五年的民生工作进行了系统部署，提出实施城乡居民收入十年倍增计划，让社会保障体系更加健全、就业更加充分更有质量、教育更加公平更为优质、医疗服务更为发达更有保障、养老服务更为完善更有温度、困难群体得到更好救助更优呵护，解决好群众的操心事、烦心事、揪心事。吉林省"十四五"规划中，民生福祉指标占比超过了三分之一，是历次规划中占比最高的，彰显了吉林省为人民服务的情怀。

民生与发展从来都是一个相辅相成、相互促进的有机整体。未来，地区发展与民生指数将不再简单以GDP（国内生产总值）论英雄，吉林省将始终秉持以人民为中心的发展理念，努力做大"蛋糕"、切好"蛋糕"，在力所能及的范围内积极作为，致力于解决老百姓最迫切和困难的问题，为更好地保障和改善民生、达成共同富裕目标而不懈努力。

推进东北全面振兴，注重保障改善民生，并将其作为促进经济发展的

---

①周建平、程育、李天娇：《东北振兴战略总论》，辽宁人民出版社，2018，第44—57页。

重要动力。通过改善民生，增加社会消费，促进经济发展，形成良性循环，保障改善民生与推动经济发展相辅相成。把创新、协调、绿色、开放、共享的新发展理念落实到东北振兴的各个方面。

保障和改善民生没有终点站，承载着2400万吉林人民幸福生活的航船将更加行稳致远。尽管东北地区正在加快振兴，但在民生领域仍存在一些短板，既面临着偿还历史欠账的压力，也面临"更上一层楼"的挑战。站在新起点，吉林要在东北振兴率先实现新突破，就要继续把实现好、维护好、发展好最广大人民根本利益作为出发点和落脚点，坚持人民主体地位，坚持共同富裕方向，居民收入增长和经济增长基本同步。

未来十几年，我们将向着全面建设社会主义现代化新吉林奋力前进！在不久的将来，吉林省民生福祉建设将会达到新水平，"人民生活更加美好，人的全面发展、全体人民共同富裕取得更为明显的实质性进展"的目标得以实现！吉林省将以民生建设助力东北全面振兴、全方位振兴！